高等职业教育国际经济与贸易专业系列

国际结算项目化教程

（第二版）

主 编 黄 芸 孔佩伊

扫码申请更多资源

南京大学出版社

图书在版编目(CIP)数据

国际结算项目化教程 / 黄芸,孔佩伊主编. — 2 版.
— 南京:南京大学出版社,2020.7
ISBN 978-7-305-23129-2

Ⅰ.①国… Ⅱ.①黄… ②孔… Ⅲ.①国际结算—高等职业教育—教材 Ⅳ.①F830.73

中国版本图书馆 CIP 数据核字(2020)第 053115 号

出版发行	南京大学出版社
社　　址	南京市汉口路 22 号　　邮编　210093
出 版 人	金鑫荣
书　　名	国际结算项目化教程
主　　编	黄芸　孔佩伊
责任编辑	武 坦　　　　　　　　编辑热线　025-83592315
助理编辑	李素梅
照　　排	南京开卷文化发展有限公司
印　　刷	南京人民印刷厂有限责任公司
开　　本	787×1092　1/16　印张 15　字数 384 千
版　　次	2020 年 7 月第 2 版　2020 年 7 月第 1 次印刷
ISBN	978-7-305-23129-2
定　　价	45.00 元

网　　址:http://www.njupco.com
官方微博:http://weibo.com/njupco
微信服务号:njuyuexue
销售咨询热线:(025)83594756

* 版权所有,侵权必究
* 凡购买南大版图书,如有印装质量问题,请与所购
　图书销售部门联系调换

前 言
Foreword

随着经济全球化和我国对外开放步伐的逐渐加快,对外贸易规模不断扩大,与其他国家之间的货币收付活动也相应地增加。因此,我们迫切需要培养一批既懂国际贸易、国际金融理论,又熟悉国际结算业务流程,了解国际惯例的应用型专业人才。

《国际结算》课程为高等院校金融学、国际经济与贸易等专业的必修课程,同时也是经济管理类相关专业的一门重要选修课程。通过学习本课程,学生能够系统掌握国际结算过程中所涉及的结算制度、结算工具、结算方式与结算单据等方面的基本知识、基本理论和基本技能,学会在实践中加以运用;掌握国际结算中所涉及的法律、法规、惯例及规章制度,学会解决金融和结算领域中的实际问题;掌握国际结算的业务流程与操作规程,以及我国涉外金融、结算工作中的方针、政策与做法,学会在实际工作中加以贯彻执行。

作为一门交叉学科,国际结算融理论性、实务性于一体,重点培养学生的实际动手能力。为了达到以上目标,我们在编写过程中注重体现本教材校企合作、工学结合的特色,并阐述了国际结算的基本原理和操作实务。本书重点突出,简洁明快,语言清新,同时使用了大量的票据和单据的样本,注重图表演示和案例分析,使学生能够更直观地掌握国际结算的业务种类、操作程序与风险控制等内容。同时,书中配以贴近实务、难度适中、数量适当的习题,便于学生自学。

本书在编写过程中,参考了大量相关文献,搜集了近年来具有实用价值的典型案例,为尊重原作者,编者尽可能写出文献资料来源,并在参考文献中一一列出。在此对原作者表示衷心的感谢!

由于编者学识水平有限,加之时间仓促,本书中的错误及欠妥之处在所难免,敬请专家赐教、读者指正。

编 者
2020 年 5 月

目录

Contents

项目一　国际结算导论 ……………………………………………………（1）
　　知识目标 …………………………………………………………………（1）
　　能力目标 …………………………………………………………………（1）
　　导入案例 …………………………………………………………………（1）
　　模块一　国际结算概述 …………………………………………………（1）
　　模块二　国际支付清算体系 ……………………………………………（6）
　　项目小结 …………………………………………………………………（11）
　　课后实训 …………………………………………………………………（11）

项目二　国际结算中的票据 ………………………………………………（12）
　　知识目标 …………………………………………………………………（12）
　　能力目标 …………………………………………………………………（12）
　　导入案例 …………………………………………………………………（12）
　　模块一　票据概述 ………………………………………………………（12）
　　模块二　汇　票 …………………………………………………………（16）
　　模块三　本　票 …………………………………………………………（27）
　　模块四　支　票 …………………………………………………………（30）
　　项目小结 …………………………………………………………………（36）
　　课后实训 …………………………………………………………………（36）

项目三　汇　款 ……………………………………………………………（42）
　　知识目标 …………………………………………………………………（42）
　　能力目标 …………………………………………………………………（42）
　　导入案例 …………………………………………………………………（42）
　　模块一　汇款概述 ………………………………………………………（42）
　　模块二　汇款的种类与流程 ……………………………………………（44）
　　模块三　汇款头寸调拨与退汇 …………………………………………（48）
　　模块四　汇款在国际贸易中的应用 ……………………………………（50）

· 1 ·

项目小结 …………………………………………………………………… （52）
　课后实训 …………………………………………………………………… （52）

项目四　托　收 …………………………………………………………… （55）

　知识目标 …………………………………………………………………… （55）
　能力目标 …………………………………………………………………… （55）
　导入案例 …………………………………………………………………… （55）
　模块一　托收概述 ………………………………………………………… （55）
　模块二　托收的种类和流程 ……………………………………………… （57）
　模块三　托收的申请 ……………………………………………………… （59）
　模块四　跟单托收的风险及其防范 ……………………………………… （62）
　项目小结 …………………………………………………………………… （72）
　课后实训 …………………………………………………………………… （72）

项目五　信用证 …………………………………………………………… （76）

　知识目标 …………………………………………………………………… （76）
　能力目标 …………………………………………………………………… （76）
　导入案例 …………………………………………………………………… （76）
　模块一　信用证的含义、特点、形式与内容 …………………………… （77）
　模块二　信用证的业务流程 ……………………………………………… （89）
　模块三　信用证的开立 …………………………………………………… （91）
　模块四　信用证的通知、修改及审核 …………………………………… （98）
　模块五　信用证的主要种类 ……………………………………………… （109）
　模块六　信用证结算分析 ………………………………………………… （116）
　项目小结 …………………………………………………………………… （125）
　课后实训 …………………………………………………………………… （126）

项目六　其他结算方式 …………………………………………………… （134）

　知识目标 …………………………………………………………………… （134）
　能力目标 …………………………………………………………………… （134）
　导入案例 …………………………………………………………………… （134）
　模块一　国际保理 ………………………………………………………… （135）
　模块二　银行保函 ………………………………………………………… （147）
　模块三　备用信用证 ……………………………………………………… （153）
　模块四　福费廷 …………………………………………………………… （157）
　项目小结 …………………………………………………………………… （167）

课后实训 ··· (167)

项目七　国际贸易结算中的单据 ································· (173)

　　知识目标 ··· (173)
　　能力目标 ··· (173)
　　导入案例 ··· (173)
　　模块一　单据概述 ·· (173)
　　模块二　商业发票 ·· (175)
　　模块三　装箱单 ··· (179)
　　模块四　海运提单和装船通知 ···································· (181)
　　模块五　保险单 ··· (192)
　　模块六　报关和报检 ··· (196)
　　模块七　原产地证 ·· (201)
　　模块八　单据的审核 ··· (204)
　　项目小结 ··· (209)
　　课后实训 ··· (210)

项目八　国际结算中的融资方式 ··································· (218)

　　知识目标 ··· (218)
　　能力目标 ··· (218)
　　导入案例 ··· (218)
　　模块一　出口贸易结算融资 ······································· (219)
　　模块二　进口贸易结算融资 ······································· (225)
　　项目小结 ··· (227)
　　课后实训 ··· (228)

参考文献 ·· (231)

项目一

国际结算导论

知识目标

(1) 理解国际结算的基本概念；
(2) 掌握国际结算的分类及主要内容；
(3) 了解国际结算的产生、演变过程及发展趋势；
(4) 熟悉国际上采用的主要国际支付清算系统。

能力目标

熟悉常见国际结算的惯例和规则。

导入案例

我们身边的国际结算

2009年12月，波音787"梦想"系列飞机试飞成功。为生产波音787这一代表民用航空飞机最高水平的机型，以美国波音公司为主导，包括中国、加拿大、日本、巴西在内10个国家的43个一级分包商都积极参与进来，历时两年多，终成正果。

2010年的2月中旬至3月初既是农历新年，也是温哥华冬奥会的会期。为了让参赛各国的观众能在电视上看到冬奥会的现场直播，各国电视台和电台必须支付高额的转播费。

假设甲打算毕业后出国留学，现在就开始联系国外某大学的研究生院，该大学让甲将学校申请费汇入指定银行的账户上，甲要到当地的某银行去办理该笔电汇。

思考： 在从事复杂的跨境分工协作生产时，使用什么支付方式合适，并确保该项目能按期按量地完成呢？

模块一 国际结算概述

一、国际结算的概念

（一）概念

国际结算（international settlement）是指由银行办理的货币跨国收付业务。它是国际间由于政治、经济、文化、外交、军事等方面的交往或联系而发生的以货币表示的债权债务的清偿行为或资金转移行为。

虽然国际结算在商业银行的业务构成中主要属于中间业务,但现代国际结算又不完全拘泥于中间业务,它往往与商业银行的一些资产业务和表外业务交织运作,以满足客户的多方面的需求。在国际商品贸易、服务贸易、非贸易贷款融资、黄金和外汇买卖、私人和团体汇款,以及其他经济、文化、科技事业的交往中,必然产生国与国之间的货币收付行为,与此同时也就产生了国际间债权债务关系,国际结算便应运而生。从国际结算的整体运行来看,它主要包括票据的运用、贸易单据的处理、结算方式、贸易融资、信用担保、银行间的国际合作、账户设置与支付系统运行等多项内容。由此可见,国际结算就是应用一定的金融工具(如汇票、本票、支票等),采取一定的方式(汇付、托收、信用证等),利用一定的渠道(通讯网、互联网等),通过一定的媒介机构(如银行或其他金融机构),进行国与国之间的货币收付行为,从而使国际债权债务得以清偿。

(二) 结算与清算

1. 结算

广义的结算是指交易双方因商品买卖、劳务供应、资金调拨、信贷存放所产生的货币收付行为或债权债务的清偿,即货币的真实收付。狭义的结算专指商业银行代客户所进行的货币收付行为。

2. 清算

广义的清算是指交易双方进行债权债务的交换,计算出应收应付差额的过程,属于结算前的准备工作,俗称算账和轧差。狭义的清算专指银行同业间在为彼此的客户服务中,致使银行同业之间产生债权债务关系,清讫双边或多边债权债务关系时要轧出商业银行的应收应付差额。

二、国际结算的分类

根据其产生原因的不同,国际结算分为国际贸易结算和非贸易国际结算。

(一) 国际贸易结算

(1) 有形贸易结算。它是指有形贸易引起的货币收付活动。

(2) 记账贸易结算。它是两国政府所签订的贸易协定项下的商品进出口贸易结算。

(3) 因国际资本流动所引起的商品贸易或资本性货物贸易的结算,如国际直接投资与企业跨国经营、买方信贷等。买方信贷是指由出口商国家的银行向进口商或进口商国家的银行提供的信贷,用以支付进口货款的一种贷款形式。其中,由出口方银行直接贷给进口商的,出口方银行通常要求进口方银行提供担保;如由出口方银行贷款给进口方银行,再由进口方银行贷给进口商或使用单位的,则进口方银行要负责向出口方银行清偿贷款。

(4) 综合经济交易中的商品贸易结算。它既包含商品贸易又包含非商品贸易。比如国际承包工程、三来一补贸易、交钥匙工程等,除了可以用货币清偿债权债务外,还可以用融资款项以及采用抵补、返销、互购、回购产品等方式结算。

(二) 非贸易国际结算

(1) 无形贸易结算。保险、运输、通信旅游等劳务活动的收入与支出;资本借贷或国际直接投资与间接投资产生的利息、股息、利润等的收入与支出;广告费、专利费、银行手续费等其他劳务收支。

（2）金融交易类结算。金融资产买卖的结算，如外汇买卖、证券、股票、期权、期货等金融工具的买卖。

（3）国际间资金单方面转移结算。发生在政府及民间的各种援助、捐助、赠款以及各种资金调拨行为。

（4）银行提供的以信用担保为代表的一系列服务的结算。合同双方之外还需要第三方为交易提供信用担保服务、资信调查服务、催收追账服务、融资服务、规避各种金融风险服务等。

（5）其他非贸易国际结算业务。国际间非商品经济活动引起的资金跨国流动，产生了各类非贸易结算业务。如外币兑换业务、侨汇业务、信用卡及旅行支票业务、托收境外财产业务等。

三、国际结算的主要内容

国际结算主要包括四大部分的内容，即国际结算中的信用工具（主要是票据）、国际结算方式、国际结算中的单据和国际结算的融资。

（一）国际结算中的信用工具

信用工具是规定债权人与债务人存在权利与义务的书面契约凭证。广义的信用工具包括国库券、债券、存单等。而在国际结算中使用的信用工具主要是票据（汇票、本票和支票），票据是具有法律规定的格式，并且由付款人到期对持票人或其指定人无条件的付款命令或者承诺的书面凭证。它们是代表货物和资金转移的工具，被称为国际结算的基石，是国际结算研究的第一个对象。

（二）国际结算的方式

国际结算的方式是指货币收付的手段和渠道，是国际贸易结算的中心内容，包括汇款、托收、信用证这些传统的结算方式，以及银行保函、备用信用证、保理、福费廷等较为新兴的国际结算方式。

（三）国际结算中的单据

银行能够介入国际贸易从事结算、担保、融资等活动，就是以货物单据化为前提的。国际结算中处理的单据主要包括发票、保险单、运输单、装箱单、提单及其他有关的证明等。

（四）国际结算的融资

国际结算融资是指进出口商利用票据及（或）单据，结合结算方式进行特定方式的融资（或融物）。例如，票据贴现、信托收据、进出口押汇、保理、出口信用保险项下融资等。

四、国际结算的产生及演变过程

国际结算是随着国际贸易的发展而逐渐产生发展起来的，同时国际航运业、金融业以及现代通信技术的发展对国际结算的发展也起到了至关重要的作用。纵观国际结算的发展演变过程，具体呈现以下特点：

（一）从现金结算发展到非现金结算

国际结算的早期形式与个别、局部的国际商品贸易相适应，非常原始，即通过输送贵金属（黄金和白银）办理结算。使用贵金属结算导致可能出现的风险贴水以及清点费用和识别费用的增加。公元12世纪，对外贸易发达的地中海沿岸的商人们开始使用"兑换凭证"克服携带现金的不便;15世纪后,又开始使用商业票据进行结算;到了公元18世纪,使用票据已成为各国普遍的做法。使用票据节省了时间和费用,降低了风险,促进了贸易的发展。

(二) 从实物结算发展到凭单据结算

18世纪末到19世纪初,国际贸易开始迅速发展。商人们通常需要租用船舶,在不同国家的港口停靠,购买当地商品。当时商人们从事海上贸易大部分采用FOB贸易术语成交。商人当场看货,决定是否买下。若决定买下,当场偿付,并指示卖方把货物交到他的船上。19世纪末20世纪初,航运业、保险业和金融业的迅速发展为国际结算业务的发展提供了有利条件。海运提单已经发展成为可以转让的物权凭证,倚着货物收据、运输单据和物权单据的作用,交易双方的结算方式由交货付款变为凭单付款。同时,由于提单具有物权凭证的性质,银行不仅参与国际结算中,而且还可以以单据为抵押向进出口商提供资金融通,这样不仅扩展了银行的业务,也加快了商人的资金周转,逐渐形成了贸易结算与融资相结合的以银行为中心的结算体系。

(三) 从买、卖双方直接结算发展到通过银行结算

国际贸易发展初期,买、卖双方多采用直接结算的方式。但随着银行业的迅速发展,银行机构设点从国内延伸到国外,或与国外银行建立代理行关系,这就为银行进行国际结算创造了有利条件。同时,为了国际间资金划拨的方便,银行之间互设账户,形成了银行账户网络。为了使业务处理更加安全可靠,银行的总分行之间、分行之间、与代理行之间设立了鉴别真伪的印鉴密押系统,使银行在国内结算中心的基础上发展成为国际结算的中心。

五、国际结算的发展趋势

(一) 国际结算和贸易融资更加紧密地结合

贸易融资是指围绕国际贸易结算的各个环节发生的资金及信用融通的经济活动。这项业务使银行可以获得利息收益,改善自身资产质量。不论是出口商还是进口商,只要符合规定的条件,即可从往来的结算银行处获得短期或长期的资金融通。这既能提高贸易的成交率,又能增加商品在国际市场上的竞争力,而银行也会从中受益。

(二) 单据向无纸化方向发展

国际结算中,单据占有重要的地位,它起着资金结算、货物交接、物权转让以及索赔等作用。同时,随着国际结算业务的发展,单据的种类越来越多,使得单据在其缮制、审核和传递的过程中耗费了大量的人力、物力。随着科学技术的发展,国际上越来越多地使用计算机和网络技术进行单据的制作、储存、传输、管理。

自20世纪80年代以来,电子数据交换(Electronic Data Interchange,EDI)被普遍运用。它是将贸易、运输、保险、银行和海关等行业的信息,用一种国际公认的标准格式形成结构化的事务处理或报文数据格式,通过计算机通信网络,使有关部门、公司和企业之间进行数据交换和处理,并完成以贸易为中心的全部业务过程。由于EDI具有准确、及时、低成本的优势,可以完全取代传统的纸质文件的交换,因此也有人称之为无纸贸易或电子贸易。目前,国际结算正朝着无纸化方向发展。

(三) 结算技术网络化

在国际结算业务中,目前世界上有两大电子服务系统,通过电子计算机来完成资金划拨等业务,在国际结算中起着很大作用。这两大系统分别是SWIFT(Society for Worldwide

Interbank Financial Telecommunications，即环球同业银行金融电讯协会）和 CHIPS（Clearing House Interbank Payment System，即纽约清算所银行间支付系统）。

（四）国际结算惯例与规则的作用在不断加强

在国际结算业务中，随着交易量的不断增加，发生的纠纷甚至在不同结算方式下的欺诈现象也相应增加，有关国际贸易惯例和规则如《跟单信用证统一惯例》《托收统一规则》《见索即付保函统一规则》《国际备用信用证惯例》等广泛应用于国际结算中，对协调和规范各国贸易和结算业务发挥了巨大的作用。

拓展阅读 1-1

国际贸易惯例(international trade custom)是指在国际贸易实践中逐渐自发形成的，某一地区、某一行业中普遍接受和经常遵守的任意性行为规范。

国际贸易惯例简介

国际贸易惯例本身并不是法律。贸易双方当事人有权在合同中达成不同于惯例规定的贸易条件。但许多国家在立法中明文规定了国际惯例的效力，特别是在《联合国国际货物销售合同公约》中，惯例的约束力得到了充分的肯定。在下列情况中，国际贸易惯例对当事人有约束力：第一，当事人在合同中明确表示选用某项国际惯例；第二，当事人没有排除对其已知道或应该知道的某项惯例的适用，而该惯例在国际贸易中为同类合同的当事人所广泛知道并经常遵守，则应视为当事人已默示地同意采用该项惯例。

主要国际贸易惯例

在国际贸易中，通行的主要惯例均由国际商会制定，主要有以下几种：

(1)《国际贸易术语解释通则》(2020 年)。

(2)《跟单信用证统一惯例》(2007 年)。

(3)《托收统一规则》(1995 年)。

(4)《国际保付代理惯例规则》(1994 年)(国际保理商联合会颁布)。

(5)《见索即付保函统一规则》(1992 年)。

国际惯例是国际法的一个重要渊源。上述惯例在国际贸易中均得到普遍遵守，是从事国际贸易的人员所必须熟知的重要内容。有关贸易术语的国际贸易惯例主要有三种，即《1932 年华沙—牛津规则》《1941 年美国对外贸易定义(修订本)》和《2020 年国际贸易术语解释通则》。

国际贸易惯例的特征

(1) 国际贸易惯例是在长期的国际贸易实践中自发形成的，其形成的过程不受政府机关的控制和制约。它的成文一般也是由商业自治团体自发地编纂而成的，这使它有别于依靠国家立法机关制定的国内法以及依靠各国之间的相互谈判、妥协而达成的国际条约。也正是这种非主权性，大大增强了国际贸易惯例的普遍适用性。

(2) 国际贸易惯例是为某一地区、某一行业的人们所普遍遵守和接受的，偶然的实践不能成为国际贸易惯例，这是国际贸易惯例的客观特征。这里的普遍遵守和接受并不要求人人都已经理解和接受，而只要从事这一行业的大多数人都已经知道和接受即可，就可以推定其他人理应知道这种惯例的存在。早期的国际贸易惯例一般形成于一些比较大的港口、码头,慢慢地他们的一些合理的做法就为同行业的其他人们所接受。例如,美国西海岸的码头工会为保护自身利益而向集装箱货主征收近乎落地费性质的杂费,这种杂费就被各国的班轮公会列入班轮运价或班轮条款,因而这种做法就成了同业者之间的国际贸易惯例。

(3) 国际贸易惯例必须能使人们产生必须遵照此惯例办理的义务感和责任感,这是国际贸易惯例的主观特征。心理因素对于判断惯例的存在与否是至关重要的,单纯的经常性做法而没有相应的心理确信是不能构成国际贸易惯例的。在实践中是否存在这种心理上的确信是由主张方加以举论证明的,当然这可能会是非常困难的。

(4) 国际贸易惯例具有任意性,没有强制适用力。只有在当事人明示或者默示同意采用时,才对当事人具有法律效力。如果当事人明示或者默示地加以排除,则不能将国际贸易惯例强加给当事人。

国际贸易惯例的运用

当买、卖双方发生争议时,如果:① 合同的规定与惯例矛盾,则法院或仲裁机构以合同的规定为准;② 合同的规定与惯例不抵触,则法院或仲裁机构以国际惯例的规定为准;③ 合同中明确规定采用某种惯例,则这种惯例就有其强制性。

模块二 国际支付清算体系

随着国际经济贸易往来的不断发展,国际主要货币的跨国清算和支付日益增多。如何快速、高效地清算客户在途资金成为衡量一个银行服务质量和水平的重要标志,也是其竞争力的充分体现。各国中央银行都在开发本国的支付清算系统,并积极了解和参与国际支付清算体系。目前,世界上被广为接受的主要国际支付清算系统有美元支付清算系统 CHIPS 和 FEDWIRE、欧元跨国清算系统 TARGET、伦敦自动清算支付系统 CHAPS、日本银行金融网络系统 BOJ-NET 和环球银行金融电讯协会 SWIFT 系统。

一、美元支付清算系统

在当今的国际贸易中,绝大多数都是通过美元进行计价、支付并完成交易的。银行在进行美元资金的支付与划转过程中,必然涉及美元支付清算系统。

(一) 纽约清算所同业支付系统

CHIPS 的全称是 Clearing House Interbank Payment System,即纽约清算所银行间支付系统,是一个由纽约清算所协会(New York Clearing House Association,NYCHA)拥有,100 多家银行参与的电子支付系统。它建于 1970 年 4 月,是当前最重要的国际大额美元支付清算系统。

CHIPS 的成员分成两类:一类是清算用户,他们在联邦储备银行设有储备账户,能直接使用该系统实现资金转移;另一类是非清算用户,他们不能直接利用该系统进行清算,必须通过某个清算用户作为代理行,在该代理行建立代理账户实现资金的清算,如纽约的商业银行、埃奇法公司、投资公司以及外国银行在纽约的分支机构。参与 CHIPS 的银行必须向纽约清算所申请,经批准成为 CHIPS 会员。为了识别每笔付款,防止出现误付,每个会员银行都拥有一个美国银行协会颁发的号码,即 ABANo(American Bankers Association Number),

作为参加CHIPS清算的代号。每个CHIPS会员银行所属客户在该行开立的账户,由纽约清算所颁发统一确认号码——UID号码(Universal Identification Number),作为收款人的代码。凡通过CHIPS支付和收款的双方必须都是CHIPS的会员银行,只有这样才能经过CHIPS直接清算。

纽约清算所同业支付系统是一个贷记转账系统。在转账时,付款方命令银行将资金划转给收款方。此系统通常从当地时间7:00开始运行到16:30,结算一般在18:00以前完成。在运行期间,每个参与者在营业日开始时的起始金额均为0。支付系统根据发送和接收的支付信息连续地计算每一个参与者的净头寸。每日16:30之后,清算所通知每个参与者的净头寸及结算参与者的总净头寸。如果一个结算参与者的净头寸为净借记,则该参与者必须在17:45之前将资金划转到支付系统结算账户上。待资金划转后,清算所将资金偿付给处于净贷记的结算参与者,并在18:00之前通知一天的结算完毕。

CHIPS系统具有很高的可靠性,达到99.99%。它维护着两个数据中心,两者之间通过光纤电缆连接。可以在几分钟之内从主系统切换到备份系统,保证支付指令和数据能安全存储于备份。CHIPS还支持EDI,这样不仅可以减少信息传送失误,而且提高了效率,促进相互间的合作关系。

CHIPS电子支付系统从1970年开始运行,代替了原有的纸质清算支付,为企业间和银行间的美元支付提供清算和结算服务。从1988年起,CHIPS归CHIP Co公司所有并处于其管理之下。所有CHIPS的参与者(participants)都是CHIP Co公司的成员(members)。CHIP Co公司由一个10人董事会进行管理;根据CHIPS参与者的交易量,董事会中有4人从其中选出,其余6人由清算所(clearing house)任命。CHIPS作为一个私营的支付清算系统,在以美元进行交易结算和清算方面,已成为一种国际通用方式,对FEDWIRE有很强的替代性。

CHIPS的特点是:① 为实时的、大额的、多边的、终局性支付;② 具有最大的流动性,1美元日周转500次;③ 免除了日透支费;④ 可以提供在线现金管理工具;⑤ 给公司客户传输汇款相关信息;⑥ 服务于国内市场和国际市场,可处理超过95%的美元跨境支付;⑦ 每日日终进行净额清算的资金转账。

(二) 联邦资金转账系统

联邦资金转账系统(FEDWIRE)是美国联邦储备银行拥有并运行的全美范围内的大额资金转账系统。它提供实时的全额结算转账服务,主要用于纽约州以外的美国境内银行间的资金划拨。它同样也是一个贷记转账系统,即由付款者发出结算指示。

该系统的参与者可以是联邦储备成员银行、在美联储设有存款账户的金融机构和美国境内的外国银行。

在联邦储备银行开设账户的银行可以直接利用此系统发送和接受支付,大约有1万多家金融机构使用此系统进行转账服务。此系统的运行时间从美国东部时间12:30开始,运行至18:30,每笔业务经处理后单独结算。发送机构授权联邦银行将一定金额借记于其在联邦储备银行的账户,接受机构授权联邦储备银行贷记于其在美联储的账户。

联邦资金转账系统与纽约清算所同业支付系统相比,1美元日周转为12次。此外,该系统要征收日透支费,银行支付给联邦资金转账系统的日透支费约为2 400万美元。

二、欧元跨国清算系统

1999年1月1日欧洲统一货币欧元产生以后,为了建立与现行的货币支付方式相适应的跨国支付系统,以保证欧元区资金的自由流动,解决跨国界的银行与客户、银行与银行之间的款项往来、资金调拨问题,在欧洲货币联盟内部出现了以下三种主要的跨国欧元清算系统。

(一) 泛欧自动实时总额清算系统

泛欧自动实时总额清算系统(Trans-European Automated Real-time Gross settlement Express Transfer System,TARGET)隶属于欧洲中央银行,是建立在区内15个国家原有的国内清算系统上,通过连接15个国家的资金清算系统及原欧洲货币单位(ECU)的清算系统,并借助SWIFT网络组成的欧元跨国清算系统。其他的欧元跨国清算系统大体上也是通过连接欧元区内各国的不同清算系统而形成的。TARGET体系的16个系统如下:① 欧元区有芬兰BoF-RTGS、荷兰TOP、比利时ELLIPS、卢森堡LIPS-Gross、欧洲中央银行EPM、德国ELS、法国TBP、奥地利ARTIS、意大利BI-REL、西班牙SLBE、葡萄牙SPGT、爱尔兰IRIS、希腊HERMES Euro;② 非欧元区有丹麦DEBES、瑞典Euro-RIX、英国CHAPS-Euro。

TARGET系统是一种贷记转账支付系统,是为了有效贯彻欧洲中央银行体系的单一货币政策,保证当天完成欧元跨国大额收付款业务而设立的。该系统始运行于1999年1月1日,是通过欧洲中央银行、各参加国中央银行、各参加国内部RTGS(实时总额结算)清算系统(也是即时清算)来完成资金清算的。TARGET清算系统的具体流程如图1-1所示。

图1-1 TARGET清算系统

TARGET系统适用于欧洲中央银行与参加国中央银行之间的货币交付、商业银行间大额款项调拨的清算以及客户大额即时收付款项的清算。

该系统的特点是:① 款项必须是大额,且每笔都要有即时的头寸,不能透支;② 清算效率高,几分钟内可完成一笔;③ 清算时间从AM 7:00到PM 6:00,款项当天支付,当天最终交收,当天起息;④ 清算是无条件的,不可改变及撤销;⑤ 款项是每笔分开清算,一天内系统可完成10万笔;⑥ 由于清算时必须经5家银行,清算成本较高,大约每笔花费1.5~3欧元;⑦ 本系统用户间不需要签订系统使用协议,亦不需交换用户密码。

2007年11月19日,欧洲中央银行宣布,新的欧元区支付系统TARGET2自当天开始在德国等8个国家正式启用。

欧洲央行计划分三批推行TARGET2系统。第一批在德国、立陶宛、拉脱维亚、卢森堡、马耳他、奥地利、斯洛文尼亚和塞浦路斯推行。第二批于2008年2月18日在比利时、芬兰、法国、爱尔兰、荷兰、葡萄牙和西班牙推行。第三批为丹麦、爱沙尼亚、欧洲中央银行、希腊、意大利和波兰，它们已于2008年5月19日加入该系统。

由欧盟和欧洲央行共同推行的TARGET2支付系统是欧元区支付系统的一大创新，它克服了原有TARGET系统在结构上的一系列缺陷。此外，它还将对计划中的单一欧洲支付区(SEPA)做出贡献。欧洲央行希望通过建立SEPA，统一区域内本地交易与跨国交易的费率，降低客户的交易成本，促进标准化技术平台的开发，为欧洲金融业提供公平的竞争环境。

（二）欧洲银行协会的欧元清算系统

欧洲银行协会(European Bank Association, EBA)成立于1985年，总部设在巴黎。根据其组织章程规定，凡是在欧共体国家设有总部或分支机构的商业银行均可申请成为EBA的成员银行。获得成员行资格两年后，在符合EBA清算规则的基础上，可进一步申请成为EBA的清算银行。欧洲银行协会的欧元清算系统（以下简称EBA清算系统）以前专为欧洲货币单位支付提供服务，该系统有49家清算银行。1999年后，欧洲货币单位以1：1汇价转为欧元，EBA改为以欧元清算。

该系统用于货币市场、外汇交易的清算和证券清算以及跟单托收、光票托收的支付。

该系统的特点是：① 可以即时支付，也可以非即时支付；② 款项可以多笔打包清算；③ 清算行之间的款项交付可当天起息；④ 效率高，一天可完成30万笔；⑤ 清算款项可撤销及更改；⑥ 成本低，每笔花费0.25欧元；⑦ 现在已有49个国家加入EBA清算系统；⑧ 为避免风险，会员需缴纳保证金；⑨ 每日营业终了，需做日终净额清算。

（三）区域性支付系统

区域性支付系统主要有法兰克福的欧元支付系统(Euro Access Frankfurt, EAF)和银行网络清算。

1. 法兰克福的欧元支付系统

该系统采用SWIFT格式，以大额大宗方式交易，包括外汇、货币市场及国内商品交易的资金移转，转移成本低，但处理速度不及TARGET，是欧元区内仅次于TARGET的极具竞争力的支付系统。

2. 银行网络清算

欧元的推出及固定汇率制的采用，使少数欧洲大银行能充分利用自身在欧洲的分支行网络系统为客户服务。它们以总部为龙头，下属分支机构可直接进入当地的清算系统将款项支付出去。此方式最大的优点是，只需在该大银行总部开立一个账户，即可通过该行网络系统与欧洲各地进行资金往来。同时，由于是同一家银行的网络，服务质量有保证，查询相对简单。该方式通过欧洲网络银行，利用在欧盟(EMU)各成员国的总、分行，使用既有的银行网络与地方网络联机，实现地方性资金的移转。

但是，这种以现金为支付手段、以银行为支付中介的支付方式，仍然没有改变付款人在支付过程中的主动地位。在企业之间的交易支付过程中，付款方不主动支付货币资金，收款方的资金就不能回笼，因而债务衍生机制依然存在。除了法律手段外，没有其他机制能抑制债务关系的衍生和发展。

三、伦敦自动清算支付系统

伦敦自动清算支付系统(Clearing House Automatic Payment System, CHAPS)是指有

关银行进行英镑支付时采用的电子清算系统。它创建于1984年,由12家清算银行组成。非清算银行进行英镑支付时,须借助这12家清算银行来完成。该系统的特点是用高度自动电脑化的信息传递,部分取代了依靠票据交换的方式,使以伦敦城外的交换银行为付款人的部分交易(1万英镑以上)也可实现当天结算。

参加CHAPS的银行付款电报都使用统一格式,它有8条信息信道,分别设有对出、入的收付电报自动加押和核押的软件装置及信息储存装置。此外,每个信道都有一个自动加数器,它可把发给或来自其他信道的付款电报所涉及的金额,根据不同收款行分别加以累计,以便每天营业终了时,交换银行间进行双边对账和结算,其差额通过它们在英格兰银行的账户划拨来结清。

四、日本的清算系统

日本的清算系统称为日本银行金融网络系统(bank of Japan financial network system,BOJ-NET),其功能是通过在线网络处理日本银行与金融机构之间的交易。

早在1982年,日本银行就开始开发BOJ-NET系统。1988年10月,在完成各种测试后,经由日本银行账户进行资金划拨的服务(funds transfer service)系统投入使用。1989年3月,外汇与日元结算服务(foreign exchange yen settlement service)系统也相继投入使用。1990年5月,又开发了日本政府债券服务(Japan Government Bond service,JGBs)系统。

BOJ-NET系统运作之初,有332个参与者。至1990年年底,外汇与日元结算服务系统及日本政府债券服务系统都投入使用后,参与者达到448个,增长了30%。1990年10月,BOJ-NET系统日平均交易量为22 000笔,交易额达264万亿日元。

BOJ-NET系统的产生降低了支付成本,提高了支付效率,增强了支付系统的稳定性,成为全球可接受的支付系统。

五、环球银行金融电讯协会系统

环球同业银行金融电讯协会(Society for Worldwide Interbank Financial Telecommunications,SWIFT)成立于1973年5月,其总部设在比利时的布鲁塞尔,同时在荷兰阿姆斯特丹和美国纽约分别设有交换中心(swifting center),并为各参加国开设集线中心(national concentration),为国际金融业务提供快捷、准确、优良的服务。为了解决各国金融通信不能适应国际间支付清算的快速增长而设立的非盈利性组织,负责设计、建立和管理SWIFT国际网络,以便在该组织成员间进行国际金融信息的传输和确定路由。最初由来自美国、加拿大和欧洲的15个国家的239家银行发起成立,现已在全世界拥有会员银行上万家。SWIFT运营着世界级的金融电文网络,银行和其他金融机构通过它与同业交换电文(message)来完成金融交易。除此之外,SWIFT还向金融机构销售软件和服务,其中大部分的用户都在使用SWIFT网络。

SWIFT的设计能力是每天传输1 100万条电文,而当前每日传送500万条电文,这些电文划拨的资金以万亿美元计,它依靠的便是其提供的240种以上电文标准。SWIFT的电文标准格式已经成为国际银行间数据交换的标准语言。这里面用于区分各家银行的代码就是SWIFT code,依靠SWIFT code便会将相应的款项准确地汇入指定的银行。SWIFT自投入运行以来,以其高效、可靠、低廉和完善的服务,在促进国际贸易的发展,加速全球范围内的货币流通和国际金融结算,促进国际金融业务的现代化和规范化方面发挥了积极的作用。

我国的中国银行于 1983 年加入 SWIFT,是 SWIFT 组织的第 1 034 家成员行,并于 1985 年 5 月正式开通使用,成为我国与国际金融标准接轨的重要里程碑。之后,我国的各国有商业银行及上海和深圳的证券交易所,也先后加入 SWIFT。采用该系统,全部后台作业可以完全摆脱手工作业,实现自动化处理,从而大大降低成本,减少差错,节约收汇和结汇时间,加速资金周转,提高国际结算业务的效率。

拓展阅读 1-2

"赫斯塔特风险"一说的由来

赫斯塔特银行(Bank of Herstatt)是原联邦德国的一家小银行,在外汇交易方面非常积极。由于该行在国际外汇市场上过度从事投机活动,以致无力履行责任,于 1974 年 7 月 26 日(德国时间)下午,德国银行同业间系统的所有结算发生后,被原联邦德国银行监管机构下令关闭。原联邦德国银行监管机构是在欧洲市场收市后,但纽约市场仍然运作期间宣布关闭该银行的。当时,外汇交易的欧洲部分已结算,但当赫斯塔特银行倒闭的消息传到纽约后,所有涉及该行的交易均告中止,因此那些在欧洲方面已付了款的交易对手,未能在纽约收到相应数额的美元,所滞留的 6.20 亿美元的外汇交易未能完成,这在当时是一个大数字,从而造成了国际外汇市场的全球性结算危机。尽管最终部分损失得以补偿,但赫斯塔特风险仍作为结算风险的例子而闻名于世。在 20 世纪 90 年代末引进实时总额结算(RTGS)之前,赫斯塔特风险是国际银行业的主要威胁之一。

项目小结

本项目是国际结算课程基础内容的导入部分,重点介绍了国际结算的概念、国际结算学科研究的对象和原则、国际结算的历史发展过程、实现国际结算的条件、当今国际结算的发展特点及世界上主要的国际支付清算系统。通过本项目的学习,同学们可以初步了解国际结算学科的知识体系,为后面章节的学习打下牢固的基础。

课后实训

一、名词解释

国际结算　TARGET　SWIFT　FEDWIRE　CHAPS

二、简答题

1. 国际贸易结算经历了哪几个历史发展过程?
2. 国际结算的发展出现了哪些新的特点?
3. 世界范围内有哪些国际支付清算系统,各有什么特点?

项目二 国际结算中的票据

知识目标

(1) 了解票据的概念、特性及功能；
(2) 掌握国际结算中汇票、本票和支票的概念、功能、当事人；
(3) 熟悉国际结算常用的汇票票据行为；
(4) 掌握汇票与本票、支票的异同点。

能力目标

(1) 掌握汇票的缮制；
(2) 掌握汇票的贴现。

导入案例

甲交给乙经付款银行承兑的本票，作为向乙订货的预付款，乙在票据上背书后转让给丙以偿还原欠丙的货款，丙于到期日向承兑银行提示付款，恰遇当地法院公告该行于当天起进行破产清理，因而被退票。丙随即向甲追索，甲以乙所交货物质次为由予以拒绝，并称10天前通知银行止付，止付通知及止付理由同时也通知了乙。在此情况下，丙再向乙追索。乙以票据系甲开立为由推脱。丙遂向法院起诉，被告为甲、乙与银行三方。

思考：

(1) 你认为法院将如何依法判决？理由是什么？
(2) 什么是票据？票据当事人的权利和义务是什么？如何通过正常使用票据减少国际结算中的风险？

模块一 票据概述

一、票据的基本概念

所谓票据(instrument)，是指由出票人签发的，具有一定格式，约定债务人按期无条件支付一定金额，并经过背书可转让的书面支付凭证。

票据是国际结算中用以抵消国际间债权债务关系的、具有流通及支付手段的信用工具。它的产生和普及开启了非现金结算的历史。现代国际结算的基本方法是非现金结算，票据在非现金结算中担任着支付工具和信用工具的角色。它在货币和商品的让渡中,反映了债权债务关系的发生、转移、偿付和诞生,它首先是以支付一定金钱为目的的特定债券。在商务实践中,它又被赋予了可流通转让的功能和反映一系列代表商业上的各种权利的凭证,如商业发票、货运单据、股息凭证等被称为是广义的票据。

广义的票据,即商业上的权利单据,是指作为某人对不在他实际占有下的金钱或商品的所有权的书面凭证。

狭义的票据是指以无条件支付一定金额货币为目的的书面凭证。通常国际结算中所称的票据均指狭义的票据。它主要指汇票、本票和支票,本项目中要介绍的票据是狭义的票据。

二、票据的特性

票据作为非现金结算的工具,能够代替货币使用,是因为它具有以下一些特征。

(一) 设权性(right to be paid)

设权性即票据权利的发生,必须以票据的设立为前提。票据做成及经过交付,就创设了它可凭此要求付给一定金额请求权的权利。设权证券是指票据的持有人凭票据上记载的内容可以证明票据的权利,以取得金钱或财产,这种票据权利随票据的设立而产生,随票据的转移而转让,离开了票据,就无法证明票据的权利。票据权利的产生,必须做成票据;票据权利的转移,必须交付票据;票据权利的行使,必须提示票据。

(二) 无因性(non causative nature)

因是指产生票据权利义务关系的原因,即所谓的出票原因或票据原因。票据原因包括出票人和付款人之间的资金关系;出票人和收款人之间的对价关系。无因证券即当债权人持票据行使票据上的权利时可以不受票据原因的影响。对受让人来说也无须证明原因,只要要式齐全就能取得票据定义所载明的权利。

尽管票据当事人之间的权利和义务关系源自票据原因,但是票据上的法律关系一经成立,即与票据原因相分离。票据是否成立不受票据原因的影响,票据当事人的权利和义务也不受票据原因的影响。

(三) 要式性(requisite in form)

票据的形式和内容即票据上所记载的事项,必须符合法律规定。这种符合有两层含义:一是法律规定必须记载的事项应当记载齐全,否则票据无效;二是票据上所记载的各种事项均应符合法律规定,记载事项不符合法律规定的票据也会影响其效力,甚至无效。我国制定的《中华人民共和国票据法》(以下简称《票据法》)第二十二条规定了汇票必须记载的事项,并规定"未记载前款规定事项之一的,汇票无效";第二十三条对汇票上必须记载的事项应如何记载,也作了规定。有关本票和支票,也有类似的规定。此外,票据行为也必须严格按照《票据法》所规定的程序和方式进行方为有效。

(四) 流通性(negotiability)

我国《票据法》规定了票据的流通功能。票据的流通性具有两方面的特点,其一,票据凭交付或背书后交付给受让人,即可合法地完成转让手续,而无须通知票据上的债务人,票据的全部法律权利,可以以自身名义提起诉讼,不必向债务人发出通知;其二,票据流通中强调保护善意并支付对价而获得票据的持票人,即善意的、付了对价的受让人可以取得优于前手的权利,不受前手的权利缺陷的影响。我国《票据法》的第十三条规定,票据债务人不得以自己与出票人或者与持票人的前手之间的抗辩事由,对抗持票人。

(五) 可追索性(recoursement)

追索权是指汇票到期不获付款或期前不获承兑,或者有其他法定原因出现时,持票人在履行了保全手续后,向其前手请求偿还汇票金额、利息及费用的一种票据上的权利。首先,持票人可以根据自己的意愿,选择任意一个或多个甚至全体票据债务人进行追索。这种选择不受数量限制,也不受顺序限制,只要是持票人认为最有利于保障其权利的就可以要求追索。其次,持票人虽已对票据债务人中一人或多人进行了追索,但这并不意味着未被追索的其他债务人就因此免除了付款义务,持票人仍可以在法定期限内再次对先前未被追索的其他债务人进行追索。

应注意的是,由于各国票据法均明确规定各种票据的使用期限,因此票据对货币的替代仅限于信用、流通、结算、融资等功能,而不能代替货币起长期储存价值的作用。

应用案例2-1

某年8月,我国某市A公司与新加坡B商签订了一份进口胶合板的合同。合同总金额为700万美元,支付方式为托收项下付款交单。合同写明,允许分批装运胶合板。按照合同规定,第一批价值为60万美元的胶合板准时到货。经检验A公司认为质量良好,对双方合作很满意。但在第二批交货期前,新加坡B商向A公司提出:"鉴于A公司资金周转困难,允许A公司对B商开出的汇票远期付款,汇票的支付条款为:见票后1年付款700万美元。"但要求该汇票须请中国某国有商业银行的某市分行承兑。承兑后,B商保证将剩余640万美元的胶合板在1年内交货。A公司全部收货后再付B商700万美元货款。A公司对此建议欣然接受。A公司认为只要承兑了一张远期汇票就可以得到货物,并在国内市场销售。这是一笔无本生意,而且货款还可以投资。但A公司始料不及的是,B商将这张由中国某国有商业银行某市分行承兑的远期汇票在新加坡的一家美国银行贴现了600万美元,从此一张胶合板都不交给A公司了。事实上,B商将这笔巨额款项骗到手后就无影无踪了。1年后,新加坡的这家美国银行将这张承兑了的远期票据提请中国某国有商业银行某市分行付款。尽管B商没有交货,承兑银行却不得以此为理由拒绝向善意持票人美国银行支付票据金额。本票金额巨大,中国某国有商业银行报请上级批准,由我方承兑银行付给美国银行600万美元而结案。

【案例分析】

对于这张由新加坡B商作为出票人和收款人的汇票,中国某国有商业银行的某市分行经承兑后其成为汇票的付款人。A公司与B商之间的胶合板买卖合同是该票据的原因关系。因此B商向A公司开出远期付款命令。而A公司在中国某国有商业银行某市分行有账户往来关系,即存款于该银行。

它们之间的这种资金关系使得该行某市分行愿意向A公司提供信用,承兑了这张远期汇票。美国银行与B商之间有对价关系,美国银行善意地付了600万美元的对价而成为受让,从而成为这张汇票的善意持票人。但票据的最大特点就是,票据法律关系一经形成,即与基础关系相分离。票据基础关系的存在和有效与否并不对善意持票人的票据权利产生影响。所以，B商实际上没有交货，或者A公司没有足够的美元存在银行，都不影响美国银行对承兑人的付款请求权。对美国银行来说，这张票据上并没有写什么胶合板，只有一句话："见票后1年付款700万美元"。票据法律关系应依《票据法》的规定加以解决，票据基础关系则应以《民法》的规定加以解决。B商正是利用了票据的特性才行骗得逞的。如果这张票据没有在市场流通，那么情况就不一样了。因为各国票据法都认为，票据在未投入流通前，票据的基础关系与由此而产生的法律关系便没有分离，两者是有联系的。也就是说，当票据的原因关系与票据法律关系存在于同一当事人之间时，债务人可以利用原因关系对抗法律关系。在该案中，如果是B商来中国某国有商业银行某市分行要求付款，某分行可提出"既然卖方不交货，买方也拒绝付款"。这就是买方可向卖方提出同时履约的抗辩理由。

三、票据的功能

票据有多种功能，包括结算功能、信用功能、流通功能和融资功能。

（一）结算功能

国际结算的基本方法是非现金结算。用票据代替现金结算有着明显的省时、省力、安全的作用。

从单边结算的角度来看，使用票据可以避免携带、运送和清点现金的麻烦。从多边结算的角度来看，用票据可以抵消交叉的债务债权关系。比如，纽约A公司向伦敦B公司购买10万美元的商品，伦敦B公司向纽约C公司购买了10万美元的商品，则此时B公司可开出一张以A公司为付款人而以C公司为收款人的汇票，寄交给C公司，由C公司凭借汇票要求A公司付款。这样就将彼此间的债权债务相互抵消，从而为国际贸易的进行提供了便利。

（二）信用功能

票据本身没有内在价值，它是建立在信用基础上的书面支付凭证。出票人在票据上立下书面的支付信用保证，付款人或承兑人允诺按照票面规定履行付款义务。

（三）流通功能

票据经过背书可以转让给他人。背书人对于票据及付款负有担保的义务，背书次数越多，票据负责人就越多，票据的担保性就越强。由于背书转让，票据可在市场上广泛流通，成为一种流通工具。

（四）融资功能

票据在信用工具基础上用于资金融通或贴现时，为融资工具。通过对远期票据的贴现和再贴现，可以实现资金融通作用。此外，还可以将票据抵押给银行，进行抵押贷款融资。

四、票据法

为了保证票据的正常使用和流通，保护票据当事人的合法权益，促进商品贸易的发展，各国制定了票据法以使票据流通规则具有法律依据。票据法即专门的票据法规范，是规定票据的种类、形式和内容，明确票据当事人之间的权利义务，调整因票据而发生的各种社会关系的法律规范。

各国票据法对于票据的形式、内容和票据行为的构成及其法律效力作了大致相同的规定,但也有个别规定大相径庭(比如,伪造背书的法律后果、对价的作用)。归纳起来,它可分为两大法系,即以英国《1882 年票据法》(*Bills of Exchange Act*,1882)为典型代表的英美法系和以《日内瓦统一法》为代表的欧洲大陆法系。《日内瓦统一法》为欧洲大陆国家、日本及拉丁美洲的一些国家所采用,包括两个文件,即 1930 年签订的《汇票和本票统一法公约》(*Convention Providing a Uniform Law of Bills of Exchange and Promissory Notes*)和 1931 年签订的《支票统一法公约》(*Convention Providing a Uniform Law of Cheques*)。

1995 年 5 月 10 日,第八届全国人民代表大会常务委员会第十三次会议正式颁布了《中华人民共和国票据法》,该法于 1996 年 1 月 1 日起施行,形成了新中国第一部票据法。之后于 2004 年 8 月 28 日第十届全国人民代表大会常务委员会第十一次会议公布并于公布之日起施行的《关于修改〈中华人民共和国票据法〉的决定》对其进行了修正,删去第七十五条,并对条款顺序重新做了调整,全文共有七章一百一十条。

我国《票据法》主要针对国内使用的票据,因此有不少与国外票据法不同的规则。但为有利于票据的国际流通和对外开放,专门在第五章中对涉外票据的法律适用作了具体规定。例如,汇票、本票出票时的记载事项适用出票地法律;支票出票时的记载事项适用出票地法律;经当事人协议也可以适用付款地法律;票据的背书、承兑、付款、保证行为适用行为地法律;票据追索权的行使期限适用出票地法律;票据的提示期限,有关拒绝证明的方式、出具期限,适用付款地法律等。

模块二 汇 票

一、汇票的定义

(一)《英国票据法》关于汇票的定义

汇票(bill of exchange)是由出票人向另一人签发的,要求即期、定期或在可以确定的将来的时间,向某人或其指定人或来人无条件地支付一定金额的书面命令。

(二)《中华人民共和国票据法》关于汇票的定义

《中华人民共和国票据法》第二章第十九条规定,汇票是出票人签发的,委托付款人在见票时或者在指定日期无条件支付确定金额给收款人或持票人的票据。

1. 汇票的必要项目

汇票的式样,如图 2-1 所示。

汇票上需要注明"汇票"字样,如"Bill Of Exchange""Exchange""Draft"等,以与其他支付工具相区别。

2. 无条件的支付命令(unconditional order in writing)

(1) 书面形式。汇票必须是书面的,若为手写而成,不能用铅笔写,容易被涂改变造。

(2) 支付命令。汇票是付款命令,其措辞应使用祈使句。例如,"Pay to the order of …" 不能使用商量或请求的语气,如"Would you please pay to the order of …"

```
                            汇 票
                      BILL OF EXCHANGE
凭
Drawn under CYPRUS POPULAR BANK LTD, LARNAKA
信用证   第     号
L/C  No.  186/10/10014
日期： 年  月  日
Dated:  05 JAN 2019
按         息         付款
Payable with interest @ _____ % per annum
号码         汇票金额              中国上海   年  月  日
No.10SHGD3029 Exchange for USD6115.00(3) Shanghai, China 15 FEB., 2019 (6)
见票
At****** (7) sight of this FIRST of Exchange (Second of exchange being unpaid)
Pay to the order of BANK OF CHINA, SHANGHAI BRANCH 或其指定人
 (2)                              (5)
金额
The sum of U.S. DOLLARS SIX THOUSAND ONE HUNDRED AND FIFTEEN
ONLY.(3)
此致
To:        (4)                          (8)
CYPRUS POPULAR BANK LTD         SHANGHAIGARDEN PRODUCTS
LARNAKA                          IMP. AND EXP. CO., LTD.
                                              Signature
```

图 2-1　汇票的式样

(3) 无条件性。汇票所传达的付款命令不能以其他行为或事件作为先决条件，即出票人不能在汇票中加列附加条件。比如，"pay to the order of A the sum of pound sterling one thousand only provided that the goods are up to the standard of the contract(若货物与合同相符则支付 A 1 000 英镑整)"；又如，"pay A USD 100 out of the sales profits of cotton sweaters(从棉制汗衫销售利润中支付 A 100 美元)"。或者记明"pay A USD 100 from NO. 2 ACCOUNT(从第 2 号账户支付 A 100 美元)"。

应注意的是，如"drawn under L/C NO. 123 dated … issued by bank of CHINA, SHANGHAI(根据中国银行上海分行某年某月某日开立的第 123 号信用证开立)"，此条款不是对付款行为设置先决条件，因此不影响汇票无条件付款命令的基本性质。

3. 一定金额的货币

汇票必须表明确切的货币金额数目，并且注明货币单位，否则无效。汇票金额必须唯一确定，不能出现"about(大约)"等字样。同时，除非信用证另有规定，汇票金额所使用的货币应与信用证和发票所使用的货币一致。在通常的情况下，汇票金额为发票金额的 100%，并不得超过信用证规定的最高金额。如果信用证金额有"about(大约)"等字样，则有 10%的增减幅度。

如果汇票中要求支付利息,则需确定适用利率和利息计算起讫日期;如果汇票中需要将某种货币折算成另外一种货币,则应注明适用的汇率或者指定一个确定的汇率。例如,"USD equivalent for GBP1 000.00 at the prevailing rate in New York"是可以接受的。另外,在实际操作中,汇票金额必须同时用大、小写记载。如果大、小写不一致,我国《票据法》规定该票据无效。

4. 付款人名称

付款人(drawee)也称受票人,是接受支付命令者。汇票上记载的付款人应有一定的确定性,必须书写清楚,以便持票人向其提示要求承兑或付款。

5. 收款人名称

收款人名称(payee),汇票的收款人通常称为抬头。它通常有以下三种写法,即限制性抬头、指示性抬头、执票来人抬头。

(1) 限制性抬头(restrictive order)。它规定只许收款人本人收款,其他人持票要求付款时付款人可拒付,出票人不受这些人的追索。

① Pay to A only(仅对 A 支付)。
② Pay to A not transferable(付 A 不得转让)。
③ 在票面上注明"not transferable(不得转让)"。

(2) 指示性抬头(demonstrative order)。

① Pay to the order of A(付 A 的指定人)。
② Pay to A or order(付 A 或指定人)。
③ Pay to A(付 A)。

(3) 执票来人抬头(payable to bearer)。

① Pay to bearer(付执票来人)。
② Pay to A or bearer(付 A 或执票来人)。

6. 出票地点和日期(date and place of issue)(汇票记载的重要项目)

出票日期的作用在于以下三个方面:

(1) 确定出票人的行为能力;若出票时出票人已宣告破产或清理,丧失行为能力,则汇票不能成立。

(2) 确定出票后定期付款汇票的到期日;对于出票后定期付款的汇票,就是从其出票日起算,决定其付款到期日。另外,在确定承兑提示的期限、计算利息等时均需要出票日期。

(3) 确定汇票的有效期。《日内瓦统一法》和我国《票据法》都规定,见票后定期或见票即期付款汇票,必须在出票日以后 1 年内提示要求承兑或提示要求付款。即从出票日起算其有效期。

出票地点通常写在汇票的右上方,与出票日期连在一起。对于国际汇票,出票地点可以明确适用法律。一般以出票行为所在国的法律为依据,并以此来确定汇票必要项目是否齐全,汇票是否成立与有效。我国《票据法》规定,汇票上未记载出票地的,则出票人的营业场所、住所或者经常居住地为出票地。

7. 付款期限(汇票记载的必要项目)和付款地点(汇票记载的非必要项目)

付款期限(time of payment)包含以下几种方式,即即期、定期(远期)、将来日期(板期)、延期。

(1) 即期付款。如"at sight(见票时)""on demand(在被要求时)""upon presentation(在提示时)"。

(2) 远期付款。

① 出票后定期。付款到期日为出票日后的一个确定日期,如"30 days after date(出票日后 30 天)"或者"one month after date(出票日后一个月)"。

② 见票后定期。即以付款人第一次见票后的一个确定日期作为付款到期日,如"90 days after sight(见票后 90 天)"。

③ 确定日期。在将来某个确定日期付款。

④ 特定事件后定期。国际贸易实务中,常常以提单签发作为特定事件来确定到期日,如"60 days after date of B/L"。

另外,关于付款到期日的计算,各国票据法的掌握原则基本上一致,具体如下:

① 期之末日付款,汇票到期日均为票载期限的最后一天。

② 先算整月,后算半月,半月以 15 天计算。

③ 算尾不算头,以天为单位时,期间开始之日不算,到期之日要计算。

④ 月为日历月,以月计算的不考虑每月的具体天数。

⑤ 假日顺延,到期日如遇节假日,则顺延至下一个营业日。

付款地点(place of payment)。汇票的付款地点是指持票人提示票据请求付款的地点。根据国际法的"行为地原则",在付款地发生的票据行为,包括到期日的算法都适用付款地法律。付款地点也是票据遭拒付时作出拒付证书的地点,而且不注明付款地的票据仍然成立。我国《票据法》规定,汇票上未记载付款地的,付款人的营业场所、住所或经常居住地为付款地。

8. 出票人签字

出票人一经签字,即承担了汇票的责任。如果签字是伪造的或未经授权的,则视为无效。出票人如果是代理他的委托人签字,该委托人不论是公司、商号或个人,都应在签字前面加上"for""on behalf of""for and on behalf of""per pro"字样以作说明,并在个人签字后写上其职务名称。例如:

For Shanghai HuaXia Imp & Exp Group, Shanghai

John Smith Manager

这样,本张汇票不是 John Smith 个人开出的汇票,而是他代表上海华夏进出口集团(Shanghai HuaXia Imp & Exp Group)开出的汇票。

二、汇票的其他记载项目

其他记载事项还有"付一不付二"声明;需要时的受托处理人即预备付款人(即付款人拒绝承兑或付款时,能作为第二付款人作承兑或付款的人);规定提示和承兑期限;担当付款行即付款人开户银行;利息与利率;用其他货币付款;提示期限;免作退票通知或放弃拒绝证书;规定无追索权。

三、汇票的当事人及其权利责任

票据当事人是票据关系的主体。一般而言,票据当事人可以分为基本当事人和非基本当事人。基本当事人是指票据一经出票就存在的当事人,包括出票人、收款人和付款人。非基本当事人是指在票据出票后,通过其他票据行为而加入票据关系的当事人,如背书人、保证人、承兑人等。具体而言,票据有如下当事人:

(一) 基本当事人

1. 出票人

出票人(drawer)是指签发汇票或支票的当事人。出票人对票据承担保证兑付之责,即出票人以其自身信用向持票人保证票据将由付款人承兑和付款,如果付款人退票,则由出票人本人负责支付票款。在汇票被承兑前,出票人是汇票的主债务人;在汇票被承兑后,出票人是汇票的从债务人。

2. 付款人

付款人(drawee)即接受别人的汇票且要对外付款的人。付款人是由出票人指定的,但他可以拒绝按这项指令行事,从而构成退票行为。

3. 收款人

收款人(payee)是收取票款之人,是汇票的主债权人,可向付款人或出票人索取款项。

(二) 其他当事人

1. 承兑人

如果远期汇票的付款人在汇票上签字表示同意按照出票人的指示在约定时间对收款人或其指定人或执票来人支付一定金额的货币,他就是作出了"承兑",因而成为一个承兑人(acceptor)。

付款人可以拒绝承兑,但是只要他作出了承兑,就要在法律上受该项承兑的约束,承兑人对汇票承担主要的、第一位的付款责任。即使汇票本身是不合格的,但一经付款人承兑,就相当于承认汇票的有效性,事后不能再以此为由否认票据的有效性。

2. 背书人

背书人(endorser, indorser)是指在票据背面签字并将票据交付给他人以转让票据权利的原票据收款人或被背书人及持有票据的人。记名汇票转让时必须背书。票据可以连续转让,被背书人可以在票据上再加背书而将其转让,称为第二背书人;再背书,产生第三背书人,依此类推。值得注意的是,存在背书转让之后出现前手与后手。在多个当事人关系中,位于某人之前的,即称为某人的前手;位于某人之后的,即称为某人的后手。前手与后手体现债权人与债务人的关系,所有前手都是后手的债务人,所有后手都是前手的债权人。在必要时,后手可以向前手行使追索权,而前手不能向后手行使追索权。

背书人一旦签字,即承担保证付款人兑付票据的连带责任。

3. 被背书人

被背书人(endorsee, indorsee)是指转让票据权利的背书中记名的受让人。他是债权人也是票据的持有人,一旦他继续转让该票据,他同样承担背书人的责任。

4. 持票人

持票人(holder)即持有票据的人。持票人有权向付款人或其他关系人要求履行票据义务。持票人一般是下列三种当事人:

(1) 收款人;

(2) 被背书人;

(3) 执票来人(bearer)。

持票人的权利有以下三个方面：
(1) 向付款人请求付款及承兑的权利；
(2) 在遭到退票时向背书人及出票人追索的权利；
(3) 如果票据不禁止转让，那么持票人拥有转让票据的权利。

5. 保证人

保证人(guarantor)是指对汇票债务人的债务做担保的当事人，按常规应由非票据债务人担任。

保证人承担与被保证人同样的责任。经过保证后票据的可接受性增大。

四、汇票的种类

(1) 根据出票人的不同，汇票可分为银行汇票与商业汇票。

① 银行汇票(banker's bill)是一家银行向另一家银行签发的书面支付命令，其出票人和付款人都是银行。其信用基础是银行信用。

② 商业汇票(commercial bill)是由企业、公司、个人签发的汇票，其付款人可以是公司、企业、个人和银行。其信用基础是商业信用。

(2) 根据承兑人的不同，汇票可分为银行承兑汇票和商业承兑汇票。

① 银行承兑汇票(banker's acceptance bill)是以一家银行为付款人的远期汇票，在银行承兑后，该汇票即为银行承兑汇票。银行承兑汇票是建立在银行信用基础上的。所以银行承兑汇票比商业承兑汇票更易于被人们所接受。

② 商业承兑汇票(trader's acceptance bill)是由一家工商企业开出，以另一家工商企业为付款人的远期汇票，在另一家工商企业承兑后，该汇票即为商业承兑汇票(承兑汇票主要是针对商业汇票而言的)。

(3) 按付款的时间不同，汇票可分为即期汇票(sight bill)和远期汇票(time bill)。

(4) 按有无附属单据，汇票可分为光票(clean bill)和跟单汇票(documentary bill)。

(5) 根据汇票的基本关系人不同，汇票可分为一般汇票和变式汇票。

(6) 按其他分类标准，汇票可分为本币汇票和外币汇票、国内汇票和国外汇票。

五、票据行为

(一) 票据行为的含义

一张票据从开立到正当付款而注销，需要经历一系列的步骤，这些步骤称为票据行为。票据行为有狭义和广义之分。

(1) 狭义的票据行为是围绕票据发生的，以确立、转移或保障票据权利义务关系为目的的法律行为，包括出票、背书、承兑、保证、保付、参加承兑等六种行为。

(2) 广义的票据行为，统指一切能够引起票据法律关系的发生、变更、消灭的各种行为，除了包括狭义的票据行为外，还包括提示、付款、拒付、追索等行为。

(二) 主要的票据行为

1. 出票

出票(issue)即签发汇票，包括写成汇票并在上面签字和交付收款人的行为。出票人出票是在汇票上签字，并且出票行为只有在交付以后才算完成，即创设了汇票的债权，收款人持有汇票就拥有包括付款请求和追索在内的债权。

2. 背书

背书(endorsement)是转让汇票的手续。我国《票据法》规定,除非出票人在汇票上记载"不得转让",否则,汇票的收款人可以通过背书转让汇票,方法是由汇票的抬头人(收款人)在汇票背面签上自己的名字或再加上被背书人的名字,并把汇票交给受让人。背书包括两个动作:一是在汇票背面签名;二是交付给受让人。经背书后,汇票的收款权利便转移给受让人。背书转让之后,将出现前手与后手。在多个当事人关系中,位于某人之前的称为某人的前手;位于某人之后的称为某人的后手。

背书的种类如下:

(1) 空白背书(blank endorsement),又称无记名背书,只有背书人签字,不记明被背书人。

(2) 记名背书(special endorsement),又称完全背书,不仅有背书人签字,而且也注明了付给被背书人的指定人。例如:

Pay to the order of Citi Bank, New York(被背书人)

Bank of China, Shanghai Branch(背书人)

(3) 限制性背书(restrictive endorsement),是指禁止汇票继续流通的背书,或者是指授权被背书人按既定指示处理汇票而非转让汇票所有权的背书。例如:

Pay to A only.

Pay to A for the account of …

Pay to A Bank not negotiable.

Pay to A Bank not transferable.

Pay to A Bank not to order.

Pay to A or order for collection.

背书格式有文书式背书和表格式背书。

文书式背书如下:

Pay to the order of Xin Hua Co., Shanghai

For W Co., Beijing

John Smith

Aug.18th, 2019

表格式背书,如图2-2所示。

被背书人 B	被背书人 C	被背书人 D
背书 A(签章) 　年　月　日	背书 B(签章) 　年　月　日	背书 C(签章) 　年　月　日

图2-2　表格式背书

3. 提示

提示(presentation)是指持票人向付款人出示汇票要求其承兑或付款的行为,即见票。

通常,远期汇票须作两次提示:一是承兑提示;二是付款提示。承兑提示是指持票人在票据到期前向付款人出示票据,要求其承兑或承诺到期付款的行为。承兑提示是针对远期汇票的承兑行为而言的,即期汇票、本票和支票不必作承兑提示。付款提示是指持票人在即期或远期票据到期时向付款人出示票据要求其付款的行为。

提示必须符合以下一定的条件:

(1) 提示必须在规定时限内办理。我国《票据法》规定:① 定日或出票后定期的汇票,应在汇票到期日前作承兑提示。② 见票后定期付款的汇票,应自出票日起1个月内作承兑提示。③ 即期汇票,应自出票日起1个月内做付款提示。④ 远期汇票,应自到期日起10日内作付款提示。⑤ 支票,应自出票日起10日内做出付款提示。⑥ 银行本票,应自出票日起2个月内做付款提示。

在规定期限内未作提示的,持票人丧失对前手的追索权。但在一定期限内,持票人仍有权向出票人和承兑人请求票据权利。我国《票据法》规定,即期汇票、本票的持票人在出票日起2年内,远期票据的持票人在自到期日起的2年内,有权对出票人和承兑人要求票据权利;支票持票人在出票后6个月内有权对出票人要求票据权利。超过此期限,持票人便丧失票据权利。

(2) 提示必须在营业时间内进行,付款人没有义务在非营业时间内接受提示。

(3) 必须在汇票载明的付款地点向付款人提示,若未载明付款地点,则为付款人名称旁的地址。

4. 承兑

承兑(acceptance)是指远期汇票的付款人在汇票上签字表示同意出票人的命令到期付款的行为。完整的承兑行为包括两个方面的内容:第一,付款人在背面签字;第二,交付。

承兑的种类如下:

(1) 一般性承兑(general acceptance)。付款人完全同意出票人命令的行为。例如:

Accepted

Adam Smith

(2) 限制性承兑(qualified acceptance)。限制性承兑又称保留承兑,是指付款人虽同意付款,但在付款的时间、地点、金额、方式、当事人等汇票要件方面作出了不同于出票人指示的变动,因此付款人并非完全同意按票面文义承担其责任,而是按其自愿的方式承担责任。实质上,付款人作限制承兑是不同意汇票载明的内容,应视为拒绝承兑。我国《票据法》规定,付款人承兑汇票,不得附有条件;否则视为无效。但国外一些国家对于限制承兑,持票人有权拒绝,也可以接受。如果持票人接受了限制承兑,在付款人拒付的情况下,持票人不能向出票人或背书人追索。

限制性承兑有以下几种:

① 有条件承兑(conditional acceptance)。即付款人同意承兑,但加注了附加条件。例如:

Accepted

Payable on delivery of bill of lading

Adam Smith

② 部分承兑(partial acceptance)。即付款人只对票面金额的一部分作出承兑。例如，汇票金额为 USD 10 000 的承兑如下：

Accepted

Payable for amount of USD 10 000 only

③ 地方性承兑(local acceptance)。即明确限制付款于某一特定地点的承兑。例如：

Accepted, payable at bank of China, Shanghai branch only

④ 改变付款时间承兑(time qualified acceptance)。即承兑人表示在一个不同于票面规定日期的到期日进行付款。

⑤ 改变当事人承兑(parties qualified acceptance)。一份汇票由两个或数个付款人共同付款时，其中有付款人未签字承兑，而其他签字者又不能代表此人，则承兑人就不是全体付款人，这种即为改变当事人的承兑。

5. 付款

付款(payment)是指汇票到期时，持票人向付款人提示票据，付款人支付票款的行为。付款是票据流通过程的终结，是票据债权债务的最后清偿。付款后，汇票责任即被解除，并且所有汇票涉及人的债务均被解除。但是，付款必须是正当付款才能解除债务责任。所谓正当付款，一是要由付款人或承兑人支付，而非出票人或背书人支付；二是在到期日或到期日后付款，而非到期日前付款；三是要付款给持票人。

6. 退票

退票(dishonor)也称拒付，指持票人提示汇票要求承兑或付款时遭到拒绝。另外，付款人逃避不见、死亡、宣告破产或被责令停业等，使付款事实上不能执行，也构成拒付。汇票、本票和支票都有可能发生拒付。

一旦发生拒付，持票人应该立即做出拒绝证书并通知前手。拒绝证书(protest)是由公证机关或其他有权公证的当事人出具的证明汇票退票事实的书面文件，是证明退票的法律文件。我国《票据法》规定，持票人应当自收到被拒绝承兑或被拒绝付款的有关证明之日起 3 日内，将被拒绝事实以书面形式通知其前手；其前手应当自收到通知之日起 3 日内以书面形式通知其再前手，一直通知到出票人。持票人也可以将退票事实通知全体前手。

7. 追索

追索(recourse)是持票人在票据被退票时，对背书人、出票人及其他票据债务人请求偿还票款及其他有关费用的行为。

（1）追索的条件。追索的条件是在规定时间内做出拒绝证书并将退票事实通知所有前手，直至出票人；汇票的出票人、背书人、承兑人和保证人对持票人承担连带责任；持票人可以不按照汇票债务人的先后顺序，对其中任何一人、数人或全体行使追索权。

（2）追索的金额。追索的金额包括票面金额、到期日至付款日的利息，制作退票通知、拒绝证书等的费用。

（3）追索行使的时效。《日内瓦统一法》规定，持票人对承兑人追索的时效为汇票到期日起 3 年；持票人对前手及出票人追索的时效为拒绝证书做成日或汇票到期日起 1 年；背书人对其前手和出票人追索的时效为清偿日起 6 个月。

我国《票据法》规定，持票人对出票人和承兑人追索的时效，即期汇票为出票之日起 2 年，远期汇票为到期日起 2 年；持票人对背书人追索的时效为退票日起 6 个月；背书人对其前手追索的时效为清偿日或被诉讼之日起 3 个月。

英、美《票据法》规定,适用民法规定。

8. 保证

保证(guarantee)是指非汇票债务人对于出票、背书、承兑、参加承兑等行为所发生的债务作出担保的附属票据行为。保证人与被保证人负有相同责任。

9. 贴现

贴现(discount)是指在远期汇票已被承兑但尚未到付款日期,按照汇票上所载明的金额扣除一定的利息后,提前垫付给支票人的一种融资行为。

(三) 贴现息的计算

被扣减的贴现息按照下面的公式计算:

$$贴现息 = 票面金额 \times 贴现天数 \div 360 \times 贴现率$$

净款(net proceeds)又称现值,即持票人所获得的现金数。即:

$$净款 = 票面金额 - 贴现息$$

或者:

$$净款 = 票面金额 \times (1 - 贴现天数 \div 360 \times 贴现率)$$

其中,贴现天数指距离到期日提早要求付款的天数;贴现率是用年利率来表示的,英镑按一年 365 天计算,美元等货币按一年 360 天计算。

应用案例 2-2

一张票面为 USD 20 000 的汇票注明的期限是"payable at 60 days after sight",于 6 月 20 日承兑,持票人于 6 月 23 日要求贴现,当时的贴现率为 6.2%。

请问:持票人应得多少净款?

【案例分析】

贴现息 = 票面金额 × 贴现天数 ÷ 360 × 贴现率
      = 20 000 × (60－3) ÷ 360 × 6.2% = 196.33(美元)

净款 = 票面金额 － 贴现息 = 20 000 － 196.33 = 19 803.67(美元)

持票人贴现后,贴现人(买入票据者)可以再次售出他所贴进的汇票,称为再贴现(rediscount)。汇票贴现时所发生的费用有承兑费、印花税和贴现息三种。

应用案例 2-3

甲公司与乙公司订立一份木材购销合同,约定由甲公司在 1 个月内向乙公司提供优质东北红松 1 000 立方米,价值 200 万元,乙公司开给甲公司一张面额为 200 万元的银行承兑汇票,开户行为 A 银行。甲公司因拖欠丙公司的货款,就将此汇票背书给丙公司。甲公司按约交付了 1 000 立方米红松,双方对质量没有异议。但是乙公司的下家撤销了购买红松的意向,1 000 立方米红松就积压在乙公司的账上没有足够的存款,遂拒绝对该票付款。丙公司向甲公司行使追索权,要求甲公司付款。但是甲公司称:"我的 1 000 立方米红松卖出去还没有拿到钱,你还来问我要钱。没有这个道理啊,我卖了东西不但拿不到钱,还要自己贴钱。"于是拒绝对丙公司付款。

【案例分析】

根据票据的无因性,丙公司是票据的最后持票人,有权利取得票据权利,可是因为乙公司的账户存款不足无法承兑汇票,那么持票人有权利向背书人和出票人要求兑现票据利益。也就是说,前手和出票人都有义务承兑汇票。

那么,丙公司既可以选择向甲公司要求承兑汇票,也可以选择向乙公司要求承兑汇票,当然也可以要求甲、乙两家公司负连带责任。

案例中,如果甲公司承兑了汇票,可以向出票人要求追索,这也就是行使追索权。

应用案例2-4

2019年6月17日,永茂公司与汇源公司签订皮革买卖合同向汇源公司订购服装革,一次付给汇源公司定金承兑汇票100万元。次日,黎纳公司开出票面金额为60万元的银行承兑汇票,收款人是永茂公司,由中国银行A支行承兑。永茂公司当日取得汇票即用于支付购货定金,并在背书人处签章后交付给汇源公司。6月20日,汇源公司将汇票交付给某原皮中心用于购买猪原皮,但汇源公司未在汇票上作任何签章。原皮中心次日给汇源公司发送了猪原皮。原皮中心将所持的汇票的第一被背书人补记为原皮中心,同时在第二被背书人栏内签章,于6月25日持汇票去其开户银行城区信用社申请贴现,城区信用社委托中国银行B支行用电报向承兑人A支行查询。A支行于6月28日回电称银行承兑汇票属实。同日,城区信用社为原皮中心办理了汇票的贴现手续,将汇票金额60万元扣除利息后支付给原皮中心。城区信用社于10月15日提示付款时,遭拒付。城区信用社诉至法院。

【案例分析】

法院判决认为,城区信用社通过贴现,以背书转让的方式取得的银行承兑汇票,票面记载事项齐全,文义表述清楚,补记内容合法,应属于有效汇票。其取得汇票的程序亦不违反法律禁止性规定,城区信用社是汇票的合法持有人,应享有汇票的票据权利。城区信用社在行使付款请求权时,遭承兑人拒付,有权向出票人、背书人、承兑人行使票据追索权。据此,法院判决,原皮中心、永茂公司、黎纳公司、中国银行A支行支付城区信用社票据金额60万元,并承担自汇票到期日至清偿之日的利息,上述各被告间承担连带责任。

拓展阅读

表2-1 不同票据法对汇票票据行为的时效规定

内容	《中华人民共和国票据法》	《英国票据法》	《日内瓦票据法》
提示期限	即期汇票:在出票日起1个月内提示付款 见票后定期付款的汇票:自出票日起1个月内提示承兑 定日付款/出票日后定期付款的汇票:在到期日前提示承兑,在到期日起10日内提示付款	即期汇票:在合理时间内提示付款 未承兑的远期汇票:在合理时间内提示承兑 已承兑的远期汇票:在到期日提示付款	即期汇票:在出票日起1年内提示付款 见票后定期付款的汇票:自出票日起1年内提示承兑 已承兑的汇票:在到期日或其后2个营业日内提示付款

续　表

内　容	《中华人民共和国票据法》	《英国票据法》	《日内瓦票据法》
拒绝证书做成期限	无规定	拒绝承兑或拒绝付款后1个营业日内	提示承兑期限内做出
拒付通知	收到拒付证明或通知后3日内通知其前手	拒付后1个营业日内通知其前手，前手收到通知之日后1个营业日内通知其前手	拒绝证书做成之日后4个营业日内持票人应通知其前手，每一背书人应于收到通知后2个营业日内通知其前手
追索权的行使	持票人对出票人和承兑人：到期日起2年内，即期汇票自出票日起2年内 持票人对其前手：被拒绝承兑或拒绝付款之日起6个月	债权成立之日起6年内	持票人对承兑人：到期日起3年内 持票人对背书人及出票人：做成拒绝证书之日或到期日起1年内

模块三　本　票

一、本票的定义

本票(promissory note)又称期票，是由一人签发给另一人，签票人保证在见票时或者在指定的或可以推定的将来日期，支付一定金额给某人(或其指定人)或执票来人的无条件的书面承诺。

本票的基本当事人有以下两个：

(1) 出票人(maker)，出票人因承诺付款，因而称之为 make a promise，故而本票的出票人就称为 maker。

(2) 受款人(payee)即收款人，也称为本票的抬头人。

本票的收款人或抬头人的写法通常与汇票相同，也有三种，即指示性抬头、限制性抬头和持票人抬头。

二、本票的必要项目

根据《日内瓦统一法》的规定，本票必须具备以下项目：

(1) 写明"promissory note(本票)"字样；

(2) 无条件支付承诺；

(3) 收款人或其指定；

(4) 出票人签字；

(5) 出票日期和地点；

(6) 付款期限；

(7) 一定金额；

(8) 付款地点(未载明付款地点的则出票地视为付款地)。

本票未记载上述事项之一的,视为无效。实质上,从上述必要项目可知,本票与汇票的要项相比少了付款人,即本票由出票人自己承担付款责任。

```
Promissory Note for USD 999.00 New York, April 1, 2019
        (1)              (7)              (5)
At 90 days after date we promise to pay BA Co. or order
   (6)                    (2)            (3)
The sum of SAY: U.S.DOLLARS NINE HUNDRED AND NINETY-NINE ONLY.
                                (7)
          For and on behalf of Bank of China, Beijing
                        Li Dong    (4)
```

图 2-3 本票式样

三、本票的流通规则

(1) 从本票的定义来看,出票人只要在一张纸上注明"本票"字样,承诺于"指定到期日"由自己无条件支付,就是一张《票据法》上的本票。但是,只有在出票人信誉良好、资金雄厚的情况下,收款人才愿意接受。

(2) 本票是出票人无条件的自我承诺,所以远期本票不存在承兑问题。

英国《票据法》规定,本票不需承兑,所以远期本票的期限大多是"after date"或指定一个将来的日期付款"on …",不可能有"after sight"的远期本票。

《日内瓦统一法》的规定则不同,认为可以签发"after sight"的远期本票,这就需要在一定期限内向签票人提示,请他"visa(签认)"见票日期。

(3) 本票制成并经签票人签名后,还必须交付给收款人,才完成"签"和"发"的行为。

(4) 本票没有成套问题,总是单独一张。

除不需承兑和成套问题外,其他有关汇票的流通规则大多适用于本票。

四、本票的种类

(一) 商业本票

商业本票(trade's note)又叫一般本票,是指以工商企业为出票人签发的本票,其目的经常是为了清偿国际贸易的债权债务关系。由于商业本票的信用基础是商业信用,并且不提供任何资产做抵押,因而出票人的付款缺乏保证,其使用范围逐渐缩小,现在已几乎不使用了。

(二) 银行本票

银行本票(banker's note)是指以银行为出票人签发的本票,通常用于代替现金支付或进行现金转移。即期银行本票,一般称为cashier's order,意即出纳发出的命令,也就是上柜就可取得现金。由于银行本票的这种特性,因此西方各国一致规定,商业银行本票必须是记名的和不定额的,以免流通到市面扰乱国家纸币发行制度。

(三) 银行券

银行券(bank note)广泛运用的本票。在不兑现的国家纸币出现之前,银行吸收的存款是金银铸币,工商企业和个人都从银行提取银行券互相支付,以避免携带铸币的不便。在近代票据交换所出现以前,银行同业间也用大面额银行券结清互相交换票据的差额。

中华人民共和国成立前,在伪法币出台之前的货币是银圆,那时我国各大商业银行也发行银行券。这种银行券就是发券银行无记名来人的定额本票,票面上写有"凭票即付来人壹元"(或伍元、拾元)。英镑纸币到现在还印有"WE PROMISE TO PAY BEARER ×× POUNDS"字样。

(四) 旅行支票

从旅行支票(traveller's cheque)的发行机构来看,它应是本票;从旅行支票发行时是购票人在发行机构的无息存款,兑付时等于支取该存款上来看,它又具有支票性质。

旅行支票通常有固定的票面金额,同时发行机构为保证其流通性,通常会在世界各地设立代兑机构,方便持票人兑换。另外,由于旅行支票有严格的初签与复签制度,携带起来也较为安全。但是,随着网络与信息技术的发展,旅行支票逐渐被国际信用卡所替代。

(五) 国债

国债(treasury bills)是政府的财政部发行的本票,其信用基础是政府信用。

西方国家财政部的国债一般总是支付来人定额的,而且是大额的(金额单位为10万元或以上),期限为3个月或91天的流通本票。由于国债可以转让、买卖、贴现、抵押,所以它已成为本国金融市场上重要的流通工具。

应用案例 2-5

A银行接受B公司的委托签发了一张金额为8 600元人民币的本票,收款人为某电脑公司的经理李某。李某将票据背书转让给了王某。王某将票据金额改写为8.6万元人民币后转让给了C商店,C商店又将该票据背书转让给了某供销社。当该供销社向付款银行提示付款时,付款银行以票据上有瑕疵为由退票。问:

(1) 涉争的本票是银行本票还是商业本票?为什么?

(2) 王某改写票据金额的行为,在《票据法》上叫什么行为?王某应该承担哪些责任?

(3) 如果最后的持票人向前手行使追索权,除王某以外的各位前手应承担怎样的票据责任?其法律依据是什么?

【案例分析】

(1) 我国法律不承认商业本票,所以,涉争的本票应该是银行本票。

《票据法》第七十三条规定,本票是由出票人签发的,承诺自己在见票时无条件支付确定的金额给收款人或者持票人的票据。

本法所称本票是指银行本票。

(2) 属于伪造、变造票据的行为。

《票据法》第一百零二条规定,有下列票据欺诈行为之一的,依法追究刑事责任:① 伪造、变造票据的;② 故意使用伪造、变造的票据;③ 签发空头支票或者故意签发与其预留的本名签名式样或者印鉴不符的支票,骗取财物的;④ 签发无可靠资金来源的汇票、本票,骗取资金的;⑤ 汇票、本票的出票人在出票时作虚假记载,骗取财物的;⑥ 冒用他人的票据,或者故意使用过期或者作废的票据,骗取财物的;⑦ 付款人同出票人、持票人恶意串通,实施前六项所列行为之一的。

《票据法》第一百零三条规定,有前条所列行为之一,情节轻微,不构成犯罪的,依照国家有关规定给予行政处罚。

(3) 承担连带责任。

《票据法》第六十一条规定,汇票到期被拒绝付款的,持票人可以对背书人、出票人以及汇票的其他债务人行使追索权。

《票据法》第六十八条规定,汇票的出票人、背书人、承兑人和保证人对持票人承担连带责任。

持票人可以不按照汇票债务人的先后顺序,对其中任何一人、数人或者全体行使追索权。

持票人对汇票债务人中的一人或者数人已经进行追索的,对其他汇票债务人仍可以行使追索权。被追索人清偿债务后,与持票人享有同一权利。

《票据法》第八十条规定,本票的背书、保证、付款行为和追索权的行使,除本章规定外,适用本法第二章有关汇票的规定。

本票的出票行为,除本章规定外,适用本法第二十四条关于汇票的规定。

模块四 支 票

一、支票的定义

支票(cheque,check)是银行存款客户向其存款银行开立的,授权该银行向某人或其指定人或持票来人即期无条件支付一定金额的书面命令。

值得注意的是,对于适用于凭票即付的即期汇票的各项规定,都适用于支票。

二、支票的必要项目

(1) 写明"支票"字样;

(2) 无条件支付的命令;

(3) 付款银行名称及地点;

(4) 出票人名称及签字;

(5) 出票日期和地点(未载明出票地的,则出票人名称旁的地点视为出票地);

(6) 写明"即期"字样(如未写明即期,则仍视为见票即付);

(7) 一定的金额;

(8) 收款人或其指定人。

支票未记载上述事项之一的,视为无效。支票样本如图2-4所示。

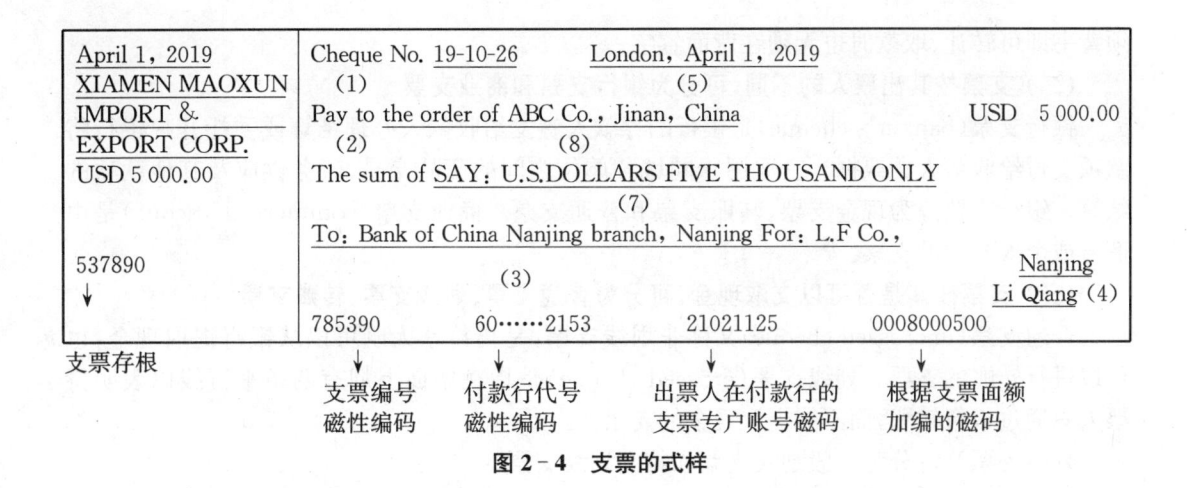

```
April 1, 2019          Cheque No. 19-10-26      London, April 1, 2019
XIAMEN MAOXUN             (1)                        (5)
IMPORT &               Pay to the order of ABC Co., Jinan, China            USD   5 000.00
EXPORT CORP.              (2)                  (8)
USD 5 000.00           The sum of SAY: U.S.DOLLARS FIVE THOUSAND ONLY
                                             (7)
                       To: Bank of China Nanjing branch, Nanjing For: L.F Co.,
537890                                                                      Nanjing
                                        (3)                                 Li Qiang (4)

                       785390      60……2153      21021125      0008000500
支票存根                   ↓              ↓              ↓              ↓
                       支票编号        付款行代号      出票人在付款行的    根据支票面额
                       磁性编码        磁性编码        支票专户账号磁码    加编的磁码
```

图 2-4 支票的式样

三、支票的特点

(1) 支票的出票人必须具备一定的条件。委托办理支票存款业务的银行或其他金融机构在见票时无条件支付确定金额,因此,出票人与银行具有一定关系。具体而言,出票人在银行要有存款账户,并且在银行账户中有足够存款。

如果出票人签发的支票金额超过其存款金额,则称为空头支票。在各国法律中,出票人都不得开出空头支票,否则予以处罚。根据《中华人民共和国票据管理实施办法》第三十一条的规定,"签发空头支票或者签发与其预留的签章不符的支票,不以骗取财物为目的的,由中国人民银行处以票面金额5%但不低于1 000元的罚款"。对于屡次发生的,银行应取消其签发支票权。持票人有权要求其赔偿票面金额2%的赔偿金。另外,出票人应与存款银行签订使用支票的协议,并预留签字样本或印鉴式样。

(2) 支票为见票即付。支票都是即期付款,付款银行必须见票即付。英国《票据法》规定,支票提示期为合理时间。

《日内瓦统一法》规定,国内支票提示期为8天,在一国出票、另一国付款的支票提示期为20~70天,视距离而定。

(3) 支票的付款人仅限于银行。支票付款人只能是银行,付款行在付款时要核对出票人签字的真实性,并严格按照支票的指示付款。

(4) 通常情况下,支票的出票人是主债务人。

(5) 支票上一般不附带利息条款。

(6) 对于超过法定或合理的流通期限,迟于付款期限提示付款的支票,付款人可以不付款,但出票人并不因此解除对持票人的票据责任。

四、支票的种类

(一) 支票按其收款人的不同,可分为记名支票和不记名支票

记名支票(cheque to order)即在"收款人"一栏注明收款人名称的支票。该种支票需要背书才能转让流通,取款时需要收款人在背面签字。

不记名支票(cheque to bearer)又称空白支票,即抬头人为持票人的支票。该种支票无

须背书即可转让,取款时也无须在背面签字。

(二) 支票按其出票人的不同,可分为银行支票和商业支票

银行支票(banker's cheque)是银行的存款人签发给收款人办理结算或委托开户银行将款项支付给收款人的票据。它适用于同城各单位之间的商品交易、劳务供应及其他款项的结算。银行支票分为现金支票、转账支票和普通支票。商业支票(commercial cheque)是由商号或个人签发的支票。

(三) 支票按其是否可以支取现金,可分为普通支票、划线支票、转账支票

普通支票(uncrossed cheque)又称非划线支票,是指持票人既可以从银行提取现金,也可以进行转账的支票。划线支票(crossed cheque)是指在票面上划有两条平行线以表明持票人只通过银行转账,而不能提取现金的支票。

划线支票又可分为一般划线支票和特别划线支票。

一般划线支票是指出票人、收款人或代收行在支票正面划有两条平行线,中间无任何加注或标有"××Co."(即"××公司")或标有"not negotiable(不可转让)"字样等内容的支票。特别划线支票是指支票的两条平行线加有银行名称的支票。划线支票增加了安全性。若万一被冒领,由于此款是代收行为他收账,易查踪迹。

一般划线支票可以找任何一家账户行转账处理;而特别划线支票须由划线内指定行代收,即只能通过线内指定行转账。划线是其他票据流通中所没有的,普通支票可通过划线或加注行名成为一般划线支票或特别划线支票。这种变化是不可逆转的。

(四) 保付支票

保付支票(certified cheque)是为了增加支票的接受性,由付款银行在支票正面签字,并加盖"保付(certified to pay)"戳记,表明由银行承担付款责任,其他债务人一概免责。

(五) 支票卡(check card)

支票卡又称支票保证卡,是供客户签发支票时证明其身份的卡片。卡片载明有客户的账号、签名和有效期限。这种卡流行于欧洲,针对"欧洲支票"作证明之用,无授信功能。由于支票保证卡的出现,使得8 000多家欧洲银行得以结成"欧洲支票"系统,为相互兑现支票提供了保证。

五、支票的止付和退票

(一) 支票的止付

在银行存款户对银行提出止付支票的书面通知后,银行应按照要求停止付款。应特别注意的是,必须有出票人的书面通知才有效。此后该支票被提示时,付款人在支票上注明"ORDER NOT TO PAY(奉命止付)"字样并退票。

(二) 支票的退票

退票的原因一般有以下几种:

(1) 出票人的印鉴不符;
(2) 收到出票人止付通知或者法院、检察院的冻结账户通知而奉命止付;
(3) 存款不足造成空头支票;
(4) 票据无效(如大小写金额不一致、更改票据金额、日期、收款人名称等);
(5) 支票过期或逾期提示;

(6) 支票的背书欠缺(如背书人签章不清、不全、空白)或不连续;

(7) 支票破损难辨真伪;

(8) 其他原因。

收款人收到银行退回的支票后,应立即与付款人联系。

应用案例 2-6

广交会上,我国甲公司与美国乙商人谈成一笔 5 万美元的出口合同,协议以国外丙银行为付款人的支票偿付。收到支票第二天后,甲公司将合同货物装运出口。随后,该公司将支票通过我国某国内银行向国外付款行托收支票款。

分析:该出口商可能面临的风险。

【案例分析】

支票最容易出现的问题是容易被伪造或变造,伪造包括伪造签名、伪造付款人或银行账号;变造包括涂改支票中的关键内容。由于普通人对支票鉴别力不足,可能导致无法鉴别其真伪。

对于第一次打交道的客户,除了通过当地银行向国外该新客户开户行做基本的资信调查外,还应该确认支票的真伪。正确的做法是,先将支票交银行托收款项,等款项到账后再发运货物。更为保险的做法是,可以让外商签发经过付款银行保付的支票,先检验支票真伪,再指定境外银行代收,等款项到账后再发货。

【案例延伸】

(1) 支票在国际结算中的应用受到限制的主要原因有哪些?

(2) 可以通过什么途径提高支票的鉴别技术?

六、汇票、本票、支票的比较

(一) 相同点

(1) 三种票据都是以无条件支付一定金额为目的的特种凭证,同为非现金结算工具,可行使货币的部分职能;

(2) 三种票据在有关出票、背书、付款、追索权、拒绝付款等票据行为上是相同的;

(3) 三种票据具有相同的特性,即流通性、无因性、要式性、提示性和返还性。

(二) 不同点

(1) 汇票、支票是无条件支付的命令;本票是无条件支付的承诺。

(2) 支票的出票人和付款人之间必须先有资金关系;汇票的出票人和付款人之间不一定先有资金关系;本票则是约定自己付款的票据,无所谓双方间的资金关系。

(3) 本票、支票、即期汇票的主债务人是出票人;而远期汇票在承兑前,出票人是主债务人,承兑后则以承兑人为主债务人。

(4) 支票、本票没有副本;而汇票的开立可以一式多张。

(5) 汇票、支票都有三个当事人,即出票人、付款人、收款人;而本票的出票人是付款人,所以只有两个当事人,即出票人和收款人。

(6) 支票的付款人限于银行;汇票、本票的付款人可以是银行,也可以是一般的企业或个人。

(7) 支票限于见票即付,无到期日的记载;汇票、本票则有即期付款和远期付款之分,有到期日的记载。

（8）支票和本票因过期而未能提示或未做拒绝证书的，则其持票人对出票人以外的前手无追索权；而汇票的持票人对其前手甚至出票人均丧失追索权。

（9）支票有保付制度，而没有承兑、参加承兑、参加付款、保证制度；而汇票则有；本票只有保证和参加付款，没有承兑和参加承兑制度。

（10）支票和本票的背书人只负追索时的偿还义务；而汇票的背书人还须担保付款人承兑或付款。

（11）支票有划线制度；而汇票（即期银行汇票除外）和本票均无。

（12）本票、汇票可以在贴现市场上贴现；而支票则不能。

（13）支票可以止付；而汇票承兑后，付款是不可撤销的。

拓展阅读

国际贸易结算票据的风险与防范

票据作为国际结算中一种重要的支付凭证，在国际上使用得十分广泛。由于票据种类繁多、性质各异，再加上大多数国内居民极少接触到国外票据，缺乏鉴别能力，因而在票据的使用过程中也存在着许多风险。

在票据的风险防范方面，要注意以下几点：

（1）贸易成交以前，一定要了解客户的资信，做到心中有数，防患于未然。特别是对那些资信不明的新客户以及那些外汇紧张、地区落后、国家局势动荡的客户。

（2）对客商提交的票据一定要事先委托银行对外查实，以确保能安全收汇。

（3）贸易成交前，买、卖双方一定要签署稳妥、平等互利的销售合同。

（4）在银行未收妥票款之前，不能过早发货，以免货款两空。

（5）即使收到以世界上资信最好的银行为付款行的支票也并不等于将来一定会收到货款。近年来，国外不法商人利用伪造票据及汇款凭证在国内行骗的案件屡屡发生，且发案数呈上升趋势，对此不能掉以轻心。

在汇票的使用过程中，除了要注意以上几点之外，还要注意遵循签发、承兑、使用汇票所必须遵守的以下原则：

（1）使用汇票的单位必须是在银行开立账户的法人；

（2）签发汇票必须以合法的商品交易为基础，禁止签发无商品交易的汇票；

（3）汇票经承兑后，承兑人即付款人负有无条件支付票款的责任；

（4）汇票除向银行贴现外，不准流通转让（注意：这个规定已被后来的银行结算办法所突破）。

识别真假本票或支票，可从以下几点进行：

（1）真本票或支票系采用专用纸张印刷，纸质好，有一定防伪措施，而假本票或支票只能采用市面上的普通纸张印刷，纸质差，一般比真本票所用纸张薄且软。

（2）印刷真本票或支票的油墨配方是保密的，诈骗分子很难得到，因此，只能以相似颜色的油墨印制，这样假本票或支票票面颜色较真本票有一定差异。

（3）真本票或支票的号码、字体规范整齐，而有的假本票或支票号码、字体排列不齐，间隔不匀。

（4）由于是非法印刷，假本票或支票上的签字也必然是假冒的，与银行掌握的预留签字不符。

应用案例 2-7

伪造汇票案例

一、背景

业务类型：汇款业务中的预订汇款

汇入行/解付行：国内某行

出口商/收款人：我国 S 省医药器具公司

进口商/付款人：哥斯达黎加的 AMERICAN CREDIT AND INVEST CORP.

出票人：美国新泽西州 FIRST FIDELITY BANK

二、案情经过

某年 11 月，S 省医药器具公司持两张从香港商人那里得到的出口项下的汇票到国内某银行要求鉴别其真伪。两张汇票的出票人为美国新泽西州 FIRST FIDELITY BANK，付款人是哥斯达黎加的 AMERICAN CREDIT AND INVEST CORP.，金额分别为 32 761.00 美元和 61 624.00 美元，付款期限为出票后 5 个月。从票面上看，两张汇票显然不符合银行汇票的特点，疑点很大，其中可能有诈。于是该行一边告诫公司不要着急于向国外进口商发货，一边致电出票行查询。不久，美国新泽西州 FIRST FIDELITY BANK 回电，证实自己从未签发过上述两张汇票。

此汇票的主要疑点为：

（1）两张汇票的金额都很大。我方出口商和国外进口商是通过香港中间商而认识的，在对各自伙伴的资信、经营作风都不十分了解的情况下，通常是不会采用汇票方式办理结算的。国外进口商甘冒付款后货不到的风险委托银行开出两张大金额的汇票，这本身就有问题。

（2）上述两张汇票在付款期限上自相矛盾。即期汇票（SIGHT OR DEMAND DRAFT）下，收款人提示汇票的当天即为汇票到期日，而两张汇票都有"PAYING AGAINST THIS DEMAND DRAFT UPON MATURITY"这样的语句，且标明到期日，与出票日相差了 60 天，这是问题之一。另外，若说两张汇票是远期汇票，那么汇票上应注明"见票后固定时期付款"或"出票后固定时期付款"（PAY IN A CERTAIN PERIOD AFTER SIGHT OR PAY IN A CERTAIN PERIOD AFTER ISSUE）。而这两张汇票在右上方，"DATE OF ISSUE"的下面直接标出一个"DATE OF MATURITY"而无"AT ... DAYS AFTER SIGHT PAY TO ..."或"AT ... DAYS AFTER DATE OF THIS FIRST EXCHANGE PAY TO ..."的语句，这是问题之二。

（3）两张汇票的出票人在美国，即付款项为美元，而付款人却在哥斯达黎加，美元的清算中心在纽约，世界各国发生的美元收付最终都要到纽约清算。既然美元汇票是由美国开出的，付款人通常的、合理的地点也应在美国。两张汇票在这一点上极不正常。

【案例分析】

近年来，以伪造汇票为手段进行诈骗的违法活动越来越多，在伪造汇票进行诈骗中，最初发生的案件容易被侦破,因为作案手段比较低劣,易于发现。而随着诈骗活动从我国沿海地区向内陆地区的发展,涉案人员也使用了高科技的手段,以达到诈骗的目的。他们大多根据一些银行的票据制作方式,使用虚构的银行名称,在外观上,此类汇票足可以假乱真。随着我国加入世贸组织,公司和企业有了进出口经营自主权的同时,也必须要谨慎防范信用风险。而利用国际贸易中的汇票结算进行欺诈,是国际贸易中常见的信用风险之一。要判断是否是伪造汇票,应当从其中内容着手,查看其具体记载是否与汇票要式相符。

为保证票据安全,有关单位和银行可以采取以下措施防范伪造汇票欺诈:

(1) 收到汇票而不知晓汇票上记载的出票人、付款人详情的,应迅速致电该出票人或收款人,或出票人和收款人所在地的分支机构,就汇票签发人和付款人的资信、规模、业务范围以及汇票的有关情况进行询问以判断汇票的真伪。询问速度一定要快,并在询问前一定要告知持票人暂时等候,国际贸易中收到票据不等于收到现金,单凭一纸汇票,在无法确定其是否真实有效前,保证作用是很弱的,不要贸然以汇票为保证发运货物。收到汇票时应就汇票的纸质、印刷、文字、记载项目等方面进行仔细检查。若出现纸质过厚过薄与常见汇票用纸不一致、印刷不清楚、文字有明显错排、记载项目前后自相矛盾或不符合汇票要求的规定时,应提请注意,请有关部门协助检验,以免上当受骗。此外,还要着重查看选择性条款的记载是否自相矛盾。

(2) 有些国家或者地区,如尼日利亚、印度尼西亚、中国香港及其他一些小国家是伪造汇票的多发地区,常见的付款银行名称中往往包含"NIGERIA""INDONESIA""HONGKONG"等字样,收到这些伪造汇票多发地区寄来的汇票时尤其要当心。收到这类汇票,除了要严格按程序查询出票人或付款人外,还可从以往案例中总结出经验来判断常见的欺诈手段:尼日利亚伪造汇票金额不大,且同时寄发各公司的汇票号码也完全相同,并在背面都印有"凭空运提单及票据办理托收";印度尼西亚伪造票据面额较大,且付款行多为不出名的小银行。

另外,许多业务人员对票据签收、流通转让方面的知识不了解也是造成诈骗分子得逞的重要原因之一。在不了解票据的情况下,以为收到票据就等于收妥货款,贸然发货,往往落得货款两空。因此,应加强对银行结算人员和有关贸易业务人员的票据知识培训,帮助他们了解正常汇票的格式、记载项目、汇票的不同种类以及汇票伪造的常见形式如何鉴别,一旦怀疑是伪造票后,应采取相应行动。

项目小结

本项目是国际结算的基础部分。目前,各种国际贸易中债权债务关系的清算大多通过票据来实现的。本项目的主要内容包括票据的概念、性质和作用;票据的法系;票据的当事人及它们之间的权利和责任;汇票、本票和支票的票据行为、包含的内容、票据的种类及票据之间的相同点和不同点。通过本项目的学习,学生们可以了解票据的基本知识,掌握国际上两大票据法系在票据行为规定方面存在的主要差异。

课后实训

一、判断题

1. 票据转让人必须向债务人发出通知。　　　　　　　　　　　　　　　　( )

2. 如果票据受让人是以善意并付对价获得票据,其权利不受前手权利缺陷的影响。
( )
3. 汇票是出票人的支付承诺。( )
4. 汇票上的金额须用文字大写和数字小写分别表明。如果大、小写金额不符,则以小写为准。( )
5. 票据贴现的其他条件相等时,贴现率越高,收款人所得的净值就越大。( )
6. 本票是出票人的支付命令。( )
7. 支票可以有即期或远期的。( )
8. 划线支票是只可提取现金的支票。( )
9. 支票的付款人一定是银行。( )
10. 支票的主债务人始终是出票人。( )

二、单项选择题

1. 票据的背书是否合法,应以(　　)地的法律解释。
   A. 出票　　　　B. 行为　　　　C. 付款　　　　D. 交单
2. 票据的有效性应以(　　)地国家的法律解释。
   A. 出票　　　　B. 行为　　　　C. 付款　　　　D. 交单
3. 票据的制作,其形式上需要记载的必要项目必须齐全,各个必要项目又必须符合票据法律规定,方可使票据产生法律效力。这是票据的(　　)性质。
   A. 要式性　　　B. 设权性　　　C. 提示性　　　D. 流通转让性
4. 票据所有权通过交付或背书及交付进行转让,这是票据的(　　)性质。
   A. 要式性　　　B. 设权性　　　C. 提示性　　　D. 流通转让性
5. 票据上的债权人在请求票据债务人履行票据义务时,必须向付款人提示票据,方能请求付给票款。这是票据的(　　)性质。
   A. 要式性　　　B. 设权性　　　C. 提示性　　　D. 流通转让性
6. 出票人在票据上立下书面的支付信用保证,付款人或承兑人允诺按照票面规定履行付款义务。这是票据的(　　)作用。
   A. 结算　　　　B. 信用　　　　C. 流通　　　　D. 抵销债务
7. 汇票的付款期限的下述记载方式中,(　　)必须由付款人承兑后才能确定具体的付款日期。
   A. at sight　　　　　　　　　B. at ×× days after sight
   C. at ×× days after date　　 D. at ×× days after shipment
8. 承兑是(　　)对远期汇票表示承担到期付款责任的行为。
   A. 付款人　　　B. 收款人　　　C. 持票人　　　D. 受益人
9. 以下关于支票的说法,正确的是(　　)。
   A. 是一种无条件的书面支付承诺　　B. 付款人可以是银行、工商企业或个人
   C. 可以是即期付款或远期付款　　　D. 是以银行为付款人的即期汇票
10. 支票的出票人和付款人的关系是(　　)。
    A. 债务人和债权人　　　　　　B. 债权人和债务人
    C. 银行的存款人和银行　　　　D. 供应商和客户

三、计算题

1. 一商人手持一张金额为 USD 3 600 的汇票,提前 120 天向 A 银行贴现,当时市场贴现率为 10%P.A.(按 360 天计算)。计算该商人应得的票款净值。

2. 假设目前 3 个月的贴现率为 10% P.A.,请用两种方法计算其等值的利率(按 360 天计算)。

3. 2 月 20 日,Smith 开立了一张金额为 USD 100 000.00,以 Brown 为付款人,出票后 90 天付款的汇票,因为他出售了价值为 USD 100 000.00 的货物给 Brown。3 月 2 日,Smith 又从 Jack 那里买进价值相等的货物,所以,他就把这张汇票交给了 Jack。Jack 持该票于同年 3 月 6 日向 Brown 提示,Brown 次日见票承兑。3 月 10 日,Jack 持该票向 A 银行贴现,当时的贴现利率为 10%P.A.(按 360 天计算)。请计算到期日、贴现天数及实得票款净值。

四、实务操作题

1. 中国 T 公司(Beijing)日前出口美国 A Trade Co.一批货物,金额为 5 000 美元,假定 T 公司于 2019 年 12 月 5 日签发以其指定人为收款人、见票后 60 天付款的远期汇票。试代 T 公司完成下列行为:

    (1) 出具该远期汇票。

    (2) 指定付款人于 2019 年 12 月 12 日承兑该汇票,完成汇票的普通承兑行为。

    (3) 计算汇票的付款日。

2. 湖南长沙 SANYI 公司出口新加坡 AB Trade Co.一批货物,金额为 500 000 美元,假定 SANYI 公司于 2018 年 6 月 5 日签发以其指定人为收款人、见票后 90 天付款的远期汇票。请代替当事人完成下列行为:

    (1) 出具该远期汇票。

BILL OF EXCHANGE

Drawn under _____

L/C No. _____ dated _____

Payable with Interest @_____% per annum

No. _____ Exchange for _____ Changsha, China _____

At _____ sight of this SECOND   Bill of exchange(FIRST being unpaid)

pay to _____ or order the sum of

_____

(amount in words)

To: _____

Singapore

For and on behalf of

_____

Hunan Changsha

(Signature)

(2) 指定付款人于 2018 年 6 月 8 日承兑该汇票,完成汇票的普通承兑行为。

(3) 6 月 12 日,收款人取得承兑汇票后转让汇票,请代收款人指示性背书转让给中国银行长沙分行。

(4) 计算该汇票的付款日。

3. 根据给出的信息,按要求完成以下相关操作:

2019 年 10 月 20 日,伦敦 ABC 银行开具了一张金额为 50 000 美元以 XYZ 公司或其指定人为收款人的本票,付款日为出票后 90 天。

(1) 请你替 ABC 银行出具该票据(使用英文)。

(2) XYZ 公司当天取得票据后,一般在哪一天提示承兑?

(3) XYZ 公司于第二日将该票据转让给了中国银行广州分行,请替 XYZ 公司完善该转让手续。

(4) 请计算该本票的付款日。

4. 国际出口公司(International Exporting Co.)出口机器设备和零部件给环球进口公司(Globe Importing Co.),价值 USD 100 000。国际出口公司在 2018 年 4 月 20 日开出汇票,要求环球进口公司在见票后 30 天付款给 XYZ 银行。环球进口公司于 2018 年 4 月 30 日承兑了该汇票。

请按上述条件填写下列汇票。

ACCEPTED	BILL OF EXCHANGE
(Date)	For _____ _____
	(amount in figure) (date of issue)
	At _____ sight of this bill of exchange (SECOND being unpaid)
	Pay to _____ or order
	the sum of _____ (amount in
(Company Name)	words) for value received.
	To: For and on behalf of
	_____

ACCEPTED	BILL OF EXCHANGE
Apr.30,2018(Date)	For 100 000.00 April 20 2018
	(amount in figure) (date of issue)
Globe Importing Co.	At 30 days after sight of this bill of exchange (SECOND being
	unpaid) Pay to XYZ Bank or order the sum of US Dollars One
(Company Name)	Hundred Thousand Only (amount in words) for value received.
	To: For and on behalf of
	Globe Importing Co. International Exporting Co.
	_____

5. 请依据所给条件,完成下列汇票的出票行为。

The requisite items of a bill are as follows:

Drawer: China National Chemicals Import & Export Corporation, S.B.

Drawee: The Citi Bank. New York, N.Y., U.S.A.

Payee: the order of the Bank of China Sum: USD 1 000.

Date of issue: 25 March, 2019; Place of issue: Shanghai

Tenor: at 90 days after sight

Fill in the following blank form to issue a bill.

BILL OF EXCHANGE

Drawn under_____

L/C No. _____ dated _____

Payable with Interest @_____% per annum

No._____ Exchange for_____ Shanghai, China_____

At_____ sight of this SECOND　Bill of exchange(FIRST being unpaid)

pay to _____ or order the sum of

_____

(amount in words)

To: _____

　　N.Y., U.S.A.　　　　　　　　　　　　For and on behalf of

　　　　　　　　　　　　　　　　　　　　_____

　　　　　　　　　　　　　　　　　　　　　　　(Signature)

五、案例分析题

1. A 市的甲和 B 市的乙达成协议,由甲交给乙一张银行承兑汇票,金额 400 万元。其中,200 万元用于偿还原先所欠债务,另外 200 万元用于联营投资。3 天后,甲、乙和 A 市的丙银行三家达成协议,由丙银行出具银行承兑汇票 400 万元给乙,乙将 400 万元资金一次性汇入丙银行存储。协议达成后,丙银行开出银行承兑汇票 400 万元给了乙,但是乙并未划款给丙,却持这张汇票到了 B 市的丁银行办理抵押贷款 400 万元,并由 B 市公证处出具公证书。这时,丁银行几次向丙银行查询所出汇票的真伪,在得到准确有效答复后贷款 400 万元给乙。丙银行在收不到资金的情况下,便去人去函索要所开汇票。在该汇票将到期的前两天,丙银行和甲以乙不按协议划款、不退汇票为由,丁银行以追索对乙的贷款为由分别向 A、B 二市法院起诉,二市法院竟相冻结该汇票,B 市法院抢先实现,但 A 市法院先行认定汇票无效,并且判决由乙赔偿有关损失,丁银行退还汇票给丙银行。乙已经丧失偿债能力,贷款抵押汇票又难以兑付,丁银行400万元贷款面临损失的风险。

请问: 该案例症结表现在哪儿?

2. 2017年12月1日,甲电器公司与乙商贸公司签订了一份价值25万元的微波炉购销合同。由于乙商贸公司一时资金周转困难,为付货款,遂向吴某借款,并从A银行申领到一张以吴某为户名的20万元现金汇票交付给甲公司。甲公司持该汇票到B银行要求兑现,但B银行拒付票款,并出示了乙公司的电报。原来乙公司在销售时发现微波炉质量有问题,还发现吴某所汇款项是挪用的公款,遂电告B银行拒付票款,汇票作废,退回A银行。B银行以此为由,拒付款项。甲公司向法院起诉,要求B银行无条件支付票款。法院经审理认为,甲电器公司与乙商贸公司签订的微波炉购销合同合法有效。现金汇票的签发符合《票据法》规定的要件,是一张有效的票据,甲公司合法取得该票据,是正当持票人,依法享有要求银行解付的权利。银行对于有效的汇票应无条件付款,不能以原经济合同产生纠纷为由拒付票款。故判决B银行支付甲电器公司人民币20万元。

请问: B银行应否承担付款责任? 人民法院的判决是否正确?

3. 持票人将汇票背书给W&CO,并将汇票和一封寄给W&CO的信一起密封好投进邮箱,却被持票人的雇员H偷走。H伪造了W&CO的背书,将汇票背书给自己,并在汇票到期后将汇票提示给付款行要求付款。

请问: 付款行是否可对汇票拒付?

项目三 汇款

知识目标
(1) 熟悉汇款业务的当事人及其相互关系；
(2) 熟悉不同汇款种类及其流程；
(3) 熟悉汇款头寸调拨与退汇。

能力目标
掌握汇款在国际贸易中的应用及风险防范。

导入案例
2018年4月，我国甲公司与香港乙商社首次达成一宗交易，规定以即期不可撤销信用证方式付款。成交后乙商社将货物转售给了加拿大一位客商，故贸易合同规定由甲公司直接将货物转运至加拿大。但由于进口商借故拖延，经甲公司几番催促，最终于约定装运期前4天才收到乙商社开来的信用证，且信用证条款多处与合同不符。若不修改信用证，则甲公司不能安全收汇，但是由于去往加拿大收货地的航线每月只有一班船，若赶不上此次船期，出运货物的时间和收汇时间都将延误。在甲公司坚持不修改信用证不能装船的情况下，乙商社提出使用电汇方式把货款汇过来。甲公司同意在收到对方汇款传真后再发货。甲公司第二天就收到了对方发来的汇款凭证传真件，经银行审核签证无误。同时由于港口及运输部门多次催促装箱装船，甲公司有关人员认为货款既已汇出，就不必等款到再发货了，于是发运货物并向乙商社发了装船电文。

发货后1个月仍未见款项汇到，经查询，乙商社又拿着汇款凭证到汇款行撤销了这笔汇款。港商的欺诈行为致使甲公司损失惨重。

思考：
(1) 采用汇款结算方式应如何防范风险？
(2) 电汇方式下如何退汇？

模块一 汇款概述

一、顺汇与逆汇

（一）顺汇
所谓顺汇，是指结算工具的流向与汇款的流向是同一个方向，是作为债务方的买方主动将进口货款通过汇款方式汇付给作为债权人的卖方的一种方法。逆汇则相反,是结算工具的流向与货款的流向呈相反方向。前者称之为汇付法,后者称之为出票法。

顺汇也称汇付法,是由债务人主动将款项交给本国银行,委托该银行通过某种结算工具的使用将款项汇付给国外债权人或收款人,因之结算工具的流向与资金流向相同,故称之为顺汇。国际结算中的汇款方式属于顺汇。国际结算中的顺汇,如图3-1所示。

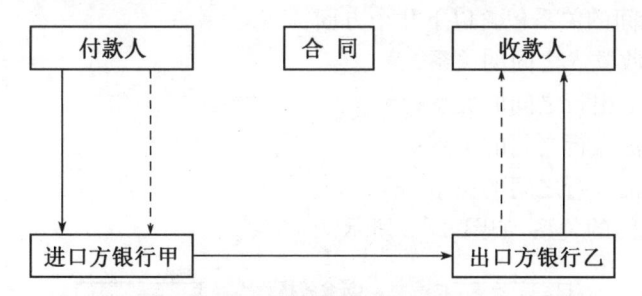

注:虚线代表结算工具的传递方向;实线表示资金的流向。

图 3-1 国际结算中的顺汇

(二) 逆汇

逆汇也称出票法,债权人通过出具票据委托本国银行向国外债务人收汇票金额的结算方式,因此结算工具的流向和资金的流向相反,故称之为逆汇。国际结算中的托收和信用证属于逆汇。国际结算中的逆汇,如图3-2所示。

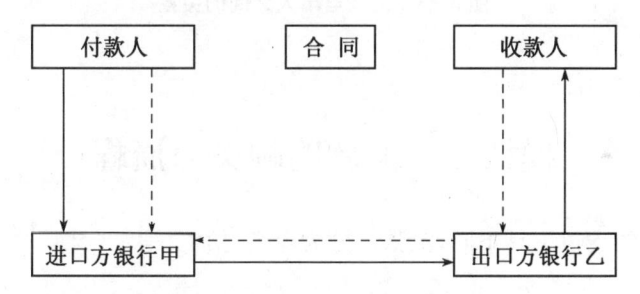

注:虚线代表结算工具的传递方向;实线表示资金的流向。

图 3-2 国际结算中的逆汇

二、汇款的概念与性质

汇款(remittance)又称汇付,是银行(汇出行)应汇出人的要求,以一定的方式将款项通过国外银行或代理行(汇入行)交付收款人的结算方式。由于工具的流向与货款的流向是同一方向,所以汇款属于顺汇性质。

三、汇款的当事人

(1) 汇款人(remitter)。它是委托汇出行将所汇款项交收款人的当事人,通常是国际贸易合同中的买方。

(2) 汇出行(remitting bank)。它是接受汇款人委托汇出款项的银行。

(3) 汇入行或解付行(paying bank)。它是接受汇出行委托,并解付一定金额给收款人的银行。

（4）收款人或受益人（beneficiary）。它是接到汇入行通知后收取汇款金额的当事人，通常是国际贸易中的卖方。

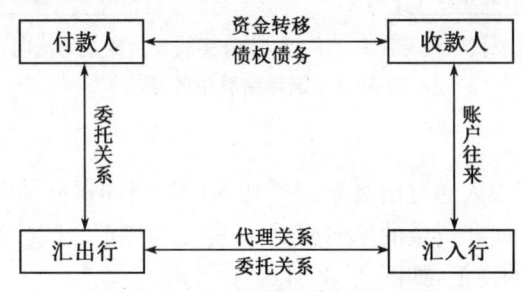

四、汇款当事人之间的关系

汇款当事人之间的关系包含以下几个方面：
(1) 汇款人与收款人之间的关系；
(2) 汇款人与汇出行之间的关系；
(3) 汇出行与汇入行之间的关系；
(4) 收款人与汇入行之间的关系。
汇款当事人之间的关系，如图 3-3 所示。

图 3-3 汇款当事人之间的关系

模块二 汇款的种类与流程

按照汇款使用的支付工具不同，汇款可分为电汇、信汇、票汇三种。

一、电汇

电汇（telegraphic transfer，T/T）是汇出行应汇款人的申请，拍发的加押电报或电信给国外汇入行，指示其解付一定的金额给收款人的结算方式。

电汇方式的流转程序，如图 3-4 所示。

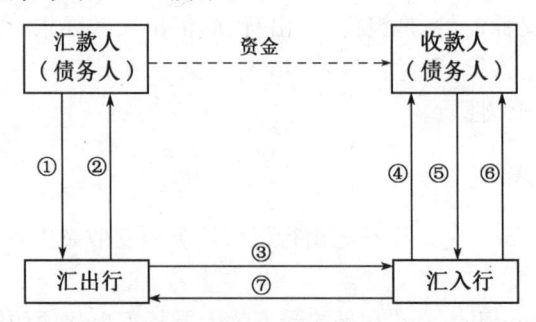

图 3-4 电汇方式的流转程序

各环节的具体内容如下:① 汇款人填写电汇申请书(见图3-5),交款付费;② 电汇回执;③ 加押电报/电传/SWIFT 电文,委托付款;④ 核对无误后制作电汇通知书通知收款人;⑤ 收款人收据;⑥ 汇入行记汇出行账户,取出头寸解付收款人;⑦ 付讫借记报单。

汇款申请书填写示例

招商银行 CHINA MERCHANTS BANK

汇款申请书
APPLICATION FOR OUTWARD REMITTANCE

申请日期 Application Date 2009-6-11 OR

*汇往境外,汇款申请书请以英文填写 (For cross-border payment by T/T, please complete this form in English.)

汇款方式 Means Of Payment	如未在□内"√"选,则默认为电汇 (if not specified, the method of payment defaults to T/T) √ □电汇 (T/T) □信汇 (M/T) □票汇,付款地点 D/D, drawn on _____ 取票人姓名 person designated to collect _____ 身份证件名称 type of ID _____ 身份证件号码 ID number _____ (仅申请票汇时填写)
汇款人 Remitter	账号 (A/C No.) OSA0881234532001 户名 (Name) ABC COMPANY
币种及金额(小写) Currency& Amount in figures USD 12,793.15	币种及金额(大写) Currency& Amount in Words 美元壹万贰仟柒佰玖拾叁元壹角伍分
收款行之代理行 Correspondent of Beneficiary's Bank	名称(Name) Standard Chartered Bank, New York SWIFT: SCBLUS33 地址(Address) New York city ny10010-3603, USA (请填写银行全称)
收款行 Beneficiary's Bank	英文名称(Name) The Hongkong & Shanghai Banking Corp.Ltd., Hong Kong SWIFT 代码(SWIFT Code) HSBCHKHHXXX 地址(Address) 1 Queen's Road Central, Hong Kong (若汇往境内需写明省份;若汇往境外需写明国家及城市)
收款人 Beneficiary 收款人类型 □公司 □个人	账号 (A/C No.) 12345678 户名 (Name) ZHANG SAN 地址(Address) Beverley Commercial Centre, Chatham Road South, Tsim Sha Tsui, Kowloon, Hong Kong
汇款附言(限105个字符) Remittance Information (not to exceed 105 letters) SALARY (请填写收款人详细地址)	银行费用承担方式 All Bank Charges Are To Be Borne By: □汇款人 Remitter□是否全额到账(仅供美元)Without any deduction (for USD only) √ □收款人 Beneficiary □共同承担(默认)Share (Default) 如未在□内"√"选,则默认为"共同承担"
本人(等)已详阅、了解和同意贵行离岸汇款相关规则以及背面条款,特委托贵行依此指令办理离岸款项汇出事宜。I/We hereby declare that I/We have understood and accepted your rules and the conditions on the back page completely and you are requested to effect the payment as per the above instruction. 汇款人印鉴 Remitter's Signature(s): (有效签字样本需与预留印鉴相符)	密押支付密码 Test Key 联系人姓名及电话 Contact Person & Tel. No. 备注 Special Instructions

填写注意事项:
1. 请用蓝黑色或黑色墨水笔或签字笔填写以上表格;
2. 表格中红色字体项为必填项;
3. 币种对照表如下。

美元	港币	欧元	澳元	新加坡元	加拿大元	日元	瑞士法郎	英镑
USD	HKD	EUR	AUD	SGD	CAD	JPY	CHF	GBP

4. 中文大写表如下。

零0	壹1	贰2	叁3	肆4	伍5	陆6	柒7	捌8	玖9	拾10
佰	仟	万								

图3-5 汇款申请书的填写

应用案例 3-1

上海 A 银行某支行有一笔美元汇出汇款通过其分行汇款部办理汇款,分行经办人员在审查时发现汇款申请书中收款银行一栏只填写了"Hong Kong and Shanghai Banking Corp. Ltd.(汇丰银行)",而没有具体的城市名和国家名,由于汇丰在世界各地有众多分支机构,汇出行的海外账户行收到这个汇款指令时肯定无法执行。为此,经办人员即以电话查询该支行的经办人员,后者答称当然是香港汇丰银行,城市名称应该是香港。本行经办人员即以汇丰银行香港分行作为收款人向海外账户行发出了付款指令。事隔多日,上海汇款人到支行查询称收款人告知迄今尚未收到该笔款项,请查阅于何日汇出。分行汇款部当即再次电询海外账户行告知收款人称尚未收到汇款,请复电告知划付日期。账户行回电称,该笔汇款已由收款银行退回,理由是无法解付。这时,汇出行再仔细查询了汇款申请书,看到收款人的地址是新加坡,那么收款银行理应是新加坡的汇丰银行而不是香港的汇丰银行,在征得汇款人的同意后,重新通知其海外账户行将该笔汇款的收款银行更改为"Hong Kong and Shanghai Banking Corp. Ltd., Singapore",才最终完成了该笔汇款业务。

【案例分析】

本案例中,该笔汇出款项最初之所以没有顺利解付,原因在于没有准确地向汇入行提供收款银行的地址和名称。

本案例提示我们汇款人正确填写汇款申请书的重要性,特别是对于收款人或收款银行的详细地址包括城市名称和国家名称更是不能填错或漏填。对于银行工作人员来说,应该认真审查汇款申请书,当发现汇款人填写不全时务必请其详细填写,以防汇错地址,导致收款人收不到款或被别人误领。如果由于某些原因不能确切知道收款行或收款人的详细地址时,应向知情的当事人询问清楚,不能主观推测,这样有利于合理保护汇款人和收款人的权益。

二、信汇

信汇(mail transfer,M/T)是汇出行应汇款人的申请,用航空信函指示汇入行解付一定金额给收款人的汇款方式。信汇业务的程序与电汇程序基本相同,所不同的是汇出行应汇款人的申请,以信汇委托书或支付委托书作为结算工具,通过航空邮寄至汇入行,委托其解付。

三、票汇

(一) 票汇的概念

票汇(demand draft,D/D)是汇出行应汇款人的申请,代其开立以汇入行为付款人的银行即期汇票,并交还汇款人,由汇款人自寄或自带给国外收款人,由收款人到汇入行凭票取款的汇款方式。

(二) 票汇的特点

(1) 取款灵活。

(2) 票汇中的汇票可以代替现金流通。

(3) 票汇是由汇款人自己将汇票寄给收款人或自己携带出国,并根据收款人的方便,在有效期内随时到银行取款;而信汇、电汇是由汇出行通过电讯或邮寄将汇款委托书交汇入行的。

(4) 票汇汇入行无须通知收款人取款,是由收款人持汇票登门自取;而信汇、电汇都是汇入行通知收款人来领取汇款。

(三) 中心汇票

在银行汇票业务中,汇出行开立的即期汇票若付款人是汇票上所用货币结算中心的银行,则该汇票称为中心汇票,该票汇业务也称中心汇票业务。中心汇票的流程,如图3-6所示。

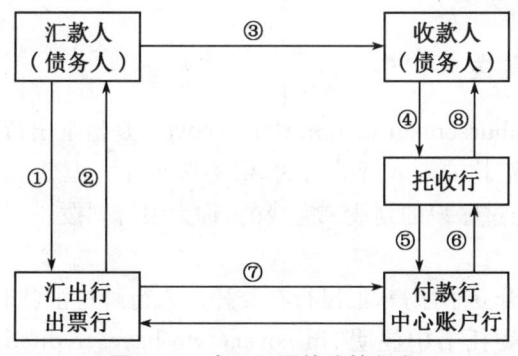

图3-6 中心汇票的流转程序

在上图3-6中,各环节的具体内容如下:① 汇款人(购票人)交款付费;② 付给中心汇票;③ 寄送中心汇票;④ 送交托收行托收票款;⑤ 提示汇款;⑥ 支付票款;⑦ 借记报单;⑧ 收到票款。

四、三种汇款方式的比较

三种汇款方式的比较见表3-1。

表3-1 三种汇款方式的比较

种类	支付工具	核查方式	特 点
电汇	电报,电传,SWIFT	秘审证实	汇款迅速,安全可靠,费用较高
信汇	信汇委托书或支付委托书	签字证实	费用最省,汇款所需时间长
票汇	银行即期汇票	签字证实	取款灵活,可替代现金流通,程序简便

(一) 共同点

汇款人在委托汇出行办理汇款时,均要出具汇款申请书,这就形成汇款人和汇出行之间的一种契约。三者的传送方向和资金流向相同,均属顺汇。

(二) 不同点

电汇是以电报或电传作为结算工具;信汇是以信汇委托书或支付委托书作为结算工具;票汇是以银行即期汇票作为结算工具。

票汇与电汇、信汇的不同在于票汇的汇入行无须通知受款人取款,而由受款人持票登门取款,汇票除有限制转让和流通者外,经受款人背书,可以转让流通,而电汇、信汇委托书则不能转让流通。

（三）如何正确运用

电汇是收款较快、费用较高的一种汇款方式，汇款人必须担负电报费用，所以通常金额较大或有急用的汇款才使用电汇方式。信汇、票汇都不需要发电，以邮递方式传送，所以费用较电汇低廉，但收款时间较晚。

模块三　汇款头寸调拨与退汇

一、汇款人头寸调拨

汇款头寸偿付（reimbursement of remittance cover）是指汇出行办理汇出业务时应及时将汇款金额拨交给解付汇款的汇入行的行为，俗称拨头寸。汇款偿付必须通过代理行之间的资金来往来实现，是通过账户的划拨来完成的，称为银行划拨。

（一）主动贷记

若汇入行在汇出行开立了账户，汇出行在委托汇入行解付汇款时，应将汇款金额收在汇入行的账上，并在支付委托书中注明"In cover, we have credited your A/C with us the amount..., the value date:..."（作为偿付，我行已贷记你行账户，金额×××，起息日为××月××日）"，并以贷记报单通知汇入行，其程序如图3-7所示。汇入行接到支付委托书后，确认汇款金额已经划拨到自己账户，即可解付款项给收款人。

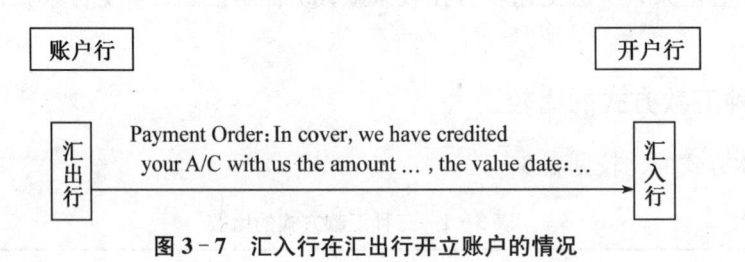

```
┌────────┐                                                  ┌────────┐
│ 账户行 │                                                  │ 开户行 │
└────────┘                                                  └────────┘
┌──┐   Payment Order: In cover, we have credited            ┌──┐
│汇│       your A/C with us the amount..., the value date:...│汇│
│出│ ────────────────────────────────────────────────────►  │入│
│行│                                                        │行│
└──┘                                                        └──┘
```

图3-7　汇入行在汇出行开立账户的情况

（二）授权贷记

若汇出行在汇入行开立了账户，汇出行在委托汇入行解付汇款时，应在支付委托中注明，"In cover, please debit our A/C with you the amount..."（作为偿付，请借记我行在你行账户，金额×××）"，其程序如图3-8所示。汇入行接到支付委托书后，即被授权凭以借记汇出行账户，拨用头寸解付款项给收款人，并在寄给汇出行的借记报单上注明"your A/C debited（你行账户已被借记）"。

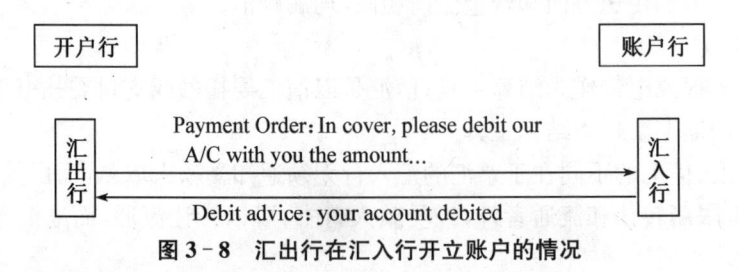

```
┌────────┐                                                  ┌────────┐
│ 开户行 │                                                  │ 账户行 │
└────────┘                                                  └────────┘
┌──┐   Payment Order: In cover, please debit our            ┌──┐
│汇│       A/C with you the amount...                       │汇│
│出│ ────────────────────────────────────────────────────►  │入│
│行│                                                        │行│
│  │ ◄────────────────────────────────────────────────────  │  │
└──┘   Debit advice: your account debited                   └──┘
```

图3-8　汇出行在汇入行开立账户的情况

在以上两种直接入账的情况下,资金仅在汇出行和汇入行两个银行之间转移,环节少、速度快、手续简便、费用较少。

(三) 共同账户行转账

若汇出行和汇入行不是账户行关系,但可以找到一家共同的账户行(即碰头行),则可以通过这家共同账户行来转账进行偿付。

这种情况下,汇出行应向共同账户行发出转账通知,请其先借记汇出行账户,再贷记汇入行账户,从而将款项拨付到汇入行在该共同账户行的账户。同时,在向汇入行发出的支付委托书中注明,"In cover, we have authorized ×× Bank to debit our A/C and credit your A/C with you(作为偿付,我行已授权××银行借记我行账户,并同时贷记你行账户)"。共同账户行完成头寸拨付之后,向汇出行发出借记报单,同时向汇入行发出贷记报单,其程序如图 3-9 所示。汇入行接到支付委托书和贷记报单后,确认汇款金额已经划拨到自己在共同账户行的账户中,即可使用头寸解付款项给收款人。

图 3-9 汇出行和汇入行之间通过它们各自的账户行进行的资金转移

(四) 各自账户行转账

若汇出行和汇入行不是账户行关系,也没有一家共同的账户行,则可以通过各自账户行的共同账户行来转账,在向汇入行发出的支付委托书中注明,"In cover, we have instructed A Bank to pay the proceeds to your A/C with the B Bank(作为偿付,我行已授权借记并拨付我行的账户行 A,并将头寸贷记你行的账户行 B)"。如果再没有各自账户行的共同账户行,还须再增加相关银行的数量,这样就会涉及更多的银行。在这种情况下,汇款偿付的环节增多、手续复杂、需要时间长、资金转移慢、费用也较高,还可能在过程当中出现各种差错,所以应该尽量避免使用。

二、退汇

退汇是指在汇款解付之前,由汇款人或收款人要求撤销该笔汇款的行为。退汇的原因可能来自收款方,如拒收拒领,或汇入行因收款人死亡、迁徙、公司倒闭等客观原因而无法通知收款人;也可能来自汇款方,汇款人因某些原因要撤回汇款款项等。

(一) 收款人退汇

收款方退汇的过程比较简便。在信汇或电汇的方式下,只需收款人通知汇入行,汇入行将汇款委托和头寸退回汇出行,汇出行通知汇款人取款。在票汇的方式下,收款人只要将汇票自行寄还给汇款人,然后由汇款人自己到汇出行办理退汇手续,注销汇票、取回款项即可。

(二) 汇款人退汇

汇款方退汇的过程比较复杂。在信汇或电汇的方式下,汇款解付前,汇款人凭回执向汇出行提出书面申请,汇出行接受申请后,以信函或电讯的方式告知国外汇入行停止解付,办理退汇,待汇入行在汇款解付之前同意退汇并退回款项时,汇出行才能通知汇款人,凭汇款回执到汇出行办理退款。汇款解付后,不能办理退汇。

在票汇的方式下,若汇款人尚未寄出汇票,只需出具书面申请,并持该汇票到汇出行办理退汇,经银行核对无误后即可注销汇票;若此时汇出行已经寄出汇票的票根,还需发函通知汇入行将有关票根退回注销。若汇款人已经寄出汇票,但汇入行尚未解付,则汇出行可以应汇款人要求,通知汇入行止付,但这种情况会影响汇出行的信誉,因此应谨慎处理。若汇票款项已被收款人领取或者虽未领款但已在市场上流通,则汇款人不可以办理退汇。

以上汇款人退汇的前提均是汇款尚未解付,如果汇入行在接到通知前已经解付,则汇入行不负其他责任,也无须向收款方追索,汇款人只能与收款人自行交涉要求退款。在票汇方式下,无论哪方退汇,都必须能够出示汇票。

(三) 汇入行退汇

在信汇或电汇的方式下,款项汇出后,若收款人不领款或通知不到收款人,经过一定时期,汇款失效,汇入行可以办理退汇。

在票汇的方式下,若持票人在汇款有效期内未能领款,汇入行可以办理退汇。

模块四 汇款在国际贸易中的应用

一、预付货款

(一) 预付货款的含义

预付货款是指买方先将货款的全部或者一部分通过银行汇交卖方,卖方收到货款后,根据买、卖双方事先签订的合约,在一定时间或立即将货物运交进口商的结算方式。此方式对进口商来说是预付货款;对出口商来说则是预收货款;对银行来说预付货款属于汇出款项,预售货款属于汇入款项。

在国际贸易中,处理汇入款项业务的银行,向出口商结汇后,出口商才将货物运出,所以此种结算方式又叫先结后出。

(二) 预付货款的特点

1. 预付货款对出口商有利

其有利表现在:① 货物未发出,已收到一笔货款,等同于得到无息贷款。② 收款后再发货,降低了货物出售风险,如果进口商毁约,出口商可没收预付款。③ 出口商可以充分利用预付货款,甚至可以在收到货款后,再将货物发出。

2. 预付货款对进口商不利

其不利表现在:① 未收到货物,已先垫付了款项,将来如果不能收到或不能如期收到货物,或货物与合同不符,将遭受损失或承担风险。② 货物到手前付出货款,造成资金周转困难及利息损失。

(三) 预付货款的适用范围

预付货款的适用范围如下:

(1)出口商的商品是进口国市场上的抢手货,进口商需求迫切以取得高额利润,因此不惜预付货款。

(2) 进、出口双方关系密切,相互了解对方资信状况,进口商愿意预付货款购入货物。

(3) 卖方货物旺销,出口商与进口商初次成交,卖方对买方资信不甚了解,顾虑买方收货后不按合约履行付款义务,为了收汇安全,卖方提出预付货款作为发货的前提条件。

应用案例 3-2

2018 年 10 月 8 日,A 公司为缓解资金短缺的困难,在无货可供的情况下,与外地的 B 公司签订了一份购销合同,由 A 公司向 B 公司供应价款为 200 万元的优质钢材,交货期限为 4 个月,B 公司交付银行承兑汇票,付款期为 6 个月。

合同签订后,B 公司商请 C 公司做保证人,向其开户行甲银行申请办理了银行承兑汇票,并签订了承兑协议。汇票上记载的付款日期为 2019 年 4 月 12 日。A 公司收到汇票后,马上向其开户行乙银行申请贴现。乙银行在审查凭证时发现无供货发票,便发电报向甲银行查询该承兑汇票是否真实,收到的复电是"承兑有效"。据此,乙银行向 A 公司办理了汇票贴现,并将 160 万元转入 A 公司账户。

临近付款期,B 公司派人去催货,才发现 A 公司根本无货可供,方知上当受骗,于是告知甲银行。

2019 年 4 月 13 日,乙银行提示付款,甲银行拒付,理由有二:① 该汇票所依据的交易合同是虚构的;② 乙银行明知 A 公司无供货发票,仍然为其办理了贴现,具有重大过失。于是,乙银行以甲银行、B 公司、A 公司为被告起诉至法院,请求三方支付汇票金额及利息。

【案例分析】

本案例中,双方签订合同后约定 4 个月后才交货,而 B 公司先开出银行承兑汇票,即属于预付货款。这种情况下,B 公司就要承担 A 公司拒绝交货的风险,可能出现钱货两空。A 公司恰恰只是为了周转资金,实则无货,所以最终为 A 公司提供银行汇票贴现的乙银行贷款已交了,但 B 公司却没有拿到货。公司在签订合同时用汇款结算时,一定要注意预付货款给买方带来的风险。

(四) 进口商防范预付货款风险的措施

进口商为了保障自己的权益,减少预付货款的风险,一般要通过银行与出口商达成解付款项的条件协议,通常称之为解付条件。它由进口商在汇出款项时提出,由解付行在解付时执行。

二、货到付款

(一) 货到付款的含义

货到付款是指出口商先发货,进口商后付款的结算方式。此方式实际上属于赊账交易或延期付款结算。

(二) 货到付款的特点

1. 货到付款对买方有利

货到付款对买方有利,表现在:① 买方不承担资金风险。因为如果货未到或者货不符合合同要求则买方可以不付款,因此在整个交易过程中买方占据主动地位。② 由于买方常在收到货物一段时间后付款,无形中占用了卖方资金。

2. 货到付款使卖方承担风险

货到付款使卖方承担风险,表现在:① 卖方先发货,必然承担买方不付款的风险。② 由于货款常常不能及时收回,卖方资金被占用,造成一定的损失。

(三) 货到付款在国际贸易中的应用

货到付款这种方式尽管对出口商不利,但在贸易实务中仍然被广泛应用,一个原因是大多数出口商品是买方市场,竞争激烈;另一个原因是欧美等发达国家采用集团采购模式,进口量巨大,动用上亿美元,对出口商具有很大的吸引力,如沃尔玛等都是采用这种方式。

1. 售定

售定是指买、卖双方成交条件已经谈妥并已经签订成交合同,同时确定了货价和付款时间,一般是货到即付款或货到后若干天付款,有进口商用汇款方式通过银行汇交出口商。

2. 寄售

寄售是由出口商先将货物运到国外,委托国外商人在当地市场代为销售,货物售出后,被委托人将货款扣除佣金后通过银行汇交出口商。

项目小结

汇款是最为传统的国际结算方式,是指付款人将款项交由银行,通过银行在国外的联行或代理行汇交收款人的一种结算方式。汇款结算方式一般涉及汇款人、汇出行、汇入行和收款人四个当事人。汇款是一种顺汇的结算方式。按照汇出行通知汇入行付款的方式,国际汇款业务可分为信汇、电汇和票汇三种。其中,费用最低的是信汇,最为快捷的是电汇,而最为灵活的是票汇。无论采用何种汇款方式,都涉及汇款头寸的偿付问题,即汇出行应及时将汇款金额拨交给委托解付汇款的汇入行。拨头寸一般有四种方法:① 直接借记或贷记账户;② 通过双方银行的共同账户行转账;③ 汇出行与汇入行各自账户行之间进行借记或贷记账户操作;④ 通过双方各自账户行的共同账户行进行转账。在国际贸易中,按照汇付货款与装运货物先后的不同,汇款可分为预付货款和货到付款两种类型,其中预付货款对出口商有利,而货到付款对进口商有利。货到付款又可分为售定与寄售两种方式。

课后实训

一、判断题

1. 通常票汇方式下收款人收妥资金的时间比使用电汇方式要短。 （ ）
2. 使用电汇时资金到账速度快,但是费用比信汇高。 （ ）
3. 汇款结算都是通过银行来传递资金的,所以是以银行信用为基础的结算方式。
 （ ）
4. 预付货款可以保证进口商得到所需的货物。 （ ）
5. 未开设清算账户的两家银行之间发生汇款业务时,至少需要通过一家碰头行才能结清头寸。 （ ）
6. 信汇委托书可以通过背书而流通转让。 （ ）

7. 如果汇出行与汇入行之间互设清算账户,则肯定使用电汇方式办理客户汇款。（   ）
8. 对进口商而言,售定比预付货款的风险要小。（   ）
9. 使用票汇时,银行即期汇票一经交付,通常不能主动止付;但若遗失或被偷盗,则可办理挂失止付。（   ）
10. 汇款方式目前广泛应用于国际贸易中的货款结算。（   ）

二、单项选择题

1. 伦敦一家银行委托国外代理行向收款人办理汇款解付,头寸调拨（   ）。
   A. 主动借记对方账户　　　　　B. 主动贷记对方账户
   C. 授权借记对方账户　　　　　D. 授权贷记我方账户
2. 客户要求银行使用电汇方式向国外收款人汇款,则电讯费用由（   ）承担。
   A. 汇出行　　B. 汇入行　　C. 汇款人　　D. 收款人
3. 银行办理业务时通常无法占用客户资金的汇款方式是（   ）。
   A. 电汇　　B. 票汇　　C. 信汇　　D. 以上都是
4. 采用寄售方式来出售商品时,（   ）承担的风险很大。
   A. 进口商　　B. 代销商　　C. 银行　　D. 出口商
5. 适宜采用电汇结算的债权债务,一般是（   ）。
   A. 零星的、小额货款　　　　　B. 付款时间紧急的大额货款
   C. 贸易从属费用　　　　　　　D. 不紧急的款项
6. 代理行向收款人解付电汇款项之前需要（   ）。
   A. 核对汇出行授权人签章　　　B. 核对汇出行密押
   C. 核对汇出行电文格式　　　　D. 核对汇出行汇票票根
7. 不必限定在汇入行取款的汇款方式是（   ）。
   A. 电汇　　B. 信汇　　C. 票汇　　D. 以上都是
8. 对出口商有利的贸易结算汇款方式是（   ）。
   A. 先结后出　　B. 赊销　　C. 延期付款　　D. 售定
9. 对进口商不利的贸易结算汇款方式是（   ）。
   A. 延期付款　　B. 赊销　　C. 售定　　D. 预付货款
10. （   ）是我国南方沿海三省对港澳地区出口某些鲜活商品的一种特定的结算方式。
    A. 延期付款　　B. 赊销　　C. 售定　　D. 预付货款

三、案例分析题

1. 某年年初,国内某银行接待了一家开户不久的企业,后者手持香港特区某商业银行的"汇款证实书"查询一笔100多万美元的电汇是否入账。该行根据该"汇款证实书"所列内容查阅了有关对账单和往来电文,并未发现有这笔汇款,但允诺代其查询,并即电香港汇出行查询,请其提供详细汇款路线。但是,在此期间,收款人多次来电称此笔汇款保证无问题,要求银行立即入账,而该银行以未见账户行贷记报单不能入账的原则给予婉拒。后来,香港某银行来电称,该项"汇款证实书"系部分伪造,所谓的汇款人根本不知此事。对此,国内的银行立即通知收款人,发现该企业的负责人已不知去向,其在银行账户的存款余额为0。

请问:该案例带给我们什么启示?

2. 国内A公司与国外B公司签订了一份出口合同,付款条件为获取提单后70天内电

汇付款。合同签订后,A公司将货物装上船,取得提单并交给B公司。但货物到港后,B公司以货物存在质量问题为由拒绝付款,A公司因此遭受巨大损失。

请问:是什么原因导致A公司遭受损失?

3. 国内某出口商A与国外某进口商B签订一份贸易合同。合同规定,由B通过银行开出即期不可撤销的信用证向A付款。但过了合同约定的开证日期后仍未见到B开来信用证。于是A向B催问,B称:"证已开出,请速备货。"然而,临近约定装货期的前一周,A还未收到信用证。A再次查询,B才告知"因开证行与A所在地银行并无业务代理关系,故此证已开往有代理关系的某地银行转交"。此时船期已到,因合同规定货物需直接运抵加拿大,而此航线每月只有一班船,若错过这班船,A将遭受重大损失。这时B提出使用电汇的方式支付货款,鉴于以上情况,A只好同意,但要求B提供汇款凭证传真件,确认后马上发货。第二天,B传真来银行的汇款凭证,A持汇款凭证到银行核对无误后,认为款项已汇出,便安排装船。但装船数天后,A发现货款根本没有到账。原来B的资信极差,瞄准A急于销货的心理,先购买一张小额汇票,涂改后再传真过来,冒充电汇凭证使A遭受重大损失。

请问:是什么原因导致A遭受损失?

4. 国内A公司与国外B公司签订了一笔进出口合同,结算条款为B公司收到装船提单电传件后,立即用T/T支付。A公司发货后即将提单电传件传至B公司,而B公司收到电传件后提出提单号码模糊,无法辨认,请A公司确认。当天下午,A公司把确认后的号码传给B公司。B公司收到确认号码后答应次日办理汇款。次日,A公司便接到了B公司发来的电传,称已对到港的货物进行了检验,发现货物规格与合同规定不符,希望A公司提出一个处理意见,但在此之前,B公司暂时无法考虑付款。双方僵持约一个星期后,A公司正式致电B公司,强调这笔交易因为是有中间人斡旋,才以非常低的价格成交,同时接受了对方提出的T/T付款条件,这笔交易A公司根本无利可言,实在没有降价的余地,请B公司予以谅解。如B公司坚持索赔或降价,则必须提交正式检验报告,证明货物确实与合同要求严重不符。同时,A公司也请中间人做了B公司的工作,在这样的情况下,B公司未再坚持以前的意见,将款项汇到A公司指定账户。

请问:结合本案例,在实务中采用T/T结算方式出口商可能面临的风险有哪些?

5. 吴某与李某是非常要好的朋友,一次由于吴某的疏忽将印鉴留在了李某的手中,李某利用了该印鉴并模仿吴某的签字,假借吴某的名义伪造了他的付款授权信,将吴某的款项汇到自己的账户中,事后虽然李某的诈骗行为被发现并且受到了法律的制裁,但是由于李某已经将所汇款项挥霍殆尽,吴某仍然遭受到了很大的损失。

请问:本案中,汇款人和汇款行分别得到什么教训?

6. 国内某出口商A公司对国外某进口商B公司出口货物,一直以来用信用证方式支付,交易两年有余。后来,B公司提出由于资金周转困难,要求采用部分预付货款、部分货到付款的方式结算。具体的方式为先付30%的货款,余款等收到货物后1个月内支付。B公司声称货到后,它即能从国内经销商处获得货款并保证向A公司支付。A公司考虑到B公司是其老客户,一向顺利履约,遂同意对方请求。收到B公司30%货款后,即行发货,但数月后一直未收到B公司的余款。经多方了解,才知道B公司已破产倒闭,其利用最后一次机会诈骗了A公司10多万美元。

请问:假如你是出口商,你能从本案例中得到什么教训?

项目四 托收

知识目标
(1) 了解托收的含义及当事人;
(2) 了解托收的种类及业务流程;
(3) 熟悉托收的分类及业务流程。

能力目标
(1) 掌握托收的申请;
(2) 掌握跟单托收的风险及其防范。

导入案例
2018年5月,上海A贸易公司开始与一港商开展贸易活动,并在7月成交一笔生意。港商进口一批价值50 000美元的纯棉男式衬衫,条款为L/C at sight。现港商对该批货物质量反映良好,并发函预定另一批纯棉男式衬衫,条件为D/P at sight,原因是D/P比作L/C省钱。上海A贸易公司因历来没有做过D/P at sight,怕有风险。

思考:什么是D/P at sight?它的业务程序如何?如果上海A公司同意对方的要求,有风险吗?

模块一 托收概述

一、托收的定义

托收是银行根据委托人的指示处理金融单据或商业单据,目的是取得承兑或付款,并在承兑或付款后交付单据的行为。通俗地讲,托收是指由债权人开出汇票,委托当地银行通过其在国外的分行或代理行向债务人收取款项的结算方式,是仅次于信用证结算方式的一种较为常见的国际结算方式。

国际商会的《托收统一规则》(URC 522)对托收的定义如下:托收意指银行根据所收到的指示处理金融单据或商业单据,其目的是:① 取得付款和/或承兑;② 凭付款和/或承兑交付单据;③ 按其他条款和条件交单。

二、托收的当事人

（1）委托人。委托人是指在托收业务中，签发汇票并委托银行代为收款的人。由于委托人通常开具汇票委托银行向国外债务人收款，所以通常也称其为出票人。

（2）托收行。托收行是指接受委托人的委托，并通过国外联行或代理行完成收款业务的银行。在托收业务中，托收行一般是债权人所在地的银行。

（3）代收行。代收行是指接受托收行的委托代向债权人收款的国外联行或代理行。在托收业务中，代收行一般是付款人所在地的银行。

（4）付款人。付款人是指汇票中指定的付款人，也是银行向其提示汇票和单据的债务人。

三、当事人之间的关系

(一) 委托人与付款人之间的关系

委托人与付款人在国际贸易买卖交易中，分别为出口商和进口商，他们之间的关系是买卖关系。

(二) 委托人与托收行之间的关系

1. 作为委托人的出口商必须履行的责任

① 托收申请书中的指示必须是明确的；② 及时指示；③ 负担费用。

2. 托收行的责任

① 执行委托人的指示；② 对委托人提供的单据是否与买卖合同相符合不负责任；③ 负担过失的责任。

(三) 托收行与代收行之间的关系

代收行是托收行的代理人，他必须严格按照作为委托人的托收行所发出的托收委托书办事。因此，代收行的基本责任与前述托收行的责任大致相同，并负有一些特殊责任。

(四) 代收行与付款人之间的关系

代收行与付款人之间并不存在契约关系。付款人对代收行应否付款，完全根据他与委托人之间所订立的契约义务来决定，即以委托人提供的单据足以证明委托人已经履行了买卖合同义务为前提。

托收的当事人及其相互关系，如图4-1所示。

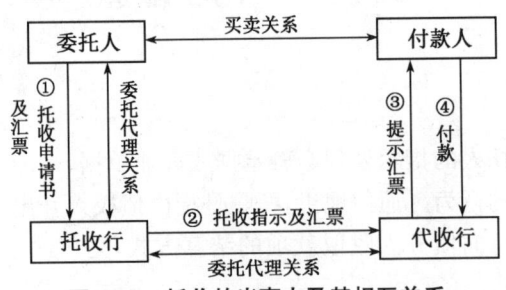

图 4-1 托收的当事人及其相互关系

四、托收的特点

（1）托收是建立在商业信用基础之上的一种结算方式，其最大的特点是"收妥付汇、实收实付"。

(2) 出口商与托收行之间、托收行与代收行之间只是一种代理关系。
(3) 托收方式是逆汇方式,即出票法。
(4) 就跟单托收这项业务而言,银行的作用仅是委托代理和接受委托代理。

模块二　托收的种类和流程

一、光票托收

光票是指不附带任何货运单据的票据。常见的光票有银行汇票、本票、支票、旅行支票和商业汇票等。

贸易商的光票托收,其货运单据由卖方直接寄交买方,汇票则委托银行托收。光票托收一般用于收取货款、代垫费用、佣金、样品费或者其他贸易从属费用。在实际工作中,光票托收还包括许多委托行不能立即解付或因各种原因不能立即付款的各类票据。

光票的三要素是日期、金额、印鉴。

光票有三个基本关系人,即出票人、付款人、受益人。

光票托收业务的流程,如图4-2所示。

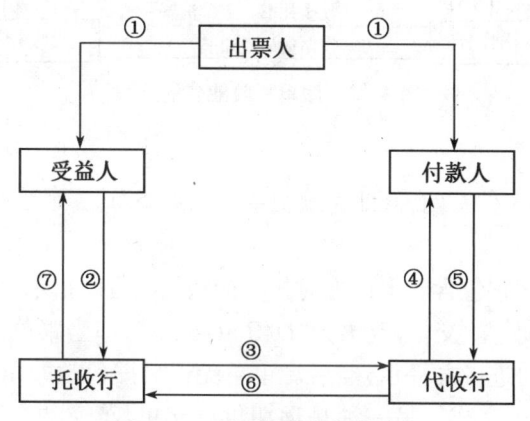

图4-2　光票托收业务的流程

在上图4-2中,各环节的具体内容如下:① 出票人签发以受益人为收款人的票据,同时向付款人拨交头寸;② 受益人填写托收申请书并提交光票委托银行收款;③ 托收行缮制托收委托书并将光票寄交代收行;④ 提示光票;⑤ 付款人付款或拒付;⑥ 代收行发出贷记通知书或退票;⑦ 托收行付款或退票。

二、跟单托收

跟单托收是随附货运单的托收,是出口商在装运货物后,将汇票连同货运单据交给银行,委托银行代为收款的一种结算方式。

跟单托收的业务程序如下:① 出口商按双方的合同发货,并在取得货运单据后开出汇票并填写托收申请书,委托自己的往来银行代为收款。托收申请书是委托人与托收行之间的委托代理合同,是委托人给托收行的指示。因此,托收申请书中应列明必要的详尽内容。② 托收行按委托人的要求和指示缮制托收委托书,跟随单汇票一起寄交国外的联行或代理行。托收指示中须加列货款收妥后的处理办法。③ 代收行接到托收指示及跟单汇票以后,立即向进口商提示跟单汇票。如果托收指示中规定的是付款交单,代收行应提示进口商付款,然后交出单据;如果是承兑交单,等到汇票到期后提示对方付款。④ 进口商付款或承兑后取得单据,并持单据向承运人提货。而代收行将所收的款项收入托收行账户并通知托收行。⑤ 托收行收到代收行的收款通知后,立即办理对出口商的结汇。至此,跟单托收业务完成,其结算程序如图 4-3 所示。

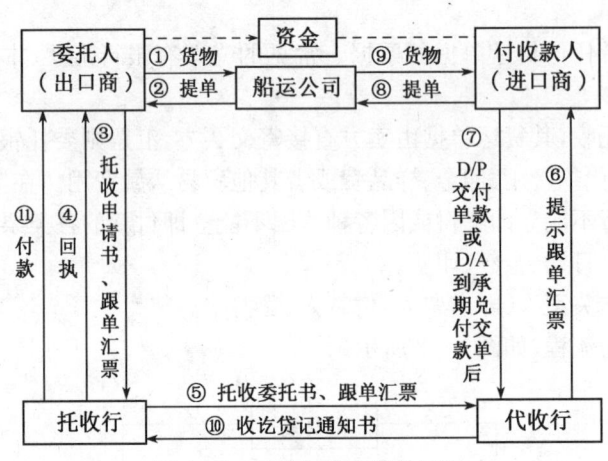

图 4-3 跟单托收业务的流程

(一) 交单条件

国际上通行的交单条件有两种,即付款交单和承兑交单。

1. 付款交单

付款交单简称 D/P,它包含着出口方对托收行和代收行的指示。在实际工作中,付款交单又分两种:一种是即期付款交单,英语为"D/P at sight",即当跟单汇票寄达进口方所在国的代收行后,由代收行向进口方提示,经后者审单无误后即付款赎单,货款与货运单据随之易手,此项托收业务即告完成。另一种是远期付款交单,英文的表述为"D/P…days after sight"或"D/P…months after sight",意为按这种交单条件,当代收行向进口方提示跟单汇票时,后者无须立即付款,而只要对远期汇票承兑,作出汇票付款到期日保证付款的承诺。但是这种方法在实际中较少运用。

2. 承兑交单

当代收行向进口方提示跟单汇票时,只要进口方对汇票承兑确认到期付款的责任,即能拿到代表物权的货运单据。

(二) 付款交单(D/P)与承兑交单(D/A)的比较

在付款交单方式下,只有在进口方付清货款后才能得到货运单据。对于进、出口双方而言,是一方交款,另一方交单。可见,这种交单条件给出口方提供了一定的保障。

在承兑交单方式下,进口方先行拿到了单据提取了货物,然后待汇票承兑到期付款之日再履行付款责任。这种交单条件无疑对进口方十分有利,也是出口方对进口方提供了一定的商业信用。所以,这种交单条件对出口方来说具有一定的风险。

付款交单与承兑交单的比较见表4-1。

表4-1 付款交单(D/P)与承兑交单(D/A)的比较

类　型	付款交单	承兑交单
名称	Documents against Payment,D/P	Documents against Acceptance,D/A
汇票	即期汇票,也可不要	必须要有远期汇票
是否承兑	不需要	必须承兑
交单条件	付款赎单	承兑赎单
风险	商业信用,可以控制物权,出口商面临一定风险	商业信用,无法控制物权,出口商有可能钱货两空

模块三　托收的申请

一、跟单托收

(一)跟单托收的申请

(1) 向银行提交《出口托收申请书》一式两联,有关内容全部用英文填写。

(2) 全套托收单据。

(二)出口托收申请书的内容

1. 代收行(collecting bank)

出口商在该栏内填写国外代收银行(一般为进口商的开户银行)的名称和地址,这样有利于国外银行直接向付款方递交单据,有利于早收到款项。

如果没有填写或不知道进口方的开户银行,则申请人银行将为申请人选择进口商所在国家或地区的一家银行进行通知,这样出口商收到款项的时间将会较长。

因此,出口商最好知道进口商所在的国外开户银行。

2. 申请人(applicant)

申请人为出口商,应填写详细的名称、地址、电话、传真号码。

3. 付款人(drawee)

付款人为进口商,应填写详细的名称、地址、电话、传真号码。如果进口商的资料不详细,容易造成代收行工作的难度,使出口商收到款项的时间较长。

4. 汇票的时间和期限(issue date and tenor of draft)

申请书上有关汇票的内容要与汇票上的一致。

5. 合同号码(contract number)

申请书上的合同号码要与进、出口双方签订的商务合同上的号码保持一致。

6. 单据(documents)

提交给银行的正本和副本的单据名称和数量。

7. 托收条款(terms and conditions of collection)

托收的条款一般包括以下几项内容,如果需要就注明一个标记(×):

(1) 收到款项后办理结汇;

(2) 收到款项后办理原币付款;

(3) 要求代收行付款交单(D/P);

(4) 要求代收行承兑交单(D/A);

(5) 银行费用由付款人承担;

(6) 银行费用由申请人承担;

(7) 通知申请人承兑汇票的到期日;

(8) 如果付款延期,向付款人收取_____P.A.的延期付款利息;

(9) 付款人拒绝付款或拒绝承兑,通知申请人并说明原因;

(10) 付款人拒绝付款或拒绝承兑,代收行对货物采取仓储或加保,费用由申请人支付;

(11) 其他。

二、光票托收

(一)光票托收的申请

光票托收的申请书包括的内容有票据的种类、号码、金额、出票人、付款人、收款人。

(二)票据的种类

可以办理托收的票据有汇票、支票、旅行支票。

应用案例 4-1

光票托收的风险

某出口商 A 与进口商 B 拟采用光票托收方式进行贸易,运输方式为空运。不久后,出口商接到进口商开来的、国外某银行出具的并以此银行为付款人的支票,金额为 10 万美元。出口商信以为真,随即将货物装运出口,并要求出口地的某银行为其办理光票托收。但是,当支票寄交至国外付款行时,被告知此支票为空头支票,最终造成出口商 A 货、款两空的重大损失。

【案例分析】

采用光票托收进行国际贸易时,通常托收的金融单据是支票。此时,出口商必须鉴别此支票的真实性,不能盲目出货。最好在出货之前能够要求进口商出具银行保付的支票,或者先光票托收回货款后发货,以避免不必要的损失。不到万不得已,不要采用这种方式进行大额交易结算。特别是在航空运输的情况下,由于航空运单不是提货单,出口商更应小心。

(资料来源:徐进亮,李俊.国际结算:实务与案例[M].北京:机械工业出版社,2011)

三、托收申请的注意事项

(一) 跟单托收

出口商为了能够尽快收到货款,应注意单据的以下几个方面:

(1) 汇票上大、小写金额要一致。

(2) 汇票的出票人签字或盖章。

（3）汇票要背书。

（4）汇票的出票人和签发人要一致。

（5）汇票要与发票等单据保持一致。

（6）价格条款若是 CIF，要有保险单，保险单的金额要超过发票金额。

出口托收委托书如图 4－4 所示。

LETTERA DELLA CLIENTELA, ACCOMPAGNATORIA DI DOCUMENTI SULL'ESTERO PER L'INCASSO

出口托收委托书

Alla: BANK OF CHINA, MILAN BRANCH

Via Santa Margherita 14/16

20121 Milano,Italy

Telephone:

Fax:

Telex:

Al fine di ottemperare agli adempimenti richiesti per l'effettuazione di operazioni con l'estero I residenti devono fornire alla banca:

为了履行涉外银行业务中发生的一些义务，在意大利注册的公司需要向银行提供相关信息。

a) La mera indicazione,anche verbale,ai fini statistici della causale dell'operazione fino a Lit.20 milioni;

如果交易金额不高于两千万里拉(含两千万里拉)，公司应向银行提供书面或口头的简单的有关统计的信息。

b) Le informazioni per la compilazione della comunicazione valutaria statistica,per le operazioni di importo superiore a Lit.20 milioni,ovvero di importo inferiore a Lit.20 milioni se trattasi di frazionamento di contratto superiore a Lit.20 mln e di natura diversa da quella di cui alla precedente lettera a).

如果交易金额超过两千万里拉,或者本次虽未超过两千万里拉,但属于总额超过两千万里拉的合同的分批使用部分,并且与 a) 条所述性质不同：为了向意大利外汇管理局提供有关的监管信息，公司应向银行提供相应的信息。

Il/i sottoscritto/i acclude/accludiamo alla presente dichiarando di accettare e seguire le norme e condizioni del contratto per l'apertura di conto corrente ordinario da me/noi sotoscritto.
我公司向贵行提交下列单据,并声明遵守我司与贵行签订的开户协议书。

Divisa e Importo..
币种和金额

Relativi alla seguente merce: .... Descrizione dei documenti :
有关货名： 单据种类

ORIG. 正本	DUPL. 副本		ORIG. 正本	DUPL. 副本		ORIG. 正本	DUPL. 副本
		Fattura commerciale 商业发票			Certificato di origine 产地证		
		Fattura consolare 领事发票			Lista pesi/imballaggio 装箱/重量单		
		Polizza di carico 提单			Certificato delle analisi 分析证明		
		Polizza di assicuraz. 保险单			Certificato di sanita' 卫生证明		
		Certificato di assicuraz. 保险凭证			Ordine di consegna 提货单		
		Duplicato L/V 副本铁路运单			Effetto 票据		

Nostro riferim: ....; Data di emissione della tratta: ...., Scadenza: ...., Piazza: ....
我司编号： 汇票签发日： 到期日 到期地点：

Traente: ....
出票人：

Trassato: ....
付款人：

Di cui vorrete curare l'accettazione e/o l'incasso via express mail / posta ordinaria tramite...
....
seguendo le istruzioni contrassegnate con la "X"

请贵行将托收项下单据及/或票据经快邮/平邮委托..................(国外银行名称及地址) 进行托收，并遵循我公司的下列标有 "X" 的指示。

Documenti da consegnare contro / 单据凭		Effetto / 票据	
☐ accettazione 承兑交单	☐ pagamento 付款交单	☐ da ritornare dopo accettazione 承兑后将票据退回	☐ indicarci la data di scadenza 承兑后请通知我司到期日 ☐ da incassare alla scadenza 在到期日向对方提示票据要求付款
☐ vostre spese a carico trassato 贵行费用由付款人承担	in caso di rifiuto 如付款人拒绝付费	☐ rinunciare alle spese addebitandocele 费用转由我司承担	☐ non consegnare i documenti 不可放单
☐ spese della vostra corrispondente a carico trassato 贵行的代理行的费用由付款人承担	in caso di rifiuto 如付款人拒绝付费	☐ rinunciare alle spese addebitandocele 费用转由我司承担	☐ non consegnare i documenti 不可放单
☐ Protestare in caso di 作拒绝证书，如果:	☐ non accettazione 拒绝承兑　☐ non pagamento 拒绝付款	☐ Non protestare in caso di 不作拒绝证书，如果:	☐ non accettazione 拒绝承兑　☐ non pagamento 拒绝付款

Dope aver avuto il ricavo spettanteci, vogliate accreditare l'importo dovuto al nostro conto ....presso ....
deducendo le vostre spese e commissioni (se queste sono al nostro carico).
当贵行从国外收到款项后，请从中扣除贵行费用后(如果费用由我司承担)，将余款结入我司在......................开立的帐户号......................

Il presente ordine sara' eseguito sulla base delle vigenti Norme Uniformi per il Servizio Incasso di Effetti e Documenti(Pubblicazione n.522 della Camera di Commercio Internazionale, Parigi) nonche' delle norme che regolano I servizi di incasso o di accettazione degli effetti,documenti ed assegni sull'Italia e sull'estero che e' elencate sul retro di questa lettera.
本托收委托书遵守国际商会现行托收统一规则(即国际商会第 522 号出版物)及背面所列意大利及国外有关票据、单据和支票的托收、承兑的规则。

Nominativo della clientela / 委托人名称..

Firma /签字...Data /日期..

Indirizzo/地址...Tel...

图 4－4 出口托收委托书

(7) 运输条款与价格条款保持一致。
(8) 根据运输单据的要求,是否要求背书。
(9) 各种单据中的货物描述要保持一致。

(二) 光票托收
光票托收应注意单据的以下几个方面:
(1) 票据的名称、种类、期限、金额、币种。
(2) 收款人的名称和地址。
(3) 付款人的名称和地址。
(4) 票据的背书。
(5) 远期票据是否承兑。
(6) 票据的利息条款。
(7) 票据签发人的名称和签字。
(8) 其他条款。

模块四 跟单托收的风险及其防范

一、跟单托收的风险

托收这种方式不论交单条件是 D/P 还是 D/A,总是出口方发货在先,收取货款在后。出口方与托收行之间、托收行与代收行之间的关系,仅是委托和接受委托、代理和接受代理的关系。因此,出口货款能否收妥、何时收妥、收多收寡,两家银行概不负责。出口方唯一依靠的是进口方的信誉,这就是我们通常所说的商业信用。

在跟单托收业务中,银行仅提供服务,而不提供任何信用担保。银行在传递单据,收取款项的过程中不保证付款人(进口商)一定付款,对单据是否齐全、是否符合买卖合同规定也不负责,即使有的银行按"单同一致"的原则来审核单据,也仅仅是出于对委托人(出口方收款人)的"善意"和额外服务,若单据与合同不一致,托收行仅是提请委托人注意"单同不一致"的情况,是否要修改由委托人自行作出决定,银行对此没有强制性。对货物到达目的地后,遇到进口方拒不赎单而导致的无人提货和办理进口手续等情况,除非征得银行的同意,否则银行无照管货物的职责。因而,跟单托收作为一种结算方式,对于出口方收款人有较大的风险,对于进口方付款人也有一定的风险。

(一) 出口方收款人的风险
(1) 进口方付款人破产、倒闭或失去偿付能力。
(2) 进口地货物价格下跌或产生不利于货物的其他情形,进口方付款人借口拒付或承兑,甚至承兑到期后仍拒绝付款。
(3) 出口方收款人交付货物的质量、数量、包装、时间等不符合买卖合同规定,进口方付款人拒绝履行付款义务或要求降低价格,甚至要求索赔。
(4) 进口方付款人进口所在地国家限制或"有条件进口"的产品,须凭进口许可证或类似的特别证明才能进口该类产品,但在货到目的地时被禁止进口或被处罚;或在外汇管制的国家,进口方付款人未能及时申请到外汇,不能按时付款取货。

(5)进口方付款人在承兑交单方式下,凭承兑汇票取得单据后,到期拒付,出口方收款人虽然可以凭进口商承兑的汇票要求其承担法律责任,但打一个跨国的官司费钱、费时又费力,有时收汇的款项还抵不上聘请律师的费用;或在此时进口方付款人已经破产、倒闭,最终可能仍然钱、货两空,甚至倒贴各种费用。

(二)进口方付款人的风险

(1)在按合同规定对出口方收款人通过银行提示的单据付款或承兑后,凭单据提取的货物与合同不符。

(2)在远期付款交单项下,承兑了汇票后,到期不能从代收行处取得单据,而自己却承担了到期付款的责任。

二、跟单托收的风险防范和融资

(一)跟单托收的风险防范

由于跟单托收有利于进口方付款人、不利于出口方收款人的显著特点,因此,跟单托收的风险主要是指出口方收款人的风险。出口方收款人如何在跟单托收结算方式下趋利避害、安全收汇,一直是广大外贸工作者关注的焦点。作为出口方收款人,必须把握下述几个主要方面。

1. 事先调查进口方付款人的资信状况和经营作风

采用托收方式,是出口商对于进口商的信任,带有对进口商融资的性质。所以,出口商在托收前,应对进口商的资信进行详细调查。若进口商资信不好,则最好不采用托收方式,否则将有可能出现进口商无理拖延货款的现象,出口商由此也将遭受损失。对进口商的资信进行调查的途径可采用上网查询、通过银行查询或通过专业的咨询公司查询。

2. 了解出口商品在进口国市场的行情

出口人应了解商品在进口国市场的动态。特别注意:托收业务中,如果货物到达进口国时价格下跌,进口人可能觉得无利可图而拒绝付款。因此,对于价格波动较大的商品,特别是原材料等,在使用托收方式时必须要慎重。

3. 熟悉进口国的贸易管制和外汇管理法规

如果进口人事先为得到进口许可证或未申请得到外汇,或者进口国实施进口管制或外汇管制,致使货物到达目的地时被禁止进口或被没收处罚,出口人的风险就会大大增加。因此,出口人应详细了解进口国政府的相关政策,如海关规定、外汇贸易规定、是否可通过申请得到外汇、批准外汇时间的长短等。

此外,了解进口国的经济政治状况可以有效控制托收业务中出口商面临的国家信用风险。国际大银行通常都研究并颁布本国以外其他国家的政治经济报告,详细反映有关国家的现行外汇管理政策、经济发展态势以及政治动态。

4. 要了解进口国银行的习惯做法

在运用D/P远期时,应特别注意进口国银行的习惯做法,如南美银行、欧洲大陆一些国家银行的习惯做法是把所有的D/P远期均视为D/A处理,即进口人承兑后就立即放单。故在具体操作时,凡有关南美地区的托收业务,应避免使用D/P远期,以免引起不必要的纠纷。倘若非用D/P远期不可,则远期的掌握应该以从起运地到目的地运输所耗费的时间为准。

应用案例 4-2

某出口商 A 向瑞士进口商 B 出口一批货物,价值 50 万美元,采用 D/P 30 天付款结算方式。出口商在发货后取得所有的货运单据,随即持全套单据以及代收行的资料前往当地的托收行银行 C 办理托收,C 将单据寄交进口地的代收行 D,代收行 D 将单据提示给进口商 B 要求承兑。3 天后,A 要求托收行 C 向其融资,其抵押品为提单等代表货物控制权的凭证。出口地银行认为有代表货物控制权的提单在手上,就同意将款项融资给出口商 A。但是 30 天后,托收行发现代收行 D 早已将单据放给进口商 B,而此时出口商已经不知所踪。于是托收行要求进口地的代收行承担擅自放单的责任,但是代收行指出根据本地惯例,一向将 D/P 远期视为 D/A。最终托收行 C 遭受了巨大损失。

请问:D/P 远期业务在实务中可能存在哪些风险?

【案例分析】

从理论上讲,D/P 远期对出口商是有利的。D/P 远期是卖方开具远期汇票,通过出口地银行(托收行)委托代收行向买方提示汇票和单据,买方审核无误后在汇票上承兑,并于汇票到期日付款赎单。也就是说,出口商不但有物权的保障(进口商不付款代收行不放单),而且有票据法保护(进口商对已承兑的汇票有到期付款的责任)。

但是,实务中并不是在任何国家、任何银行都是这样处理 D/P 远期业务的,欧洲大陆一些国家的银行(比如瑞士)就有将 D/P 远期当作 D/A 处理的习惯。本案例中,银行在做出口押汇时,业务人员可能对此并不了解,在出单时没有采取一些措施避免代收行凭承兑汇票放单。可见,D/P 远期业务最大的风险在于有些国家的银行有将 D/P 远期等同于 D/A 处理的习惯。D/P 远期的安全性在理论与实务中的偏差,应引起出口商及银行的高度重视,特别是托收行在续做融资时,应注意防范不法出口商利用这一点与其海外机构或进口商勾结,合法地"收汇不着",实施诈骗。这就是本案例中出口商 A 所采用的伎俩。此外,《URC 522》第 7 条新增的 a 款强调:带有凭付款交单指示的跟单托收不应含有远期付款的汇票。可见,由于存在 D/P 远期处理的差异,国际商会并不鼓励 D/P 远期这一托收方式,以避免一些银行做 D/A 处理,使进口商轻易取得商业单据,违背"付款交单"的本质与初衷。

5. 使用适当的价格术语,争取出口方收款人办理保险

出口人应尽量采用到岸价格(cost, insurance & freight, CIF)成交,而不要采用离岸价格(free on board, FOB),因为进口人可能不投保或保款不足或险种不对,这样进行索赔就达不到预期效果,即使进口人保全险,但保险单据不是唯一的索赔单据,可能会出现保单在进口人手中,单据在出口人手中,但已因货物损失造成不愉快,使双方合力进行索赔将更加有难度。最后出口人自己用 CIF 或投保 FOB、CFR 卖方利益险。

应用案例 4-3

中国某出口商 A 向美国某进口商 B 出口一批货物,进口商 B 要求其结算方式采用 D/P,与此同时采用 FOB 贸易术语。

请问:如果当时由于种种原因,出口商不得不接受进口商提出的交易条件,他应如何避免由此而产生的风险?

【案例分析】
D/P 结算方式下出口商的交单是以进口商的付款为条件,属于商业信用,因此收汇风险较大。而采用 FOB 贸易术语交运货物的通常做法是,由出口商在合同规定的交货期内在装运港将货物装上进口商指定的货轮,即完成交货义务。此后,出口商在 D/P 方式下凭其取得的海运提单连同其他商业单据向进口商索款,待进口商付款后取得货物的提货权。采用上述结算方式和贸易术语对出口商最大的风险在于,进口商的资信和进口商可能与船运公司勾结骗货的可能性。因此,出口商可以采取以下措施来规避风险:

(1) 出口商应对进口商的资信有充分了解;

(2) 出口商对进口商指定的运输公司和运输代理进行必要的资信调查;

(3) 出口商可以在运输单据上加上适当的限制性条款,如在海运提单的"收货人"一栏加注"凭托运人指示"或"凭某某银行指示"等,这样可以加强对进口商的制约。

(4) 一旦出口商发现进口商有问题,应在货物被提走之前以托运人的身份果断通知运输公司扣留货物,待问题解决后再解除扣留令。

6. 办理出口信用保险

出口信用保险是一国保险公司向出口商提供的风险保障。出口信用保险的保险范围包括:

(1) 商业风险。① 买方无力偿还债务或破产;② 买方拒收货物并拒付货款;③ 买方拖欠货款。

(2) 政治风险。① 买方国家禁止或限制汇兑;② 买方国家进口管制;③ 买方国家撤销进口许可证;④ 买方所在国或货款需经过的第三国颁布延期付款令;⑤ 买方国家发生战争、暴乱或革命;⑥ 被保险人和买方均无法控制的非常事件。

(二)托收业务的资金融通

1. 对出口商的资金融通

(1) 托收出口押汇。托收出口押汇(collection bill purchased)是指出口商办理跟单托收时,可以汇票和货运单据作为质押品,向当地托收银行申请贷款。其特点是托收行贷款后,即成为出口商的债权人,取得了托收项下跟单汇票的质权,如果托收遭到进口商的拒付,可以向出口商索回贷款,银行有权根据跟单汇票处理货物。

作为出口托收押汇的银行为控制风险,通常会审核出口商的资信情况、偿还能力、付款人的信用状况等核定额度,在额度内续做出口托收押汇。托收行办理出口托收押汇业务有权向出口商收取押汇利息。押汇额一般的计算方法为:

$$押汇额 = 票面金额 - 押汇息 - 手续费$$
$$押汇利息 = 押汇本金 \times 融资年利率 \times 押汇天数 \div 360$$

押汇天数为办理出口押汇日到预计收款日的天数,等从国外款项偿还押汇时,再根据实际押汇天数计算实际发生的利息,多退少补。出口押汇是出口商向银行申请的一种短期融资,一般不超过 180 天。

(2) 打包放款。这里的打包放款(packing credit)的含义已远远超过了最初的含义,托收项下的打包放款具有抵押性质。出口商办理跟单托收时,可以将汇票和货运单据作为抵押品,向托收银行申请贷款,托收行根据出口商资信、经营状况、贸易项目的市场行情等情况,贷款给出口商,贷款金额可以酌情为货款的一定比例甚至全部的票款(扣除利息及手续费等),然后将单据寄给代收行,待收妥票款后,归还贷款。如果进口商拒绝付款,托收行对出口商有追索权,要求出口商归还贷款。如果索不回贷款,银行有权处理出口的货物。

(3) 使用融通汇票贴现对出口商的融资。出口商可以使用融通汇票贴现获得融资,即在货物出运后,出口商开出一张远期融通汇票,以托收行作为受票人,以出口商作为出票人和收款人,并以托收跟单汇票作为融通汇票的质押品,一起交给托收行;托收行待托收跟单汇票得到付款人(进口商)承兑后,承兑融通汇票,并将融通汇票送交贴现公司贴现,出口商立即得到净款融资;托收跟单汇票寄给代收行,收取货款汇交托收行备付融通汇票到期日应付的票款。融通汇票的金额应略低于托收汇票,以使托收行收妥的托收汇票款足以偿付融通汇票的全额,期限应略长于托收汇票,使托收行能够先收进托收票款,以备付融通汇票,具体程序如图4-5所示。

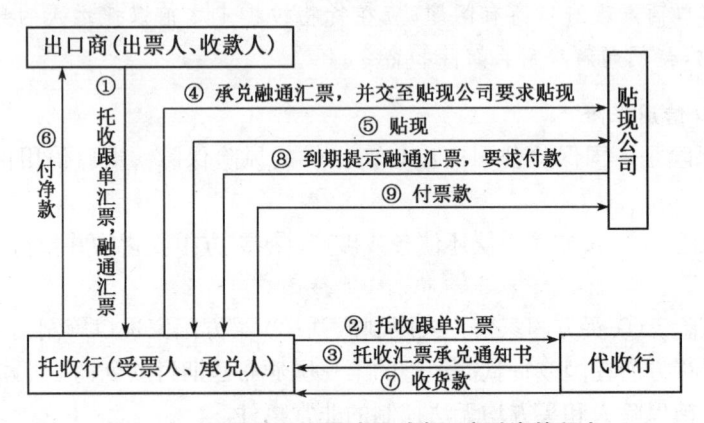

图4-5 利用融通汇票贴现对出口商融资的程序

由上图4-5中可以看出:① 出口商开出远期融通汇票,以托收行为受票人,出口商为出票人和收款人,并以托收跟单汇票作为融通汇票质押品,一并交给托收行。② 托收行将托收跟单汇票寄至代收行,委托代收行将跟单汇票提示给受票人(进口商),要求受票人承兑。③ 托收汇票受票人(进口商)承兑汇票后,代收行向托收行寄回承兑通知书。④ 托收行收到代收行寄来的承兑通知书后,自行承兑融通汇票,并将融通汇票送达贴现公司请求贴现。⑤ 贴现公司贴进融通汇票,付贴现款。⑥ 托收行将贴现净款支付给出口商。⑦ 待托收汇票到期日,托收行收到通过代收行转来的进口商支付的货款,以此货款来备付融通汇票。⑧ 融通汇票到期日,贴现公司向托收行提示融通汇票,要求付款。⑨ 托收行将事先准备的货款付给贴现公司。

2. 对进口商的资金融通

(1) 远期付款交单凭信托收据借单。委托人或代收行对进口商的资金融通是允许进口商在远期付款交单条件下凭信托收据借单提货。信托收据(trust receipt,T/R)是一种借据,是进口商借单时提供的一种书面信用担保文件,用来表示愿意以代收行的委托人身份代为提货、报关、存仓、保险或出售,并承认货物所有权仍属银行。货物售出后所得的货款应于汇票到期时交银行,这是代收行自己向进口商提供的信用便利,与出口商无关。因此若代收行借出单据后,到期不能收回货款,则应由代收行负责。因此采用这种做法时,必要时还需要进口商提供一定的担保或抵押物品,代收银行才肯承做。

其具体做法是进口商凭以向代收行在付款前提前借出提单先行提货的借据。在远期付款交单的条件下,委托人或代收行允许进口商在承兑远期汇票后,但在付款前开立信托收据交给代收行,凭以借出货运单据先行提货,以便出售,待售得货款后偿还代收行,换回信托收据。

其目的是避免货物先于付款日到达进口港后由于进口商不能付款赎单,致使货物滞留港口遭到罚款;或进口商以货到港为借口,在付款前催要单据;或有些地区的代收行习惯上将远期付款交单按承兑交单处理。

(2) 使用融通汇票贴现对进口商的融资。当进口商收到代收行的通知书要求付款时,可开出一张远期融通汇票,以代收行作为受票人,以进口商作为出票人和收款人,要求代收行承兑后,送交贴现公司贴现,进口商立即得到净款用来支付给代收行。待融资汇票到期日,进口商将提取进口货物销售取得的货款归还融通汇票到期的票款,具体程序见下图 4-6。

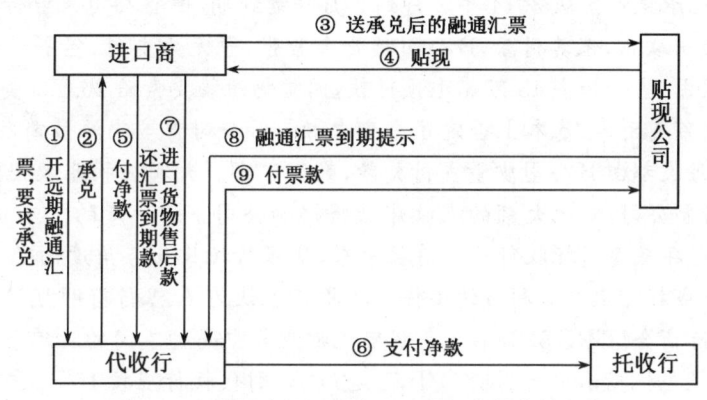

图 4-6　利用融通汇票贴现对进口商融资的程序

由上图 4-6 中可以看出:① 进口商在信用额度下向代收行开出远期融通汇票,要求代收行承兑。② 代收行承兑融通汇票。③ 进口商将承兑后的融通汇票送达贴现公司,要求贴现。④ 贴现公司对融通汇票进行贴现。⑤ 进口商将融通汇票的贴现款支付给代收行。⑥ 代收行将净款作为货款支付给托收行。⑦ 进口商待进口货物销售完毕后,将所得货款交付代收行,以备付融通汇票。⑧ 融通汇票到期日,贴现公司向代收行提示融通汇票,要求付款。⑨ 代收行将从进口商处收来的货款支付给贴现公司。

应用案例 4-4

D/P 远期视为 D/A 处理案

一、背景

业务类型:付款交单托收业务

委托人/出口商:我国 C 公司

付款人/进口商:中东地区 B 公司

托收行:我国某银行

代收行：中东地区 A 银行

二、案情经过

我国某出口商（C 公司）与中东地区进口商（B 公司）签订一批合同，向其出售 T 恤衫，付款条件为"D/P 45 days"。

从 2013 年 12 月至 2014 年 2 月，C 公司相继委托某托收行办理托收业务 27 笔，指明通过 A 银行代收货款，付款条件为"D/P 45 days"，付款人是 B 公司，金额共计 USD 1 556 702.67。托收行均按托收申请书中指示办理。在托收委托书中列明"deliver documents against payment, due date/Tenor 45 days sight"，委托书中印就"subject to URC 522"语句。A 银行收到后，陆续以承兑交单（D/A 45 days）的方式将大量单据放给了进口商。该 20 多张承兑汇票早已逾期，但承兑人一直未曾付款，使 C 公司蒙受重大损失。托收行向 A 银行提出质疑，要其承担擅自放单的责任，但 A 银行以当地习惯抗辩，称当地认为 D/A 性质与其相同，推诿放单责任，拒绝承担损失。

上述 27 张已承兑汇票从 2014 年 2 月到 5 月陆续到期，但 B 公司未曾付款。C 公司于 5 月份开始与 B 公司联系，催其付款，B 公司称资金紧张，暂无力支付，签署了还款计划书，然后又提出种种理由，诸如扣去 43 万美元预付款，因货物短装要索赔 26.8 万美元，因货物质量问题，要免去 70 万美元等，基本上否定了全部欠款。C 公司曾多次派员前往中东与 B 公司总经理面谈，但每次都由 B 公司少量支付欠款，敷衍了事。大额应收账款仍然没有解决。C 公司是一家股份制公司，如此大额的未收账款将影响公司下一年度的上市股票价格。因而该公司在 2014 年年底邀请托收行一同前往中东，从银行托收业务角度向 A 银行说理，要其承担擅自放单造成损害出口商利益的责任。托收行也认为 A 银行有明显过失，因此向其阐明下述观点：国际商会《URC 522》第 7 条明确托收业务中两种不同的放单条件，即承兑交单与付款交单，如果委托指示中未明确 D/P 还是 D/A，则代收行应按 D/P 处理。托收行寄送的跟单汇票均是 D/P 45 days sight，托收委托书中清楚列明"documents against payment, Due date/Tenor 45 days sight"，按 522 规则办理，应为 D/P 远期，具体做法是代收行先将远期汇票向付款人第一次提示承兑，汇票付款人签字承兑，确定到期日及付款责任，单据及已承兑汇票仍由代收行保管。待到期日，代收行第二次向付款人（承兑人）提示付款，付款人付款后代收行此时才能将单据放给付款人。托收行在托收委托书中写明"subject to URC 522"，A 银行亦是 URC 成员，在该批业务中未按托收行的指示办事，擅自将 D/P 远期做 D/A 处理，导致出口商钱货两失，负有很大的责任。但 A 银行答复如下：

（1）D/P 远期不合情理。既然付款人已承兑了远期汇票，就意味着从票据的概念上他作为承兑人，到期必须承担法律上的付款责任，物权单据便可放给他。此外，对期限较长的远期 D/P，很可能货已到，而承兑汇票还未到期，无实际融资意义。

（2）A 银行所在国的当地法律是将 D/P 远期归于 D/A 同一性质，因而拒绝承担责任。A 银行又提到进、出口商双方有许多关于货物数量、质量方面的纠纷，特别提及 B 公司先期有一笔金额 43 万美元的预付款，担心 C 公司抵赖该笔预付款，因此建议买、卖双方先协商，由 B 公司写出一份还款计划给 A 银行，C 公司写出一份 43 万美元的扣款计划给托收行，由两家银行跟踪监督执行。

托收行认为，A 银行以当地法律为理由提出抗辩，《URC 522》中规定，本规则如与一国、一州或当地所必须遵守的法律/条件规定相抵触，则要受当地法律的制约，且中东地区的法律十分保护本国公民的利益,如诉诸法院,旷日持久,也未必会获得有利结果,如果 A 银行对自己的失责能有所认识,从而对其客户 B 公司施加影响,催其还款以求妥善了解此案,也不失为上策。因此,托收行同意采取 A 银行经理提出的办法。但后来 B 公司写出的还款计划很不像样,又提出要退货,C 公司也不愿接受其建议,买、卖双方还继续在争执。此案尚未了结,B 公司仍不定期地进行小额还款。

【案例分析】

1. D/P 远期与 D/A 是否为同一性质?

(1) 从理论上说,D/P 与 D/A 是两种不同的交单条件,但在实务中,D/P 远期使用得并不多,且有些国家和地区如拉美国家,一直将 D/P 远期做 D/A 处理,就因为远期交易原是出口商对进口商供货的一种优惠条件,是让进口商获得资金融通的便利,但付款交单的条件却使进口商得不到资金融通,因而从其自身内涵来看似有矛盾。

(2) 从票据角度来看,付款人既已承兑了一张远期汇票,就成为汇票的主债务人,承担到期必须付款的法律责任,如到期不付款,便受票据法的制约,既承担了法律责任,又不能取得物权单据,有欠公允。鉴于此,英国银行家协会编写的《国际贸易融资》第 4 版中将 D/P 远期这种交单条件删除。因此,在签订商业合同时应尽量避免使用 D/P 远期付款方式。如必须使用,建议远期天数不能太长,一般不要超过货物运输航程,避免发生货到而承兑汇票还未到期的情况。

2. 托收行在业务处理中有欠妥之处。

(1) 如前几批业务中,A 银行来函中已言明"documents have been delivered to the drawee against acceptance of the draft",这已有悖于托收的委托指示,托收行应及时做出反应,指出其错误,而不应只作一般性催收,使随后的业务一错再错。

(2) 答复国外函件时,使用的文句必须将意思表达清楚。该案中 A 银行曾来函要托收行澄清何为"D/P 45 days",认为委托指示有矛盾,而托收行回电仅简单重复"We confirm the payment tenor is D/P 45 days pls deliver documents against payment at 45 days sight"。意思虽未错,却没有说清究竟如何掌握。如果在回复时能将具体操作程序说清,可及时制止事态发展。

(3) 出口商对进口商的信用风险控制意识淡薄。根据对 B 公司资信调查报告的内容,该公司能获得的信用额度为 40 万美元,而 C 公司在 3 个月中以托收方式对其出货的金额达 150 多万美元,远远超过其授信额度。交涉过程中,托收行觉得 B 公司并非诈骗犯,但其资金周转能力已超过极限,无力还债。目前,国内许多出口公司急于出口成交,忽略了客户的偿债能力,造成类似该案中 C 公司虽出口却不能收汇的被动局面。银行在今后的业务活动中,应对公司加强进口商信用风险控制的宣传,不要因求成心切,而无视已埋伏的隐患,最终导致银货两失。

(资料来源:高洁.国际结算案例评析[M].北京:中国人民大学出版社,2015)

应用案例 4-5

托收业务中付款条件不详引起的纠纷案

一、背景

业务类型:托收业务

出口商:我国 A 公司
进口商:美国 CBS 公司
代收行:美国纽约某银行
托收行:我国某银行

二、案情经过

我国某进出口公司(以下简称 A 公司)于 2015 年 3 月 10 日与美国 CBS 公司签订一份买卖合同,由 A 公司向 CBS 公司出口一批棉纱。合同的价格条款和付款条件如下:"U.S $500 per M/T CIF New York. Selected by the importer, payment shall be made when the documents or the ship or before the ship arrives at the port of discharge, but not later than 90 days after the drawing of the Bill of Lading(每吨 500 美元,CIF 纽约价。付款条件由进口商选择,凭单据或船到或船到卸货港前付款,但不得迟于提单签发后 90 天)。"

2015 年 4 月 20 日,由美国纽约某银行作为代收行向进口商提示装运单据,其中提单的日期是 2015 年 3 月 20 日。代收行在向进口商提示单据时另外附有一份信函,其内容如下:"本批单据是以信托方式交于贵公司审查的。但是,只有在付款之后,贵公司才享有处理单据的权利。如果贵公司不能立即支付包括手续费在内的全部金额,那么,请贵公司将托收单据直接退还我方,并告知退票理由。2015 年 4 月 20 日。"

然而进口商收到单据后没有付款,而此时纽约正发生罢工事件,货物到达纽约后却无法卸货,只好被卸在附近的一个港口。2015 年 5 月 5 日,进口商将单据转售给另一与本买卖合同无关的第三者,当后者提货时发现货物短缺。尔后,代收行试图从进口商处收回货款或追回单据,但均告失败。2015 年 5 月 20 日,代收行向法院起诉进口商,要求追回货款,并要求进口商赔偿因进口商违约而使代收行受到的损失。6 月 25 日,法院判进口商败诉。进口商不服,于 6 月 29 日向法院上诉,理由如下:① 代收行所提交的单据没有附托收通知;② 代收行在没有从进口商处取得货款前即把单据交给了进口商,属于代收行违约在先;③ 因为船只没有抵达纽约,而且仍在提单签发后的 90 天内,所以付款尚未到期;④ 卖方短交货物,违反了买、卖双方签订的买卖合同,属于违约在先,这一违约行为可以抵消进口商应付而未付的货款。

2015 年 7 月 14 日,法院驳回被告的上诉,维持原判,理由如下:① 代收行向进口商提示单据时后面附有一份信函,该信函视为托收通知;② 代收行没有做出任何违约的行为,因为被告违反了在代收行向其提示单据时本应支付货款而构成的契约行为,这属于被告违约在先,而银行并未违反任何约定;③ 按买卖合同,付款虽未到期,但就本案例来看,因为被告已于 2015 年 5 月 5 日将单据转售给他人,该事实说明被告已默认放弃根据合同的付款条件对卖方提出抗辩的权利;④ 卖方短交货物是否违反合同,这由买、卖双方所签订的买卖合同来衡量,与代收行起诉被告无关,而代收行起诉被告是因为被告违反了其与银行之间的契约关系,两契约之间不具备可以互相替代的可能性,所以,被告应付未付的货款不能被抵消。

【案例分析】

本案例虽以进口商败诉结束,但对买、卖双方及代收行来说,在以后的托收业务中有以下两点还是应该引以为戒的:

1. 合同中付款条件的规定要清晰、明确,切忌含糊不清,影响履约。

付款条件是合同的主要条款,所以在签订合同时,买、卖双方必须就付款条件达成一致,并在合同中详细、清晰地列明。目前,在国际贸易结算中,最常用的付款方式有三种,即汇款、托收和信用证。选定付款方式之后,买、卖双方才能相应地开展工作,以保证按时、按质、按量履行合同。

如果买、卖双方在合同中选择托收方式结算货款,那么,必须注明是 D/P 还是 D/A,因为不同的托收方式,买、卖双方所承担的风险、责任是不同的,这也是国际上在选择托收方式时的通行做法。付款交单 D/P,是指代收行必须在进口商付款后方能将单据交给进口商的一种托收方式,分为即期付款交单和远期付款交单,前者是指代收行在收到托收行的单据和托收委托书后直接通过提示行向进口商提示有关单据,如单据合格,进口商必须立即付款;后者是指代收行收到单据后立即向进口商提示汇票和单据,如单据合格,进口商应该立即承兑汇票,并在汇票到期时向代收行付款,代收行在收妥票款后向进口商交单的托收方式;承兑交单 D/A,是指在使用远期汇票收款的方式下,代收行向进口商提示汇票和单据,如单据合格,进口商对汇票加以承兑,银行即凭进口商的承兑向进口商交付单据,待汇票到期时,进口商再向代收行付款的托收方式。

1996 年 1 月 1 日开始实施新的《托收统一规则》(*Uniform Rules for Collection*),即《托收统一规则》国际商会第 522 号出版物,简称《URC 522》。该规则使银行在进行托收业务时有一套统一的术语、定义、程序和原则。因此国际上普遍采用和遵守该规则。《URC 522》在第 7 条对托收方式下的交单方式作了明确的规定:

(1) 商业单据的交付有两种方式,即承兑交单(D/A)和付款交单(D/P)。

(2) 在即期付款交单方式下,托收行必须毫不延迟地向付款人提示单据,以及时获得款项,交付单据。

(3) 如果托收含有远期付款的汇票,该托收提示书中应注明商业单据是凭承兑交付还是凭付款交付。如果托收指示书注明凭付款交付商业单据,则单据只能凭付款交付,代收行对于因迟交单据而引起的任何后果不负责任;如果无此项注明,则商业单据仅能凭付款交付,代收行对因迟交单据而产生的任何后果也不负责任。但是,如果代收行不按托收指示书中的规定而擅自行事,由此产生的后果由代收行负责。比如,托收指示书中明确或默认商业单据凭付款交付,但代收行却凭付款人的承兑交付,到期时付款人不付款而造成的损失应由代收行承担。

(4)《URC 522》还特别指出:"托收不应含有凭付款交付商业单据指示的远期汇票。"据此,国际商会不赞成并劝阻远期付款交单的做法。如果在实际业务中由于使用该做法而引起任何纠纷的话,其责任由发出指示的委托人自负。这是因为中东和拉美地区的一些国家把远期付款交单视同为承兑交单,为了避免贸易中的纠纷,国际商会才作出了不赞成使用远期付款交单的决定,提倡尽可能地采用即期付款交单。

2. 代收行应明确其在托收业务中的责任,避免卷入到诉讼案件中去。

代收行在处理托收业务时,首先要确定是 D/P 方式还是 D/A 方式。若是按 D/P 方式处理,代收行就必须坚持在客户付款后才能交出单据;如果是属于 D/P 90 天,代收行也仍应该在客户付款后交出单据;如果代收行想按 D/A 方式处理,必须在征求托收行及出口商同意后才能这样做,并将经进口商承兑的远期汇票退还托收行以了结其作为代收行的责任。本案例中,代收行在进口商付款前就交付了单据,从而卷入到诉讼纠纷中,如果不是进口商违约在先,那么,代收行就要负违约的责任了,所以,银行应引以为戒。

总之，在托收业务中，买、卖双方首先在合同中应明确是选择 D/P 方式还是 D/A 方式，而后银行才能相应行事。

(资料来源：高洁.国际结算案例评析[M].北京：中国人民大学出版社，2015)

项目小结

托收是一种传统的国际结算方式，其业务涉及四个基本当事人，即委托人、托收行、代收行及付款人。在进行托收结算时，卖方(委托人)开具汇票并将其交给当地银行(托收行)，同时提出托收申请，委托该行通过它在进口地的代理行(代收行)，代其向进口商(付款人)收款。其中，委托人和付款人之间存在基于合同的债权债务关系，而托收行和代收行只承担代理责任。根据托收过程中是否附带货运单据，托收可分为跟单托收和光票托收。在跟单托收项下，付款人的付款条件也有所不同，分为付款交单和承兑交单两种。付款交单根据付款期限的不同，可以分为即期付款交单和远期付款交单。托收与汇款的显著区别之一是它可以提供一定程度的资金融通，对出口商来说，主要可采用出口押汇、打包放款、融通汇票贴现；对进口商来说，可采用远期付款交单凭信托收据借单、融通汇票贴现的方式进行资金融通。托收仍属商业信用，总体来说有利于进口商，不利于出口商。因此在采用托收结算时，出口商面临较大风险，出口商有必要做好信息收集、谨慎沟通与恰当选择，以控制所面临的风险。

课后实训

一、判断题

1. 托收是一种付款人主动向收款人支付货款的方式。（   ）
2. 在托收业务中，银行的一切行为是按照托收委托书来进行的。（   ）
3. 光票托收和跟单托收一样，都是用于贸易款项的收取。（   ）
4. 托收因是借助银行才能实现货款的收付，所以托收是属于银行信用。（   ）
5. 从理论上讲，承兑交单相比于付款交单对买方更为便利，因为承兑交单中买方承兑后即可提货，往往可以不必自备资金而待转售所得的货款到期时付款。（   ）
6. 托收业务中，代收行对于汇票上的承兑形式，只负责表面上完整和正确之责，不负签字的正确性或签字人是否有权限签署之责。（   ）
7. 委托人在出口托收申请书上可指定代收行，如不指定，委托行可自行选择它认为合适的银行作为代收行。委托行由于使用其他银行的服务而发生的费用和风险，在前种情况下由委托人承担，在后种情况下由委托行承担。（   ）
8. 托收业务中，只要选择合适的委托行和代收行，委托人收回货款就不成问题。（   ）
9. 相比于付款交单，承兑交单一定是远期付款，对买方比较有利。（   ）
10. 无论何种情况下，代收行同意进口商凭信托收据借单后所产生的风险和后果都由出口商承担。（   ）

二、单项选择题

1. 在托收业务中，以下关系中不属于委托代理关系的是（   ）。

A. 委托人和委托行　　　　　　　B. 委托行和代收行
C. 代收行和付款人　　　　　　　D. 委托人和"需要时的代理"

2. 以下不属于代收行义务的是(　　)。
A. 收到单据应与托收指示核对,如单据有遗失立即通知委托行
B. 按单据的原样,根据托收指示向付款人提示
C. 对于汇票上的承兑形式,负责表面上完整和正确之责
D. 在汇票遭到拒绝承兑或拒绝付款时,负责做成拒绝证书

3. D/P,T/R 意指(　　)。
A. 付款交单　　　　　　　　　　B. 承兑交单
C. 付款交单凭信托收据借单　　　D. 承兑交单凭信托收据借单

4. 承兑交单方式下开立的汇票是(　　)。
A. 即期汇票　　B. 远期汇票　　C. 银行汇票　　D. 银行承兑汇票

5. 托收出口押汇是(　　)。
A. 出口地银行对出口商的资金融通
B. 出口地银行对进口商的资金融通
C. 进口地银行对出口商的资金融通
D. 进口地银行对进口商的资金融通

6. 在托收业务中,如发生拒付,为了照料处理存仓、保险、重行议价、转售或运回等事宜,委托人可指定一个在货运目的港的代理人办理,这个代理人是(　　)。
A. 委托行　　　　　　　　　　　B. "需要时的代理"
C. 代收行　　　　　　　　　　　D. 承运人

7. 进口商付清货款后,代收行往往会(　　)记托收行账户并向托收行发去相应通知书,托收行收到通知书后将货款(　　)记出口方账户。
A. 借,贷　　B. 借,借　　C. 贷,贷　　D. 贷,借

8. 即期付款交单中,出口商往往开立(　　),通过代收银行向进口商提示。
A. 即期汇票　　B. 远期汇票　　C. 银行汇票　　D. 银行承兑汇票

9. 在跟单托收业务中,出口商不能通过采取(　　)方式来减少和消除风险。
A. 调查了解进口商的资信和作风
B. 尽可能争取"到岸价格(CIF)"交易,争取自办保险
C. 尽可能争取即期付款交单方式
D. 尽可能争取承兑交单方式

10. 光票托收一般不用于(　　)的收取。
A. 出口货款尾款　　　　　　　　B. 出口货款
C. 佣金　　　　　　　　　　　　D. 样品费

三、填充题

1. 托收是_____为向_____收取款项,出具汇票(债权凭证)委托银行代为收款的一种支付方式。

2. 托收业务的基本当事人包括_____、_____、_____和_____。

3. 托收业务中,如果债务人和代收行不在一地,代收行尚须委托另一家银行代收,这

家银行称为_____,即由它来向债务人直接提示单据。

4. 根据委托银行代收的凭证中是否包括代表装运货物的货运单据,可以把托收分为_____和_____。

5. 跟单托收根据交单方式的不同,可分为_____和_____。

6. 付款交单根据付款期限可以分为_____和_____。

7. 在托收中使用的汇票可以是_____或_____。

8. 托收业务中,出口地银行对出口商的资金融通,可以采取_____;委托人或代收行对进口商的资金融通可以允许进口商_____。

9. 凭信托收据借单提货发生在_____交单条件下。

10. 光票托收一般用于_____和_____。

四、实务操作题

请结合下列图示说明跟单托收的业务程序。

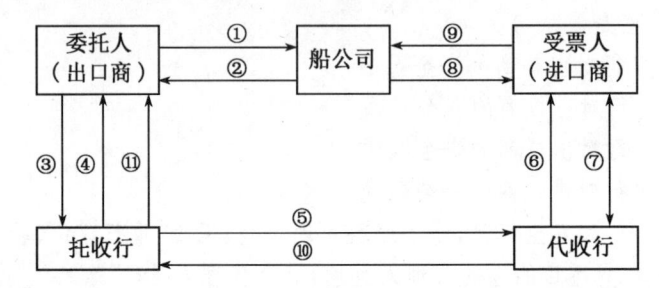

```
委托人          ①         船公司         ⑨        受票人
(出口商) ←——————→         ←——————→       (进口商)
              ②                         ⑧

   ③ ④ ⑪                                  ⑥ ⑦

   托收行      ——————⑤——————→        代收行
            ←——————⑩——————
```

五、案例分析题

1. A公司按付款交单方式与美国B公司达成出口交易。A公司指定C银行为托收行,因A公司出具的托收申请中未指定代收行,C银行接受委托后自行指定美国D银行为代收行。A公司发货后,将汇票附上全套单据交付托收行C银行,C银行将全套跟单汇票航寄美国D银行,D银行在未收到B公司货款前擅自将单据交付给B公司,B公司凭单提货后以货物有瑕疵为由拒付货款。A公司与B公司几经交涉未果,于是A公司向我国法院提起诉讼,认为C银行指定的代收行D银行未按托收指示而擅自放单,该违约责任应由指定其为代收行的C银行承担。

请问: 你认为法院将如何判决?为什么?

2. 我某出口公司在广交会上与一外商签订一笔出口合同,并凭外商在广交会上递交的以国外某银行为付款人的金额为5万美元的支票在2天后将合同货物装运出口。随后,我出口公司将支票通过我国内银行向国外付款行托收货款时,被告知该支票为空头支票,由此造成钱、货两空的损失。

请问: 本案例中,我出口公司应吸取哪些教训?

3. 某出口商A与进口商B拟采用光票托收方式进行贸易,运输方式为空运,很快出口商接到进口商开来的以国外某银行出具的并以此银行为付款人的支票,金额为10万美元。出口商信以为真,很快将货物装运出口,并要求出口地的某银行为其办理光票托收,但当支票寄交至国外付款行时,被告知此支票为空头支票,最终造成出口商A货、款两空的重大损失。

请问: 本案例中,出口商应吸取哪些教训?

4. 某年,国内出口商 A 与美国进口商 B 签订买卖合同,其中约定支付方式是即期付款交单。同年 5 月 19 日,出口商 A 将货物通过海运从上海运往纽约,并取得海运提单。出口商当日就持全套单据以及美国代收行 D 银行的资料前往当地的中国某银行 C 办理托收。当地 C 银行在审查全套单据后,签发了托收指示函并告知无法在当日寄单。出口商 A 当即要求自行寄单,C 银行同意后将全套单据和托收指示函由出口商 A 签收取走。美国代收行 D 银行于 6 月 11 日签收装有全套单据和托收指示的邮件。美国代收行 D 银行在 B 未付款的情况下,自行放单至 B。B 于 7 月 15 日将货物全部提走,并且于当日向出口商 A 表示无力付款,尽管 A 多次向 B 交涉,都无果而终,从而给出口商 A 造成巨大损失。

请问: 上述案例中的责任者是哪一方?

5. 国内某公司以 D/P at sight 方式出口,并委托国内 A 银行将单据寄由第三国 B 银行转给进口国 C 银行托收。后来得知 C 银行破产收不到货款,该公司要求退回有关单据却毫无结果。

请问: 依据《URC 522》的规定,上述托收行应负什么责任?

6. 国内某公司向韩国出口 1 万吨水泥,价值 40 万美元,FOB 术语成交,由韩国买方租用越南籍货轮将整船货物从青岛港运至韩国某港口,支付方式为议付信用证。后因我国国内货源紧张,请求韩国买方延迟派船,买方同意,但信用证不展期,付款方式按"随证托收"办理。我方对此并未表示反对。在信用证过期后,买方船到,我方装货后取得船长签发的提单并随附其他所要求的单据送中国银行某分行向韩国进口商办理"随证托收",但待单据寄至韩国开证行后,因提单日期晚于信用证规定日期,单证不符,信用证已失去银行保证作用,韩国银行只能向进口商按 D/P 方式代收货款。但此时,韩国进口商借故拒不付款赎单,并声称货已失踪。经我方调查,韩国进口商在无提单情况下早已从船方手中提走了货物,而该船从此再也没有到中国港口来,致使我方不能据以申请法院采取扣船拍卖等补救措施,造成货、款两空的重大损失。

请问: 此案例中,我国出口商应接受哪些教训?

7. 国外一进口商先采用 D/P 付款方式与国内出口商签订合同,进口商要求出口商在提单上的"托运人"和"收货人"两栏均注明为该公司名称。货到目的港后,该进口商以货物是自己的为由,以保函和营业执照复印件为依据向船公司凭副本海运提单办理提货手续。货物被提走后,该进口商并未向银行付款赎单,与此同时将货物迅速转卖,使国内出口商钱、货两空。

请问: 出口商通过本案应吸取什么教训?

项目五 信用证

知识目标

(1) 信用证的含义、特点、形式与内容；
(2) 信用证的业务流程和各当事人的权利、义务。

能力目标

(1) 学会读懂信用证的内容；
(2) 掌握信用证开证申请书的填写；
(3) 掌握信用证的风险及其防范。

导入案例

广东佛山某家具生产企业与迪拜某家具批发商已经有7年的贸易往来了，双方已形成默契的交易模式为：批发商到工厂来看样订货；确认货号后工厂出具形式发票，不签正式合同；对方依据形式发票开立信用证；工厂同时生产、发货、交单；由于中东信用证的条款异常复杂，工厂所交单据从未与信用证相符过，换言之，每次交单后均毫不例外地收到一份列举了长长清单不符点的拒付通知，然后就是给客户打电话，很快客户也就去银行赎单了。有时是先放单，没几天客户很快也能将货款付过来。如此反复，订单越做越大，双方合作也挺愉快，几乎没有出现过重大的质量及结算方面的纠纷。

然而这种默契被2008年下半年突如其来的金融海啸打破了，2008年10月份工厂发运了价值100多万美元的家具，像往常一样，收到银行拒付通知后联系客户接受不符单据，这一次没有像往常那样幸运，客户说其资金周转出现问题，无法立即赎单，需要缓几天，并同时要求放单，以便提货。工厂没有太多犹豫，指示银行放单。货被提走了，时间一天天地过去，却未见客户有付款的意思，一次次地催促，客户却一直拖延。2个月过去了，客户分文未付，后续订单还在继续生产。工厂老板再也坐不住了，亲自前往迪拜与客户谈判。谈判的结果是，再给客户50天的宽限期，此外还要额外赠送一批价值12万美元的货物给客户以便促销。双方约定的宽限期过后，客户仍未付款，待再次催促，得知客户已破产。

思考：

(1) 出口商在收到信用证时应审核哪些内容？
(2) 出口商如何做到信用证项下的安全收汇？

模块一　信用证的含义、特点、形式与内容

一、信用证的含义和特点

(一) 信用证的含义

信用证是银行作出的有条件的付款承诺。它是开证银行根据申请人的要求和指示作出的在满足信用证要求和提交信用证规定的单据的条件下,向第三者开立的承诺在一定期限内支付一定金额的书面文件。也就是说,开证行在收到受益人交付全部符合信用证规定的单据的条件下,向受益人或其指定人履行付款的责任。因此,信用证结算是一种银行信用。2007年7月1日生效的《跟单信用证统一惯例》(Uniform Customs and Practice for Documentary Credit),即国际商会第600号出版物,简称《UCP 600》,对信用证的定义是,信用证是指一项不可撤销的安排,无论其名称或描述如何,该项安排构成开证行对相符交单予以承付的确定承诺。其中,承付是指:

(1) 如果信用证为即期付款信用证,则即期付款。
(2) 如果信用证为延期付款信用证,则承诺延期付款并在承诺到期日付款。
(3) 如果信用证为承兑信用证,则承兑受益人开出的汇票并在汇票到期日付款。

通俗地讲,信用证是由独立于债权人与债务人之外的第三者(开证行),依照债务人的申请和要求向债权人开立的,在一定期限内,凭符合信用证条款规定的单据,即期或在一个可以确定的将来日期,支付一定金额的书面承诺。如果在国际贸易结算中采用信用证方式结算货款,那么上述债权人就是出口商(卖方),债务人就是进口商(买方)。

(二) 信用证的特点

信用证的特点可概括为以下三个方面。

1. 信用证是一项独立的自足文件

信用证是开证行与信用证受益人之间存在的一项契约,该契约虽然是以贸易合同为依据开立的,但是一经开立就不再受贸易合同的约束。信用证业务的各关系人只受信用证条款的约束,由于银行不是贸易合同的当事人,所以银行不受贸易合同的约束。《UCP 600》第4条a款规定:"信用证与可能作为其开立基础的销售合同或其他合同是相互独立的交易,即使信用证中含有对此类合同的任何援引,银行也与该合同无关,且不受其约束。"因此,一家银行作出付款、承兑并支付汇票或议付及/或履行信用证项下其他义务的承诺,并不受申请人与开证行之间或与受益人之间在已有关系下产生的索偿或抗辩的制约。据此,出口方只要提交符合信用证条款规定的单据,就能确保安全、快速地收汇,但对出口方来讲,必须保证提交的单据与贸易合同内容一致。对信用证条款与贸易合同不一致的地方,出口商应根据贸易合同认真审核。若发现不能接受的信用证条款,出口商应通知开证人修改信用证。若可以接受信用证条款时,则应及时修改贸易合同,写出合同的变更通知书。

应用案例 5-1

我国某公司向外国某商进口一批钢材,货物分两批装运,支付方式为不可撤销即期信用

证,每批分别由中国银行开立一份信用证。第一批货物装运后,卖方在有效期内向银行交单议付,议付行审单后,该行议付货款,中国银行也对议付行作了偿付。我方在收到第一批货物后,发现货物品质不符合合同规定,要求开证行对第二份信用证项下的单据拒绝付款,但遭到开证行拒绝。

请问:开证行的拒绝是否合理?

【案例分析】

开证行拒绝是有道理的。在本案中,开证行是按信用证支付原则还是按买方要求,这是本案分析的焦点。根据"单单相符,单证一致"的信用证支付原则,开证行依信用证规定的支付原则行事是合法、合理的,这也是分析本案开证行拒绝买方要求的关键。

本案货物买卖的支付方式为不可撤销即期信用证。根据《跟单信用证统一惯例》的规定,信用证一经开出,在有效期内不经受益人或有关当事人同意,开证行不得单方面加以修改或撤销信用证,即银行见票即付。因为信用证开出以后就成了独立于买卖合同之外的另一个交易关系,银行只对信用证负责,只要卖方提交符合信用证规定的单据,在"单单一致、单证一致"的条件下,银行承担无条件付款的义务。为此,开证行拒绝我国某公司提出对第二份信用证项下的交易所拒绝付款的要求是合法、合理的,因为开证行只依据信用证而不看重双方买卖合同的规定。

2. 开证行承担第一性的付款责任

信用证是开证行以自己的信用作出的付款保证,所以,一旦受益人满足了信用证规定的付款条件,就可以直接向开证行要求付款,而无须向开证申请人要求付款。开证行负有第一性的付款责任,其对受益人负有不可推卸的、独立的付款责任。并且开证行的付款是终局的,开证行审单付款后,即使发现单据有误,也不具备追索权。

应用案例 5-2

某出口企业收到一份国外开来的不可撤销即期议付信用证,正准备按信用证规定发货时,突接开证银行通知,声称开证申请人已经倒闭。对此,出口企业应如何处理?依据何在?

请问:

(1) 银行是否有权拒付货款,为什么?

(2) 作为卖方律师,应当如何处理此事?

【案例分析】

我出口公司可按信用证规定发货,根据《UCP 600》第2条,信用证定义的规定,开证行负第一性的付款责任。只要出口人提交的单据构成相符交单,即构成开证行承付责任。并且开证行的付款是终局性的。开证行审单付款后,即使发现单据有误,也不具追索权。其不能以开证申请人倒闭为由拒付,只要受益人提交单据符合信用证规定,开证行必须付款。当然,出口人在发货之前要确保能提交相符单据,因为此种情况下,开证行审单非常苛刻。

3. 信用证结算是一种纯粹的单据业务

《UCP 600》第5条规定,银行处理的是单据,而不是单据可能涉及的货物、服务或履约行为。由此可见,信用证业务是一种单据买卖,银行只看单据,而不管货物。开证行付款的基础是受益人提交的单据满足信用证条款,同时各类单据之间相互一致。另外,银行只要求受益人所提交的单据表面上与信用证条款相符即可,而对于出口商所提交货物的实际情况是否符合贸易合同,能否安全、如期到达目的地等均不负责,也不受贸易合同争议的影响。对于单据的真伪、单据在传递过程中的丢失,银行也不负责任。

应用案例 5-3

某受益人将符合信用证要求的单据,提交给开证行要求付款,经开证行审核认为,完全符合信用证的要求,于是开证行向受益人付了款。但开证行要求进口商对其付款赎单时,遭到进口商的拒绝,理由是货物已经遭遇沉船,无法提货。

请问:该进口商的做法对吗?

【案例分析】

信用证业务是一种单据买卖,银行处理的是单据,对货物不负责任。《UCP 600》在第5条中规定:"银行处理的是单据,而不是单据可能涉及的货物、服务或履约行为。"所以,信用证是一种纯粹的单据业务。

《UCP 600》在第14条"审核单据的标准"中的 a 项规定:"按照指定形式的被指定银行、保兑行(如有)以及开证行必须对提示的单据进行审核,并仅以单据为基础,以决定单据在表面上看来是否构成相符交单。"即银行对任何单据的形式、完整性、准确性、真实性以及伪造或法律效力,或单据上规定的或附加的一般和/或特殊条件概不负责。单证相符强调的是单据表面的内容与信用证相符,而不是指单据真正的内容相符。

另外,《UCP 600》在第2条"定义"中明确规定:"相符单据是指与信用证条款、本惯例的相关适用条款以及国际标准银行实务相一致的交单。"

对开证申请人来说,只要开证行凭符合上述规定的单据要求付款赎单时,开证申请人就必须向开证行付款。而不管单据是否伪造、货物是否存在等,如货物存在问题,开证申请人只能以进口商的身份,凭贸易合同向出口商索赔。

因此,此案例中进口商的做法是错误的。因为信用证是凭单付款的文件,开证行凭合格单据对受益人付款是完全正确的。作为银行来说,它处理的仅是单据,而不是货物,所以进口商必须向开证行付款赎单。此案中,进口商的损失可以向保险公司索赔。

二、信用证下的契约安排

(一)信用证下的三方契约

在国际贸易结算的信用证结算方式中,除了信用证之外,实际业务中还存在其他契约,用来维系各有关当事人之间的特定关系。

首先,买、卖双方间的销售合同,这份贸易合同是采用信用证结算方式进行支付的基础。

其次,开证申请人与开证行间的开证申请书,还包括开证协议、担保协议等,这份开证申请书保证了信用证项下凭单支付的款项将由开证申请人偿还。

最后,开证行与受益人间的信用证,若存在保兑行,则保兑行与受益人间仍存在信用证的契约安排。信用证保证了信用证受益人在规定的单据与单证相符的条件下,可以得到开证行确定的支付。三者之间的关系如图5-1所示。

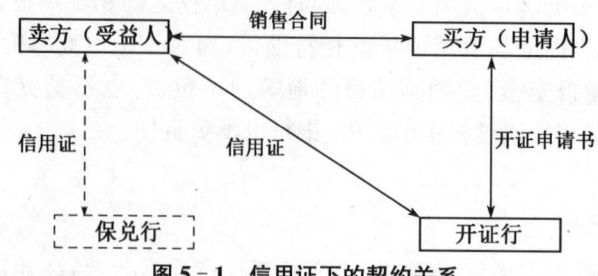

图 5-1 信用证下的契约关系

（二）三方的契约关系

首先，受益人不得利用银行与银行之间或开证行与申请人之间存在的契约关系。

其次，申请人因与开证行或与受益人间的关系而产生的索偿或抗辩不得影响银行的付款承诺。

三、信用证的形式和内容

（一）信用证的形式

1. 信开本信用证

信开信用证（mail credit）就是开证行用书信格式缮制并通过邮寄方式送达通知行的信用证。信开信用证是传统的信用证开立形式。信开信用证一般一式两份或两份以上，开证行用函寄方式与其在出口地的代理银行联系，要求该行将信用证通知给受益人（出口商）。

2. 电开本信用证

电开信用证就是用电讯方式开立和通知的信用证。电开信用证的具体方式还可以进一步地分为电报方式、电传方式和SWIFT方式。

（1）电报电传方式。开证行将信用证内容以加注密押的电报或电传通知出口商所在地的通知行，并且有简电本和全电本两种情况。① 简电本（brief cable）即将信用证金额、有效期等主要内容用电文预先通知出口商，目的是使出口商早日备货。但由于内容不完整，简电本不是有效的信用证，在简电本后一般都注有"随寄证实书"字样。证实书则是随后寄来的信开信用证。② 全电本（full cable）是以电文形式开出的完整的信用证。开证行一般会在电文中注明"This is an operative instrument no airmail confirmation to follow"。后面不注有"随寄证实书"字样。这样的信用证是有效的，可以凭以交单议付。

（2）SWIFT方式。SWIFT方式是根据"环球同业银行金融电讯协会（SOCIETY FOR WORLDWIDE INTERBANK FINANCIAL TELECOMMUNICATION S. C., S. W. I. F. T.）"提供的标准电文格式——MT700/701来开立跟单信用证。

（二）信用证的内容

关于信用证的内容，世界各地的银行虽无统一的规定，且每一份信用证所规定的条款内容及其措辞也可能各不相同，但基本内容大致相同，主要包括以下几个方面。

1. 关于信用证本身的项目

（1）信用证的形式（form of credit）。一切信用证均应明确表示为可撤销的信用证或不可撤销的信用证(revocable or irrevocable),否则应视为不可撤销的信用证。此点在《UCP 600》中已被取消。

(2) 信用证的号码和开证日期(L/C No.and issuing date)。信用证必须标明开证日期,这是信用证生效的基础。

(3) 受益人(beneficiary)。这是唯一享有利用信用证支取款项权利的人,一般为出口方,因此必须标明完整的名称和详细的地址。

(4) 开证申请人(applicant)。一般为国际贸易中的进口方,应标明完整的名称和详细地址。

(5) 信用证金额(amount)。这是开证行付款责任的最高限额,一般应有大写和小写数字。

(6) 有效期限(terms of validity,expiry date)。一般是受益人交单取款的最后期限,超过这一期限,开证行就不再负付款责任。

(7) 生效地点。即交单地点,一般为开证行指定的银行。

2. 关于汇票(draft)的项目

(1) 出票人(drawer)。一般是信用证的受益人,只有可转让信用证经转让后,出票人才可能不是原证的受益人。

(2) 付款人(drawee,payer)。一般是汇票开立的对方,汇票付款人需根据信用证的规定来确定。

(3) 收款人(payee)。一般是议付银行。

(4) 出票条款(drawn clauses)。主要表明汇票是某某开证行开出的。

(5) 出票日期(date of drawn)。主要表明开立汇票的时间。

(6) 汇票期限(tenor)。主要表明汇票有效的最后期限。

3. 关于单据的项目

信用证业务处理的主要是单据,所以信用证上一般要列明受益人需要提交的单据,并应说明单据的名称、份数和具体要求。信用证结算中最基本和最重要的单据分别是商业发票(commercial invoice)、运输单据(transport documents)、保险单据(insurance policy)。此外,还包括卖方提供的商检证、产地证、包装单据等。

4. 关于商品的描述(description of goods)

商品的描述一般包括货名(names)、数量(quantity)、单价(unit price)以及包装(packing)、唛头(marks)、价格条件(price terms)、合同号码(contract No.)等主要内容。

5. 关于运输的项目

运输的项目一般包括以下几个方面:

(1) 装运港或起运地(port of loading or departure)。

(2) 卸货港或目的港(port of discharge or destination)。

(3) 装运期限(time of shipment)。

(4) 可否分批装运(partial shipment allowed or not allowed)。

(5) 可否转运(transhipment allowed or not allowed)。

(6) 运输方式(mode of shipment)。

6. 其他事项(other clauses)

其他事项一般包括以下几个方面：

(1) 开证行对议付行、通知行、付款行的指示条款(instructions to negotiating bank/advising bank/paying bank)。这一条款对于通知行来说，常要求其在通知受益人时加注或不加注保兑；对于议付行或代付行来说，一般规定议付金额背书条款(endorsement clause)、索汇方法(method of reimbursement)、寄单方法(method of dispatching documents)。议付金额背书条款规定，议付后议付银行须在信用证正本背面做好必要的记录；索汇方法通常是指议付后议付银行向开证行索取外汇的方法和路线，如通过上海浦东发展银行北京分行转账等；寄单方法一般会注明单证如何寄送，如必须分两个连续航班用航空邮寄开证行等。

(2) 开证行保证条款(engagement/undertaking clause)。每一个信用证必须有此条款，表明开证行对其付款责任的书面承诺，一般的保证文句是以"We hereby engage/undertaking..."之类的句式开头。需要注意的是，该保证条款只出现在信开本信用证，SWIFT信用证将保证条款省略掉，但其必须加注密押。

(3) 开证行名称及代表签名(opening bank's name and signature)。开证行名称及代表签名主要包括电报、电传的密押等。

(4) 其他特别条件(other special conditions)。其他特别条件主要用以说明一些特别要求，如限制由某银行议付、限制由某国籍船只装运、装运船只不允许在某港口停靠或不允许采取某航线、发票须加注信用证号码、受益人必须交纳一定的履约保证金后信用证方可生效等。

(5) 适用《跟单信用证统一惯例》规定的声明(subject to UCP 600 clause)。一般的文句为：

This L/C was issued subject to uniform customs and practice for documentary credits 2007 reversion ICC publication No.600.

跟单信用证(MT700)样本(附中文说明)

Issue of a Documentary Credit

BKCHCNBJA08E SESSION：000 ISN：000000

BANK OF CHINA LIAONING NO. 5 ZHONGSHAN SQUARE ZHONGSHAN DISTRICT DALIAN CHINA——开证行

Destination Bank

KOEXKRSEXXX MESSAGE TYPE：700

KOREA EXCHANGE BANK SEOUL 178.2 KA, ULCHI RO, CHUNG-KO——通知行

Type of Documentary Credit　40A

IRREVOCABLE——信用证性质为不可撤销

Letter of Credit Number　20

LC84E0081/99——信用证号码，一般做单时都要求注此号

Date of Issue　31G

190916——开证日期

Date and Place of Expiry　31D

191228 KOREA——失效时间、地点

Applicant Bank　51D

BANK OF CHINA LIAONING BRANCH——开证行

Applicant　50

DALIAN WEIDA TRADING CO.，LTD.——开证申请人

Beneficiary　59

SANGYONG CORPORATION CPO BOX 110 SEOUL KOREA——受益人

Currency Code，Amount　32B

USD 1,146,725.04——信用证总额

Available with...by...　41D

ANY BANK BY NEGOTIATION——此即为公开议付的信用证,呈兑方式任何银行议付,即任使一家银行都可以成为议付行,有的信用证为 ANY BANK BY PAYMENT,这两句是有区别的:后者为银行付款后无追索权,前者则有追索权,就是有权限要回已付给受益人的款项

Drafts at　42C

45 DAYS AFTER SIGHT——见证 45 天内付款

Drawee　42D

BANK OF CHINA LIAONING BRANCH——汇票的受票人,即付款行

Partial Shipments　43P

NOT ALLOWED——分装不允许

Transhipment　43T

NOT ALLOWED——转船不允许

Shipping on Board/Dispatch/Packing in Charge at/from

44A RUSSIAN SEA——起运港

Transportation to

44B DALIAN PORT，P.R.CHINA——目的港

Latest Date of Shipment

44C 191213——最迟装运期

Description of Goods or Services：45A——货物描述:FROZEN YELLOW FIN SOLE WHOLE ROUND (WITH WHITE BELLY) USD770/MT CFR DALIAN QUANTITY：200MT ALASKA PLAICE（WITH YELLOW BELLY）USD600/MT CFR DALIAN QUANTITY：300MT

Documents Required：46A——议付单据

1. SIGNED COMMERCIAL INVOICE IN 5 COPIES.——签字的商业发票 5 份

2. FULL SET OF CLEAN ON BOARD OCEAN BILLS OF LADING MADE OUT

TO ORDER AND BLANK ENDORSED, MARKED "FREIGHT PREPAID" NOTIFYING LIAONING OCEAN FISHING CO., LTD. TEL (86)411 - 3680288——一整套清洁已装船提单,抬头为 TO ORDER 的空白背书,且注明运费已付,通知人为 LIAONING OCEAN FISHING CO., LTD. TEL (86)411 - 3680288

3. PACKING LIST/WEIGHT MEMO IN 4 COPIES INDICATING QUANTITY/GROSS AND NET WEIGHTS OF EACH PACKAGE AND PACKING CONDITIONSAS CALLED FOR BY THE L/C.——装箱单/重量单 4 份,显示每个包装产品的数量/毛净重和信用证要求的包装情况

4. CERTIFICATE OF QUALITY IN 3 COPIES ISSUED BY PUBLIC RECOGNIZED SURVEYOR.——由 PUBLIC RECOGNIZED SURVEYOR 签发的质量证明 3 份

5. BENEFICIARY'S CERTIFIED COPY OF FAX DISPATCHED TO THE ACCOUNTEE WITH 3 DAYS AFTER SHIPMENT ADVISING NAME OF VESSEL, DATE, QUANTITY, WEIGHT, VALUE OF SHIPMENT, L/C NUMBER AND CONTRACT NUMBER.——受益人证明的传真件,在船开后 3 天内已将船名航次,装船日期,货物的数量、重量、价值,信用证号和合同号通知付款人

6. CERTIFICATE OF ORIGIN IN 3 COPIES ISSUED BY AUTHORIZED INSTITUTION.——当局签发的原产地证明 3 份

7. CERTIFICATE OF HEALTH IN 3 COPIES ISSUED BY AUTHORIZED INSTITUTION.——当局签发的健康/检疫证明 3 份

ADDITIONAL INSTRUCTIONS:47A——附加指示

1. CHARTER PARTY B/L AND THIRD PARTY DOCUMENTS ARE ACCEPTABLE.——租船提单和第三方单据可以接受

2. SHIPMENT PRIOR TO L/C ISSUING DATE IS ACCEPTABLE.——装船期在信用证有效期内可接受

3. BOTH QUANTITY AND AMOUNT 10 PERCENT MORE OR LESS ARE ALLOWED.——允许数量和金额公差在 10% 左右

Charges 71B

ALL BANKING CHARGES OUTSIDE THE OPENNING BANK ARE FOR BENEFICIARY'S ACCOUNT.

Period for Presentation 48

DOCUMENTSMUST BE PRESENTED WITHIN 15 DAYS AFTER THE DATE OF ISSUANCE OF THE TRANSPORT DOCUMENTS BUT WITHIN THE VALIDITY OF THE CREDIT.

Confirmation Instructions 49

WITHOUT

Instructions to the Paying/Accepting/Negotiating Bank:78

1. ALL DOCUMENTS TO BE FORWARDED IN ONE COVER, UNLESS OTHERWISE STATED ABOVE.

2. DISCREPANT DOCUMENT FEE OF USD 50.00 OR EQUAL CURRENCY WILL BE DEDUCTED FROM DRAWING IF DOCUMENTS WITH DISCREPANCIES ARE ACCEPTED.

"Advising Through" Bank   57A

KOEXKRSEXXX MESSAGE TYPE：700

KOREA EXCHANGE BANK SOUTH KOREA 178.2 KA, ULCHI RO, CHUNG-KO

四、信用证当事人及其权利义务

信用证的当事人是指一笔信用证业务的参与者。较之其他结算方式,信用证结算方式涉及的当事人较多,而且当事人之间的相互关系更为复杂。一笔信用证业务所涉及的当事人依信用证的种类而异,有的信用证所涉及的当事人较多,有的则较少。一般来说,一笔信用证业务包含四个基本的当事人,即开证申请人、开证行、通知行和受益人,但在有些类型的信用证业务中,还涉及转递行、议付行、承兑行、付款行、偿付行和保兑行等。总之,信用证一经开出,其所涉及的当事人就围绕该信用证形成了双边与多边的契约关系。每一当事人均须履行其相应的责任义务,同时享有既定的权利,所有当事人必须按照国际惯例及信用证条款的规定严格行事。以下对信用证项下主要当事人的义务和权利分别予以介绍。

(一) 开证申请人

开证申请人(applicant)是指向一家银行申请开立信用证的当事人,在国际贸易中通常为进口商或中间商。开证申请人的义务和权利如下。

1. 开证申请人的义务

(1) 根据国际贸易买卖合同规定,向银行开立信用证。当合同规定采用信用证结算方式时,进口商应在合同规定的期限内,委托其往来银行及时开立信用证。进口商在申请开证时,应根据商品合同内容填写开证申请书,合理指示开证。应注意以下几点：① 开证申请书的措辞必须十分明确,不能含糊不清、模棱两可。② 避免过多烦琐的条款。③ 指示内容应当前后保持一致,避免相互矛盾。

(2) 交纳开证费。

(3) 根据开证行的要求,提供开证担保。开证申请人提供担保的形式可以是现金、动产或不动产,也可以是第三者提供的担保。

(4) 在开证行履行付款责任后,应根据开证申请书的规定,及时向开证行付款赎单。

2. 开证申请人的权利

开证申请人在付款赎单时可以检验单据,并拒绝赎取不符合信用证条款的单据,但进口商在赎单提货之后,如发现货物规格、质量、数量等与单据不符,不能向开证行追究责任和索还货款,只能根据过失责任向出口商、承运人或保险商等有关方面提出索赔。

(二) 开证行

开证行(issuing bank)是指应开证申请人要求,开立信用证的银行。开证行的义务和权利如下。

1. 开证行的义务

(1) 根据申请书条款,正确及时地开出信用证。开证行开立信用证时必须做到完整和明确,使信用证的条款单据化,这样可以通过受益人提交的单据来检验其行为是否符合信用证的要求,而开证行在付款时也只需审核单证的一致性就可以了,不用再考虑商品合同。

(2) 对开出的信用证承担第一性的付款责任。当受益人提交符合信用证规定的单据后,开证行必须履行付款责任。此外,开证行凭单付款后,不能因为进口商拒绝赎单或者无力付款而向议付行、代付行、偿付行或出口商追索票款。

2. 开证行的权利

(1) 向开证申请人收取开证费用。

(2) 若受益人提交的单据不符合信用证条款的规定,开证行有权拒付。对偿付行凭索汇证明书已做出的偿付,当接到的单据不符合信用证规定时,开证行有权向议付行退还单据,进行票款追索。

(3) 开证行履行付款责任后,若进口商无力付款赎单,开证行有权处理单据和货物。若出售货物不能抵偿其垫款,开证行仍有权向进口商追索不足部分。

(三) 通知行

通知行(advising bank)是将信用证通知给受益人的银行。通知行一般由开证行在出口商所在地的代理行担任。通知行的义务和权利如下。

1. 通知行的义务

(1) 核实信用证表面的真实性。通知行若同意通知信用证,就应该合理谨慎地核实所通知信用证的表面真实性。如果不能确定信用证表面的真实性或存在疑点,就必须毫不延误地告知发出该指示的银行,说明其不能确定该信用证的真实性,及时向开证行澄清疑点。如果通知行仍决定通知,则必须告知受益人本行不能核对信用证的真实性;通知行若决定不同意通知信用证,则必须毫不延误地告知开证行。

(2) 向受益人通知信用证。在信用证的真实性得到核实后,通知行应根据开证行的要求,缮制通知书,及时、正确地通知受益人。

2. 通知行的权利

(1) 可以向开证行收取通知费。

(2) 通知行对开证行和受益人都不承担必定议付或代为付款的责任。

(3) 对电文传递中出现的一些差错有权免责。《UCP 600》第35条规定:"当报文、信件或单据按照信用证的要求传输或发送时,或当信用证未做指示,银行自行选择传送服务时,银行对报文传输或信件或单据的递送过程中发生的延误、中途遗失、残缺或其他错误产生的后果,概不负责。银行对技术术语的翻译或解释上的错误,不负责任,并可不加翻译地传送信用证条款。"

(四) 转递行

转递行(transmitting bank)与通知行的作用基本相同,但转递手续比通知手续简单。转递行在收到开证行开立的以受益人为收件人的信用证后,也必须核对信用证的印鉴是否相符,以证明信用证的真实性,但转递行是直接将信用证原件照转给受益人。

（五）受益人

受益人（beneficiary）是指信用证中明确指定的信用证的接受者，并根据信用证发货、交单和收款的人，通常为国际贸易中的出口方或卖方。受益人的义务和权利如下。

1. 受益人的义务

（1）收到信用证时，应及时审核信用证条款与合同条款的相符性及其是否可以履行。

（2）接受信用证后，应及时履行信用证条款，在规定的装运期内装货，并在信用证有效期内提交规定的单据，交单收款。受益人不仅要对单据的正确性负责，而且要保证所交货物符合贸易合同要求。

2. 受益人的权利

（1）在审核信用证时，若发现信用证条款与贸易合同条款不相符，或者无法履行时，有权要求进口商修改信用证，或者拒绝接受信用证。

（2）可凭符合信用证规定的单据向议付行交单议付货款，也可向开证行、保兑行、偿付行、代付行或其他指定付款银行请求交单付款。

（3）交单时如遇开证行倒闭，原开信用证作废，开证行所做的付款保证已无法兑现时，受益人有权向进口商提出付款要求，进口商仍有付款责任。受益人可将符合原信用证要求的单据通过银行寄交进口商进行托收索款。若开证行并未倒闭而无理拒付时，受益人或议付行应向开证行据理交涉，甚至诉讼，也有权向进口商提出付款要求。

（六）议付行

议付行（negotiating bank）是指对受益人交来的跟单汇票办理交单贴现的银行。限制议付信用证的议付行由信用证上指定的银行担当；而自由议付信用证的议付行可由受益人根据需要任意选择一家银行担当，通常是通知行或受益人的往来银行。议付行的义务和权利如下。

1. 议付行的义务

在受益人提交满足"单证相符、单单相符"的单据时，对议付信用证先行给予垫款。

2. 议付行的权利

（1）在对受益人支付垫款之后，有权凭符合信用证条款的单据向开证行、保兑行、代付行或偿付行索回垫款。

（2）可以要求受益人将货权作质押，议付行有权处理单据，甚至变卖货物。

（3）在给受益人支付垫款后，保留向受益人追索垫款的权利。

（七）承兑行

承兑行（accepting bank）是指远期信用证中指定的对受益人出具的远期汇票给予承兑的银行。承兑行的义务和权利如下。

1. 承兑行的义务

在受益人提交满足信用证条款的单据时，对受益人出具的远期汇票进行承兑并到期付款。

2. 承兑行的权利

承兑行付款后有权要求开证行偿付。

（八）付款行

付款行（paying bank）是指在信用证中被指定对信用证项下的汇票进行凭单付款或在付款信用证项下执行付款的银行。付款行也称代付行，开证行通常委托通知行担任付款行。付款行的义务和权利如下。

1. 付款行的义务

付款行一经接受开证行的代付委托，在对受益人进行验单付款后，即不得再向受益人追索。付款行付款后无追索权，它只能向开证行索偿。

2. 付款行的权利

付款行可以在开证行资信较差时，有权拒绝接受开证行代为付款的委托。

（九）偿付行

偿付行（reimbursing bank）是指开证行委托的对议付行或代付行进行偿付的代理银行。通常来说，当开证行与议付行或代付行之间无账户关系时（特别是在信用证采用第三国货币结算时），为了结算便利，开证行往往委托另一家与其有账户关系的银行代向议付行或代付行偿付。凡是开证行授权第三家银行作为偿付行的信用证，在偿付授权书中应加列"本信用证项下的偿付受《跟单信用证项下银行间偿付统一规则》（国际商会出版物第 525 号）的约束"。偿付行的义务和权利如下。

1. 偿付行的义务

依据偿付授权书在权限内对有权索偿银行（议付行或付款行）偿付货款。当信用证中规定有偿付行时，开证行开出信用证后应立即向偿付行发出偿付授权书（reimbursement authorization），通知授权付款的金额、有权索偿银行等事项。有权索偿银行在议付或代付款项之后，一面将单据寄送开证行，一面向偿付行发出索偿书（reimbursement claim）。偿付行收到索偿书后，与开证行的偿付授权书进行核对，如与索偿银行相符，且索偿金额不超过授权金额，则立即向出口地银行付款。

2. 偿付行的权利

偿付行不接受单据，不审核单据，不与受益人发生联系，因此偿付行对议付行或代付行的偿付，不能视为开证行的付款，不是终局性付款。当开证行收到单据发现与信用证条款不符时，可以向议付行或代付行追回已付款项，但不能向偿付行追索。

（十）保兑行

保兑行（confirming bank）是根据开证行的要求对不可撤销信用证加具保兑的银行。保兑行的义务和权利如下。

1. 保兑行的义务

保兑行在信用证上加具保兑之后，即对信用证承担必须付款或议付的独立责任。保兑行的付款责任如同开证行，是终局性付款，一旦对受益人或其他前手银行验单付款之后，便不能再向其行使追索权，而只能向开证行索偿。

2. 保兑行的权利

根据《UCP 600》第 8 条的规定，如果开证行授权或要求某一银行对信用证加具保兑，而其不准备照办，则其必须毫不延误地通知开证行，并可通知此信用证而不加保兑。

模块二　信用证的业务流程

一笔以信用证结算的国际贸易业务从开始到结束大体上有12个环节,其流程如图5-2所示。

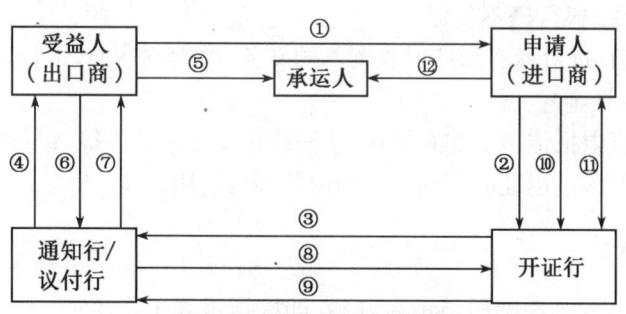

图5-2　信用证的业务流程

在上图5-2中,各环节的具体内容如下:① 进、出口商鉴定买卖合同,并约定以信用证进行结算。② 进口商向所在地银行申请开立信用证。③ 开证行开出信用证。④ 通知行将信用证通知给受益人(出口商)。⑤ 出口商接受信用证后,将货物交与承运人,取得相关单据。⑥ 出口商备齐信用证规定的单据和汇票后向议付行提示,要求议付。⑦ 议付行审单无误后,垫付货款给出口商(议付)。⑧ 议付行议付后,将单据和汇票寄至开证行索汇。⑨ 开证行收到与信用证相符的单据后,审单付款。⑩ 开证行通知进口商备款赎单。⑪ 进口商审核单证相符后,付清所欠款项(申请证时已交保险金),开证行将信用证下的单据交给进口商,不再受开证申请书的约束。⑫ 进口商凭单据向承运人提货。

一、进口商申请开证

进口商作为开证申请人应在买卖合同规定的期限内,向其所在地银行申请开立以出口商为受益人的信用证。在申请开证时,开证申请人要按照合同内容填写开证申请书,并交付相应的开证押金(保证金)及开证手续费。开证申请书是约束开证申请人与开证行之间权利和义务关系的契约性文件,是开证行开立信用证的依据,在信用证业务流程中起关键作用,直接关系到整个信用证业务流程的顺利运作。信用证的开证指示、信用证本身、信用证的修改指示和修改书本身必须完整准确,其中信用证的开证指示就是指开证申请书。为了使申请书的格式标准化、国际化,以方便使用,国际商会第516号出版物(即《最新跟单信用证标准格式》)相应制定了开证申请书的格式,从而统一了信用证申请书的格式。申请书通常包括两个部分:第一部分为根据合同条款确定的信用证内容,开证行据此开出信用证;第二部分为开证申请人对开证行的若干项声明和保证,用以明确双方的权利和义务。为确保信用证结算的顺利进行,进口商在填制开证申请书时,应注意以下几点:

(1) 开证申请书的内容应与买卖合同的条款保持一致。
(2) 不得将与信用证无关的内容和合同中的过细条款写入申请书中。
(3) 写入申请书的内容必须完整、准确、简洁,避免模糊、模棱两可或有争议的内容。

(4)申请书所列条款内容与《UCP 600》规定不相符的,一定要在特殊指示中利用特别条款加以说明。

进口商在申请开证时,还应作如下保证:

(1)进口商承认银行在进口商赎单以前,对单据及单据所代表的货物具有所有权,必要时银行可以处置货物,以抵付进口商的欠款。

(2)进口商承认银行有接受"表面上合格"的单据的权利,对于伪造的单据、货物与单据不符或货物中途遗失,银行概不负责。

(3)单据到达后,进口商有如期付款赎单的义务,单据到达前,银行可在货款范围内,随时要求追加押金(保证金)。

(4)进口商同意电报传递中如有错误、遗漏或单据邮递遗失等,银行概不负责。

(5)进口商承担该信用证所需的一切国内外银行费用。

二、开证行开证

银行接到申请人完整明确的指示后,应立即按指示开出信用证。开立信用证的银行即为开证行。开证行一旦开出信用证,在法律上就与开证申请人构成了开立信用证的权利和义务的关系,开证申请书也就构成了两者的契约关系。

三、通知与保兑

出口方银行收到开证行开来的信用证后,应根据信用证的要求,将信用证通知或转递给受益人(beneficiary)。受益人即接受信用证,凭以发货、交单、取款的人,一般为出口商。

(一)信用证的通知与传递

通知行向受益人通知信用证。通知行在收到开证行开来的信开本信用证或电开本信用证后,若拒绝接受开证行通知信用证的委托,应毫不迟延地通知开证行。若决定接受开证行通知信用证的委托,就有义务合理谨慎地鉴别信用证表面的真实性;若不能确认信用证的真实性时,应及时向开证行查询;若在未核实前通知了信用证,应向受益人讲明情况;在确认信用证的真实性后,通知行一般要对信用证进行相关条款的审核,但这并不是开证行的义务,只是为了受益人的利益和竞争的需要;最后,通知行必须在信用证上加盖"印鉴已符"或"密押已符"的印章,并缮制通知书及时通知受益人。

(二)信用证的保兑

保兑信用证(confirmed letter of credit)是指开证行开出的信用证,由另一银行保证对符合信用证条款规定的单据履行付款义务。对信用证加保兑的银行为保兑行(confirmed bank)。保兑行对信用证加具保兑的具体做法如下:

(1)开证行在给通知行的信用证通知书中授权另一家银行(通知行)在信用证上加保。

(2)通知行用加批注等方法,表明保证兑付或保证对符合信用证条款规定的单据履行付款并签字。

(三)信用证的修改

受益人应审证、发货、制单。受益人接到信用证通知书后,首先要对信用证进行审核,以确定其是否和贸易合同相符。如果来证与贸易合同不符,则必须立即通知开证申请人,要求其通知开证行修改信用证,尤其要对是否存在软条款进行谨慎分析。

四、议付与索汇

(一) 议付行及议付程序

出口商接受信用证后,将货物交与承运人,取得货运单据、保险单据等相关单据。最后,出口商根据信用证要求缮制发票、装箱单、产地证明和装船通知等单据。出口商备齐信用证规定的单据后,根据所开信用证的支付方式向有关银行提示信用证,请求议付(议付行)、承兑(承兑行)或付款(付款行/保兑行)。

出口地银行审单付款。有关银行审单无误后,垫付(议付行)或支付(付款行或保兑行)货款给出口商。若是承兑信用证,则承兑行审单后先对远期汇票进行承兑,于汇票到期日再垫付货款给出口商。根据信用证的支付方式,如果受益人向议付行交单,无论是自由议付还是限制性议付,议付行对受益人的付款都具有追索权。除非双方事先签有协议,议付行放弃追索权,否则受益人得到的只是凭单据抵押的银行融资或垫款;如果受益人向指定保兑行或付款行交单,后者审单无误后对受益人的付款是没有追索权的。

(二) 索汇

付款行或垫付行寄单索偿。如果信用证没有指定偿付行,则有关银行凭单据向受益人垫付款项后,将单据和汇票寄至开证行索偿。若信用证指定有偿付行,则索偿行在向开证行寄单的同时,凭索偿书直接向偿付行索偿。

五、付款赎单

开证行将票款拨付议付行后,应立即通知进口商备款赎单。如单证相符,进口商应将开证行所垫付票款付清,取得单据,这样开证行和进口商之间由开立信用证所构成的权利和义务关系即告结束。

模块三 信用证的开立

进口方与出口方签订国际贸易货物进出口合同并确认以信用证为结算方式后,即由进口方向有关银行申请开立信用证。开证申请是整个进口信用证处理实务的第一个环节,进口方应根据合同规定的时间或在规定的装船前一定时间内申请开证,并填制开证申请书,开证行根据有关规定收取开证押金和开证费用后开出信用证。

开证申请人(进口方)在向开证行申请开证时必须填制开证申请书。开证申请书是开证申请人对开证行的付款指示,也是开证申请人与开证行之间的一种书面契约,它规定了开证申请人与开证行的责任。在这一契约中,开证行只是开证申请人的付款代理人。

开证申请书主要依据贸易合同中的有关主要条款填制,申请人填制后附上合同副本一并提交银行,供银行参考、核对。但信用证一经开立则独立于合同,因而在填写开证申请时应审慎查核合同的主要条款,并将其列入申请书中。

一般情况下,开证申请书都由开证银行事先印就,以便申请人直接填制。开证申请书通常为一式两联,申请人除填写正面内容外,还须签具背面的"开证申请人承诺书"。

一、申请开证应注意的问题

(1) 申请开证前,要落实进口批准手续及外汇来源。

(2) 开证时间的掌握应以卖方在收到信用证后能在合同规定的装运期内出运为原则。

(3) 开证时要注意信用证的内容与合同的一致。

(4) 合同规定为远期付款时,要明确汇票期限,价格条款必须与相应的单据要求以及费用负担、表示方法等相吻合。

(5) 由于银行是凭单付款,不管货物质量如何,都不受买卖合同的约束,所以为使货物质量符合合同规定,买方可在开证时规定要求对方提供商品检验机构出具的装船前检验证明,并明确规定货物的规格品质,指定检验机构(合同中应事先订明),这样,交单时如发现检验结果与证内不一致,可拒付货款。

(6) 信用证内容必须明确无误,明确规定各类单据的出单人(商业发票、保险单和运输单据除外),明确规定各单据应表述的内容。

(7) 在信用证支付方式下,只要单据表面与信用证条款相符合,开证行就必须按规定付款。所以,进口方对出口方的要求须在申请开证时按合同有关规定转化成有关单据,具体规定在信用证中。如信用证申请书中含某些条件而未列明应提交与之相应的单据,银行将认为未列此条件,对此将不予理睬。

(8) 根据《UCP 600》的规定,信用证都是不可撤销信用证。

(9) 国外通知行由开证行指定,进口方不能指定,但如果出口商在订立合同时,坚持指定通知行,进口商可在开证申请书上注明,供开证行在选择通知行时参考。

(10) 不准分批装运、不准中途转运、不接受第三者装运单据,均应在信用证中明确规定,否则,将被认为是允许分批装运、允许中途转运、接受第三者装运单据。

(11) 对于我方开出的信用证,如对方(出口方)要求其他银行保兑或由通知行保兑,我方原则上不能同意(在订立合同时,应说服国外出口方免除保兑要求,以免开证时被动)。

(12) 我国银行一般不开可转让信用证(因为对第一受益人的资信难以了解,特别是对于跨地区和国家的转让更难掌握)。但在特殊情况下,如大额合同项下开证要求多家出口商交货,照顾实际需要可与银行协商开出可转让信用证。

(13) 我国银行一般也不开立载有电报索偿条款(T/T reimbursement clause)的信用证。

二、申请开立信用证的具体手续

(1) 递交有关合同的副本及附件;

(2) 填写开证申请书;

(3) 缴付保证金。

三、信用证申请书的填制

(1) TO(致××行)——填写开证行名称。

(2) Date——填写申请开证的日期,如 200428。

(3) 填写传递方式。

① Issue by airmail——以信开的形式开立信用证，选择此种方式，开证行以航邮将信用证寄给通知行。

② With brief advice by teletransmission——以简电开的形式开立信用证，选择此种方式，开证行将信用证主要内容发电预先通知受益人，银行承担必须使其生效的责任，但简电本身并非信用证的有效文本，不能凭以议付或付款，银行随后寄出的"证实书"才是正式的信用证。

③ Issue by express delivery——以信开的形式开立信用证，选择此种方式，开证行以快递(如 DHL)将信用证寄给通知行。

④ Issue by teletransmission(which shall be the operative instrument)——以全电开的形式开立信用证，选择此种方式，开证行将信用证的全部内容加注密押后发出，该电讯文本为有效的信用证正本。如今大多数开证行采用全电开证的方式开立信用证。

(4) 信用证性质。

(5) Credit No.——信用证号码，由银行填写。

(6) Date and place of expiry——信用证有效期及地点，地点填受益人所在国家，如 200815 IN THE BENEFICIARY'S COUNTRY。

(7) Applicant——填写开证申请人名称及地址。开证申请人(applicant)又称开证人(opener)，是指向银行提出申请开立信用证的人，一般为进口人，就是买卖合同的买方。开证申请人为信用证交易的发起人。

(8) Beneficiary(Full name and address)填写受益人全称和详细地址。受益人是指信用证上所指定的有权使用该信用证的人。一般为出口方，也就是买卖合同的卖方。

(9) Advising bank——填写通知行名址。如果该信用证需要通过收报行以外的另一家银行转递、通知或加具保兑后给受益人，该项目内填写该银行。

(10) Amount——填写信用证金额，分别用数字小写和文字大写。以小写输入时须包括币种与金额，如 USD 89 600 (U. S. DOLLARS EIGHTY NINE THOUSAND SIX HUNDRED ONLY)。

(11) Parital shipments——分批装运条款。填写跟单信用证项下是否允许分批装运。

(12) Transhipment——转运条款。填写跟单信用证项下是否允许货物转运。

(13) Loading on board/dispatch/taking in charge at/from——填写装运港。

(14) not later than——填写最后装运期，如 200610。

(15) For transportation to——填写目的港。

(16) 价格条款。根据合同内容选择或填写价格条款。

(17) Credit available with——填写此信用证可由××银行即期付款、承兑、议付、延期付款，即押汇银行(出口地银行)名称。

如果信用证为自由议付信用证，银行可用"ANY BANK IN …(地名/国名)"表示。

如果该信用证为自由议付信用证，而且对议付地点也无限制时，可用"ANY BANK"表示。

sight payment——勾选此项，表示开具即期付款信用证。

即期付款信用证是指受益人(出口商)根据开证行的指示开立即期汇票，或无须汇票仅凭运输单据即可向指定银行提示请求付款的信用证。

acceptance——勾选此项,表示开具承兑信用证。

承兑信用证是指信用证规定开证行对于受益人开立以开证行为付款人或以其他银行为付款人的远期汇票,在审单无误后,应承担承兑汇票并于到期日付款的信用证。

negotiation——勾选此项,表示开具议付信用证。

议付信用证是指开证行承诺延伸至第三当事人,即议付行,其拥有议付或购买受益人提交信用证规定的汇票/单据权利行为的信用证。如果信用证不限制某银行议付,可由受益人(出口商)选择任何愿意议付的银行,提交汇票、单据给所选银行请求议付的信用证称为自由议付信用证,反之为限制性议付信用证。

deferred payment at——勾选此项,表示开具延期付款信用证。

如果开具这类信用证,需要写明延期多少天付款。例如,at 60 days from payment confirmation(60天承兑付款)、at 60 days from B/L date(提单日期后60天付款)等等。

延期付款信用证指不需汇票,仅凭受益人交来单据,审核相符,指定银行承担延期付款责任起,延长直至到期日付款。该信用证能够为欧洲地区进口商避免向政府交纳印花税而免开具汇票外,其他都类似于远期信用证。

against the documents detailed herein and beneficiary's draft(s) for　　% of invoice value

at　　sight

drawn on

连同下列单据:

受益人按发票金额_____%,做成限制为_____天,付款人为_____的汇票。

注意:延期付款信用证不需要选择连同此单据。

"at sight"为付款期限。如果是即期,需要在"at"和"sight"之间填"＊＊＊＊"或"——",不能留空。远期有几种情况:at ××days after date(出票后××天)、at ×× days after sight(见票后××天)或 at ×× days after date of B/L(提单日后××天)等。如果是远期,要注意两种表达方式的不同:一种是见票后××天(at ×× days after sight),一种是提单日后××天(at ×× days after B/L date)。这两种表达方式在付款时间上是不同的,"见单后××天"是指银行见到申请人提示的单据时间算起,而"提单日后××天"是指从提单上的出具日开始计算的××天,所以如果能尽量争取到以"见单后××天"的条件成交,等于又争取了几天迟付款的时间。

"drawn on"为指定付款人。注意:信用证项下汇票的付款人应为开证行或指定的付款行。如:

against the documents detailed herein and beneficiary's draft(s) for 100 % of invoice value

at ＊＊＊＊ sight

drawn on THE CHARTERED BANK

(18) Documents required:(marked with X)——信用证需要提交的单据(用"X"标明)。

根据国际商会《跟单信用证统一惯例》(《UCP 600》),信用证业务是纯单据业务,与实际货物无关,所以信用证申请书上应按合同要求明确写出所应出具的单据,包括单据的种类,每种单据所表示的内容,正、副本的份数,出单人等。一般要求提示的单据有提单(或空运单、收货单)、发票、箱单、重量证明、保险单、数量证明、质量证明、产地证、装船通知、商检证明以及其他申请人要求的证明等。

注意:如果是以 CFR 或 CIF 成交,就要要求对方出具的提单为"运费已付"(freight prepaid),如果是以 FOB 成交,就要要求对方出具的提单为"运费到付"(freight collect)。如果按 CIF 成交,申请人应要求受益人提供保险单,且注意保险险别,赔付地应要求在到货港,以便一旦出现问题,方便解决。汇票的付款人应为开证行或指定的付款行,不可规定为开证申请人,否则会被视作额外单据。

① 经签字的商业发票一式_____份,标明信用证号_____和合同号_____。

② 全套清洁已装船海运提单,作成空白抬头、空白背书,注明"运费[ ]待付/[ ]已付",[ ]标明运费金额,并通知_____。

空运提单收货人为_____,注明"运费[ ]待付/[ ]已付",[ ]标明运费金额,并通知_____。

③ 保险单/保险凭证一式_____份,按发票金额的_____%投保,注明赔付地在_____,以汇票同种货币支付,空白背书,投保_____。

④ 装箱单/重量证明一式_____份,注明每一包装的数量、毛重和净重。

⑤ 数量/重量证一式_____份,由_____出具。

⑥ 品质证一式_____份,由[ ]制造商/[ ]公众认可的检验机构_____出具。

⑦ 产地证一式_____份,由_____出具。

⑧ 受益人以传真/电传方式通知申请人装船证明副本,该证明须在装船后_____日内发出,并通知该信用证号、船名、装运日以及货物的名称、数量、重量和金额。

Other documents, if any

其他单据。

(19) Description of goods——货物描述,如:

01005 CANNED SWEET CORN, 3 060G×6TINS/CTN

QUANTITY: 800 CARTON

PRICE: USD14/CTN

(20) Additional instructions——附加条款,是对以上各条款未述之情况的补充和说明,且包括对银行的要求等。

① 开证行以外的所有银行费用由受益人担保。

② 所需单据须在运输单据出具日后_____天内提交,但不得超过信用证有效期。

③ 第三方为托运人不可接受,简式/背面空白提单不可接受。

④ 数量及信用证金额允许有_____%的增减。

⑤ 所有单据须指定_____船公司。

(21) Other terms, if any——其他条款。

(22) 申请书下面有关申请人的开户银行(填银行名称)、账户号码、执行人、联系电话、申请人(法人代表)签字等内容。

应用案例 5-4

根据下列资料填写开证申请书(见图 5-3):

进口商:杭州常秀化妆品贸易公司
　　　　HANGZHOU EVER-BEAUTY
　　　　COSMETICS TRADE COMPANY
　　　　168 HUSHU ROAD, HANGZHOU
　　　　CHINA
法人代表:陈秋
电话:23452345
账号:31-45-89120912
出口商:日本岩谷株式会社
　　　　IWATANI CORPERATION
　　　　1-3-6 HOMMACHI, OSAKA
　　　　JAPAN
进口产品:贝齿清凉薄荷漱口水
　　　　　PLAX FRESHMINT MOUTHWASH
规格:250ml/Bottle,净重 300 克(G)/Bottle
贸易术语:CIF SHANGHAI 每瓶 1.88 美元
总数量:40 320 瓶(Bottles)
总金额:75 801.60 美元
装运港:大阪(OSAKA)
卸货港:上海(SHANGHAI)
运输要求:不允许分批,不允许转运,一个 20 尺集装箱装运
最迟装运日:2019 年 3 月 15 日
支付方式:即期议付信用证,汇票金额为发票金额的 100%
开证日期:2019 年 2 月 5 日
开证银行:中国银行杭州分行
开证方式:SWIFT
信用证有效期:2019 年 3 月 30 日
到期地点:日本大阪
单证要求:发票一式三份显示合同号码和信用证号码
　　　　　装箱单一式三份
　　　　　清洁已装船提单一套,做成"凭指示",空白背书,通知开证申请人
　　　　　保险单一式两份,空白背书,承保中国人民保险公司的一切险,加一成,赔付
　　　　　　地点为中国,赔付币制与汇票币制一致
　　　　　有关当局签署的产地证一份
　　　　　官方机构签署的质量检验证一份

其他要求：交单期是提单日期后15天内但又必须在信用证有效期内
第三方单证不接受，简式提单不接受
中国以外的银行费用由受益人承担
合同号码：TT190120

IRREVOCABLE DOCUMENTARY CREDIT APPLICATION

To: BANK OF CHINA, HANGZHOU BRANCH   Date: 05 FEB., 2019

( ) Issue by airmail ( ) With brief advice by tele-transmission (×) Issue by SWIFT	Credit No. **Date and place of expiry** (1) 30 MARCH 2019 IN OSAKA JAPAN
Applicant (2) HANGZHOU EVER-BEAUTY COSMETICS TRADE COMPANY 168 HUSHU ROAD, HANGZHOU CHINA	**Beneficiary** (3) IWATANI CORPERATION 1-3-6 HOMMACHI, OSAKA JAPAN
Advising bank	Amount (figure and words) (4) USD75801.60 SAY U.S. DOLLARS SEVENTY FIVE THOUSAND EIGHT HUNDRED AND ONE AND POINT SIXTY ONLY
Partial shipment (5) ( ) allowed (×) not allowed	**Transshipment** (6) ( ) allowed (×) not allowed	**Credit available with** (8) ANY BANK by ( ) sight payment ( ) acceptance (×) negotiation ( ) deferred payment at _____ days after against the documents detailed herein and (×) beneficiary's drafts for __100__ % of invoice value at SIGHT drawn on BANK OF CHINA, HANGZHOU BRANCH
Port of Loading: (7) OSAKA not later than 15 MARCH 2019 Port of discharge: SHANGHAI	
( ) FOB ( ) CFR (×) CIF ( ) Other terms	

Documents required: (marked with ×)

1. (×) Signed commercial invoice in __3__ copies indicating L/C No. and contract No. TT190120
2. (×) Full set of clean on board Bill of Lading made out to order and blank endorsed marked freight (×) prepaid/( ) collect notify <u>APPLICANT</u>.
   ( ) Air Waybill/cargo receipt/copy of railway bill issued by _____ showing freight prepaid ( )/( ) collect indicating freight amount and consigned to _____.
3. (×) Insurance Policy/Certificate in <u>DUPLICATE</u> for __110__ % of invoice value showing claims payable in <u>CHINA</u> in the currency of the drafts, blank endorsed, covering All risks.
4. (×) Packing List in __3__ copies.
5. ( ) Certificate of Quantity/weight in _____ copies issued by_____.
6. (×) Certificate of Quality in __1__ copies issued by ( ) manufacturer/(×) public recognized surveyor/
   ( )
7. (×) Certificate of Origin in __1__ copies issued by <u>COMPETENT AUTHORITIES.</u>
8. ( ) Beneficiary's certified copy of fax/telex dispatched to the applicant within _____ hours after the shipment advising L/C No., name of vessel, date of shipment, name, quantity, weight and value of goods.

Other documents, if any

续表

```
Description of goods:(9)
40320 BOTTLES OF PLAX FRESHMINT MOUTHWASH
250ML(N.W.:300G)PER BOTTLE
CIF SHANGHAI USD1.88 PER BOTTLE
SHIPMENT BY ONE 20 FEET CONTAINER LOAD
Additional instructions:
1.(×)All banking charges outside China are for the account of beneficiary
2.(×)Documents must be presented within __15__ days after the date of issuance of the transport documents but within the validity of this credit.
3.(×)Third party documents is not acceptable, short form / blank back B/L is not acceptable.
4.( )Both quantity and amount _____ % more or less are allowed.
5.( )All documents must be forwarded in_____.
Other terms, if any

STAMP OF APPLICANT    杭州常秀化妆品贸易公司    陈秋(章)
        (10)         电话:23452345
                     账号:31-45-89120912
```

图 5-3 开证申请书

模块四 信用证的通知、修改及审核

一、信用证的通知

在大多数情况下，信用证不是由开证行直接通知受益人，而是通过其在受益人国家或地区的代理行，即通知行进行转递的。通知行通知受益人的最大优点就是安全。

(一)通知行应合理、谨慎地审核所通知的信用证的表面真实性

依照《UCP 600》第9条的规定，若通知行决定通知信用证，它应合理、谨慎地审核信用证的表面真实性。

通知行是以其技术和条件来从事信用证通知业务的，它一般都掌握有开证行的签字样本、印鉴、密押本等，用以检查来证的表面真实性。若此法不通，通知行应以其他方法，如通过开证行的代理行发送的检查函件来确认来证的表面真实性。通知行的核验只要尽到合理谨慎即可。若通知行不能确定来证的表面真实性，它必须不延迟地通知从其收到该指示的银行，说明它不能确定来证的真实性。若通知行仍决定通知该信用证，则它必须告知受益人它不能确定该信用证的真实性。据此，除非通知行另有说明，否则，只要通知行将信用证通知受益人，受益人就可断定该证的表面真实性无误。若信用证有两家以上的通知行，核对开证行印鉴或密押的责任在于第一通知行，而其以后的通知行只需对其前手通知行的密押或印鉴的真实性负责。

(二)"通知行无须承担责任"的真正含义

通知行在向受益人发出通知时，一般都附加有这样的标准条款，即"我方不承担义务，现

向你方通知如下……"对此有人认为,通知行除了通知信用证以外并不承担任何责任,不能要求它做其他任何事情。然而,还有人认为实际上通知行受理单据已成惯例,这一惯例暗示地表明,若单据交给通知行,该行如无正当理由不能拒绝受理。若通知行不准备承担上述义务,应在通知中对受益人作特别声明,否则就不能违背实践中为银行界和商业界所周知的习惯。

根据《UCP 600》的规定,通知行除通知信用证并核验其表面真实性外,并无任何其他义务。但由于通知行受理单据已成为交易惯例,所以,若通知行未加特别相反的声明,则其可能应承担受理单据的责任。不过,通知行仍有权在通知中通过特别声明的形式排除该责任的承担。总体而论,通知行并非信用证当事人,不受信用证的约束。其仅仅是受开证行的委托而提供特定的服务而已。即使在其无特别相反声明情况下,其应根据惯例而受理单据,但这仅限于予以传递,并不意味着应对单据进行审核。尽管开证行可能委托其对信用证加以保兑或对受益人进行付款或议付,通知行仍然有拒绝的权利,只有其愿意接受上述委托,它才承担相应的义务。

(三) 信用证通知书

信用证通知书是在贸易过程中,为保证卖方发货后即能得到货款,由银行作为付款中介。本单证是卖方银行发给卖方的,作为买方的付款保证的通知。该单证是以 UN/EDIFACT 标准中的 CREADV、CREEXT 报文为模板设计的(如图 5-4 和图 5-5 所示)。

图 5-4 中各项说明如下:

(1) 参考号:作为发信方的所有报文索引。限长 35 位,即 35 个数字或英文字母。

(2) 通知书号:作为发信方的所发各"通知书"索引。限长 35 位,即 35 个数字或英文字母。

(3) 日期:单证申请日期。格式(年/月/日),如 1999/08/02(必选)。

(4) 致:填写卖方名称。用下拉式菜单选择(必选)。

(5) 开证行(买方银行)(必选)。
① 名称:限长 35 位(限长 17 个汉字)。
② 编码:该行金融编码,限长 11 位。

(6) 转递行(买方银行与卖方银行之间的中介行,本栏为可选栏)(必选)。
① 名称:限长 35 位(限长 17 个汉字)。
② 编码:该行金融编码,限长 11 位。

(7) 通知行(卖方银行)(必选)。
① 名称:限长 35 位(限长 17 个汉字)。
② 编码:该行金融编码,限长 11 位。
③ 地址:限长 35 位(即 17 个汉字)。例如,北京市海淀区黄庄 75 号。
④ 电传:限长 25 位数字。

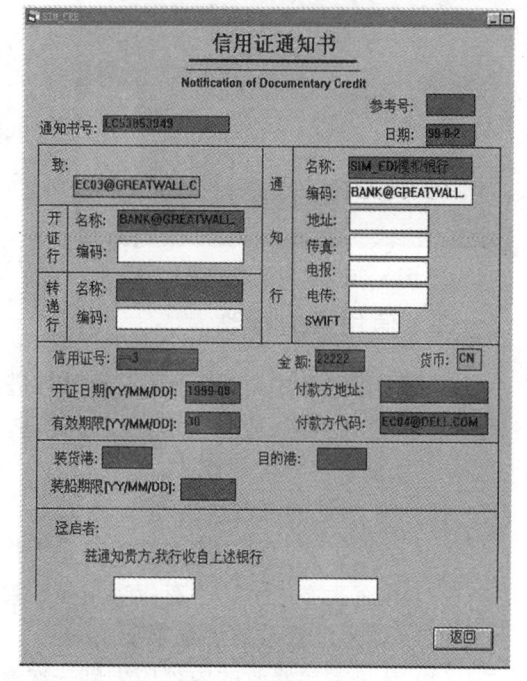

图 5-4 信用证通知书(一)

⑤ 传真:限长 25 位数字。例如,010-255.2345-123。
⑥ 电报:限长 25 位数字。
⑦ SWIFT:限长 25 位数字。
(8) 信用证号:银行所开的信用证编号,限长 35 位,即 35 个数字或英文字母(必选)。
(9) 开证日期:格式(年/月/日)(必选)。
(10) 金额:由银行担保的付款总额,限长 17 位(必选)。
(11) 货币:弹出式可选项。例如,CNY 代表人民币(必选)。
(12) 收自上述银行_____,_____信用证一份。
① 例如,电传开立,预先通知(必选)。
② 例如,未生效,证实书(必选)。
(13) 该信用证:弹出式可选项。例如,保兑并限向我行交单,不保兑不负责(必选)。
(14) 备注:限长 70 位(即 35 个汉字)。
(15) 共_____纸:限长 2 位数字。例如,5。
(16) 附注:限长 70 位(即 35 个汉字)。例如,若对本单中各项有任何疑问,请与开证申请人联系。

图 5-5 中各项说明如下:
(1) 单据号:限长 35 位(即 17 个汉字)。
(2) 单据名称:限长 35 位(即 17 个汉字)。
(3) 开单时间:格式(年/月/日),如 1999/07/31。
(4) 单据来源:限长 35 位(即 17 个汉字)。例如,某某公司〈公证处〉。
(5) 单据份数:限长 2 位数字。例如,2。
(6) 备注:限长 70 位(即 35 个汉字)。例如,注明合同号和信用证号。

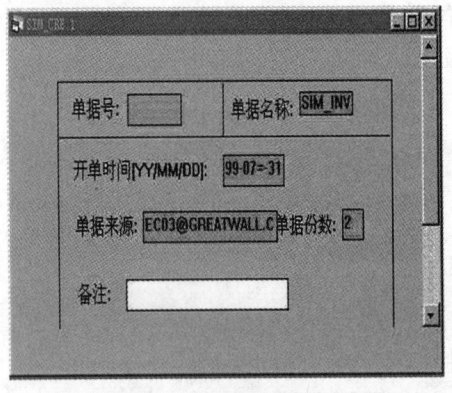

图 5-5 信用证通知书(二)

二、信用证的修改

在信用证业务中,信用证开立后对其进行修改是经常发生的事情。通过对信用证的全面审核,如发现问题,应分别情况及时处理。对于影响安全收汇,难以接受或做到的信用证条款,必须要求客户进行修改。

(一) 信用证的修改规则
(1) 只有买方(开证人)有权决定是否接受修改信用证。
(2) 只有卖方(受益人)有权决定是否接受信用证修改。

(二) 信用证修改的注意事项
(1) 凡是需要修改的内容应做到一次性向客人提出,避免多次修改信用证的情况。
(2) 对于不可撤销信用证中任何条款的修改,都必须取得当事人的同意后才能生效。
对信用证修改内容的接受或拒绝有以下两种表示形式:
① 受益人作出接受或拒绝该信用证修改的通知;
② 受益人以行动按照信用证的内容办事。

（3）收到信用证修改后，应及时检查其修改内容是否符合要求，并分别情况表示接受或重新提出修改。

（4）对于修改内容要么全部接受，要么全部拒绝。部分接受修改中的内容是无效的。

（5）有关信用证修改必须通过原信用证通知行才具有真实性、有效性。通过客人直接寄送的修改申请书或修改书复印件不是有效的修改。

（6）明确修改费用由谁承担，一般按照责任归属来确定修改费用由谁承担。

修改申请书样本如图 5-6 所示。

APPLICATION FOR AMENDMENT TO LETTER OF CREDIT
信用证修改申请书

No. of Credit Facility：　　　　Date：
授信额度编号：　　　　日期：
To：China Merchants Bank　　　　Branch (Sub-Branch)
致：招商银行　　　　分（支）行
L/C No._____　　　　Amount：_____
信用证号码：_____　　　　金　额：_____
Amendment No.
修改次数（银行填写）：
Please amend the above L/C by Swift/Telex as follows ＜marked with (X)＞：
请以 SWIFT/电传方式修改上述信用证如下＜注有(X)部分＞：
(　　)Shipment date is extended to_____
(　　)Expiry date is extended to_____
(　　)Increasing credit amount by to_____
Others：
(　　)_____
All other terms and conditions remain unchanged.
其余条款不变。
Charges and fees if any, are for our a/c No._____
修改之手续费及电信费用请从我司_____账号扣付。
Stamp and signature(s) of the applicant：
申请人签章：
银行审查意见：
经办：
复核：　　授权：

图 5-6　信用证修改申请书

三、信用证的审核

许多不符点单据的产生以及提交后被银行退回，大多是对收到的信用证事先检查不够造成的，这往往使一些本来可以纠正的错误由于审核不及时没能加以及时地修改。因此，一般应在收到信用证的当天对照有关的合同认真地按下列各条仔细检查，这样可以及早发现错误，采取相应的补救措施。

(一) 信用证的主要风险

信用证方式虽较能为买、卖双方所共同接受,但由于它所固有的独特的性质(特别是它的机械的"严格一致"原则),常为不法商人行骗所利用,客观上也存在一系列的风险,从出口贸易业务的角度分析,出口方的风险主要有以下几个方面:

(1) 进口商不依合同开证。信用证条款应与买卖合同严格一致。但实际上由于多种原因,进口商不依照合同开证,从而使合同的执行发生困难或者使出口商遭到额外的损失。最常见的是,进口商不按期开证或不开证(如在市场变化和外汇、进口管制严格的情形下);进口商在信用证中增添一些对其有利的附加条款(如单方面提高保险险别、金额,变换目的港及更改包装等),以达到企图变更合同的目的;进口商在信用证中作出许多限制性的规定等。

(2) 进口商伪造信用证,或窃取其他银行已印好的空白格式信用证,或与已倒闭或濒临破产的银行的职员恶意串通开出信用证等,若未察觉,出口商将导致货、款两空的损失。

(3) 进口商故设障碍。进口商往往利用信用证"严格一致"的原则,蓄意在信用证中增添一些难以履行的条件或设置一些陷阱。如规定不确定,有字误以及条款内容相互矛盾的信用证。信用证上存在字误,如受益人名称、地址、装运船、地址、有效期限等打错字,不要以为是小瑕疵,它们将直接影响要求提示的单据,有可能成为开证行拒付的理由。

信用证是一项独立的约定。一般来说,受益人按照信用证规定要求去执行,就应取得相应的单据,议付结汇。但是,有的信用证在开出之时就被设置了条款陷阱,就是常说的"软条款"。软条款就是指开证申请人(进口商)在申请开立信用证时,故意设置若干隐蔽性的陷阱条款,以便在信用证运作中置受益人(出口商)于完全被动的境地,而开证申请人或开证行则可以随时将受益人置于陷阱而以单据不符为由,解除信用证项下的付款责任。

软条款的表现形式多种多样。例如,规定要求不易获得的单据:或注明货物配船部位,进口商规定要求不易获得的单据,或注明货物配船部位,或装在船舱内的货柜提单,或明确要求 FOB 或 CFR 条件下凭保险公司回执申请议付,这些对作为受益人的卖方来说根本无法履行或非卖方所能控制。如信用证规定,要求受益人提供由商检局出具品质和数量和价格检验证明的条款,根据中国商品检验局的规定,商检局只能出具品质和数量的检验证明,但不能出具价格的检验证明。因此,非卖方所能获得,应及时要求买方通过银行修改,取消有关价格检验的词句。执行信用证的主动权被进口方掌握,装船需要进口方指示;结汇单据依赖进口方提供;收取货款需要进口方同意;信用证条款与要求不配套,单据条款与操作条款不衔接,相关规定自相矛盾,如信用证中规定禁止分批装运却又限定每批交货的期限,或者既允许提示联运提单又禁止转船,或者所要求的保险的种类相互重叠等,这些无疑是相互矛盾的。如果接受信用证软条款,出口商必然承担相应的收汇风险。

(4) 信用证规定的要求与有关国家的法律规定不一致或有关部门规章不一致。实践中,卖方不可疏忽大意的是,虽然信用证表面规定有利于己方的条件,但有关国家或地方的法律以及有关出单部门的规定不允许信用证上的规定得以实现,因此,应预防在先,了解在先,适当时应据理力争,删除有关条款,不应受别国法律的约束。如国外开来的信用证规定,要求投保伦敦协会的保险和中国人民保险公司的保险条款,根据信用证要求投保伦敦协会的一切险(all risks)和中国人民保险公司的战争(war risks)条款,虽然这两种险别可以同时投保,但根据中国人民保险公司的规定,不能同时投保中外两个保险机构,只能取其一。因此,中方出口商应及时联系客户,删除其中一个机构,然后再投保。

(5) 涂改信用证诈骗。进口商将过期失效的信用证刻意涂改,变更原证的金额、装船期和受益人名称,并直接邮寄或面交受益人,以骗取出口货物或诱使出口方向其开立信用证,骗取银行融资。

(6) 伪造保兑信用证诈骗。所谓伪造保兑信用证诈骗,是指进口商在提供假信用证的基础上,为获得出口方的信任,蓄意伪造国际大银行的保兑函,以达到骗取卖方大宗出口货物的目的。

(7) 规定要求的内容已非信用证交易实质。如果信用证规定必须在货物运至目的地后,货物经检验合格后或经外汇管理当局核准后才付款;或规定以进口商承兑汇票为付款条件,如买方不承兑,开证行就不负责任,这些已非信用证交易,对出口商也没有保障可言。

(二) 信用证审核的要点

1. 检查信用证的付款保证是否有效

应注意有下列情况之一的,不是一项有效的付款保证或该项付款保证是存在缺陷问题的:

(1) 信用证明确表明是可以撤销的;此信用证由于无须通知受益人或未经受益人同意可以随时撤销或变更,应该说对受益人是没有付款保证的,对于此类信用证,一般不予接受;信用证中如没有表明该信用证是否可以撤销,但按《UPC 600》的规定,应理解是不可以撤销的。

(2) 应该保兑的信用证未按要求由有关银行进行保兑。

(3) 信用证未生效。

(4) 有条件生效的信用证,如待获得进口许可证后才能生效。

(5) 信用证密押不符。

(6) 信用证简电或预先通知。

(7) 由开证人直接寄送的信用证。

(8) 由开证人提供的开立信用证申请书。

2. 检查信用证的付款时间是否与有关合同规定相一致

(1) 信用证中规定有关款项须在向银行交单后若干天内或见票后若干天内付款等情况。对此,应检查此类付款时间是否符合合同规定或公司的要求。

(2) 信用证在国外到期。规定信用证国外到期,有关单据必须寄送国外,由于无法掌握单据到达国外银行所需的时间且容易延误或丢失,有一定的风险。通常,应要求在国内交单付款。在来不及修改的情况下,应提前一个邮程(邮程的长短应根据地区远近而定)以最快方式寄送。

(3) 如信用证中的装期和效期是同一天即通常所称的"双到期",在实际业务操作中,应将装期提前一定的时间(一般在效期前 15 天),以便有合理的时间来制单结汇。

3. 检查信用证受益人和开证人的名称和地址是否完整和准确

受益人应特别注意信用证上的受益人名称和地址应与其印就好的文件上的名称和地址内容相一致。

买方的公司名称和地址写法是不是也完全正确,在填写发货票时照抄信用证上写错了的买方公司名号和地址是有可能的,如果受益人的名称不正确,将会给今后的收汇带来不便。

4. 检查装期的有关规定是否符合要求

检查信用证规定的装期应注意以下几点:

(1) 能否在信用证规定的装期内备妥有关货物并按期出运,若来证收到时间距装期太近,无法按期装运,应及时与客户联系修改。

(2) 实际装期与交单期时间相距时间太短。

(3) 信用证中规定了分批出运的时间和数量,应注意能否办到。否则,任何一批未按期出运,以后各期即告失效。

5. 检查能否在信用证规定的交单期交单

若来证中规定向银行交单的日期不得迟于提单日期后若干天,如果过了限期或单据不全有错漏,银行有权不付款。

交单期通常按下列原则处理:

(1) 信用证有规定的,应按信用证规定的交单期向银行交单。

(2) 信用证没有规定的,向银行交单的日期不得迟于提单日期后 21 天,应充分考虑办理下列事宜对交单期的影响:① 生产及包装所需的时间。② 内陆运输或集港运输所需时间。③ 进行必要的检验如法定商检或客检所需的时间。④ 申领出口许可证/FA 产地证所需的时间(如果需要)。⑤ 报关查验所需的时间。⑥ 船期安排情况。⑦ 到商会和/或领事馆办理认证或出具有关证明所需的时间(如果需要)。⑧ 申领检验证明书如 SGS 验货报告/OMIC LETTER 或其他验货报告如客检证等所需的时间。⑨ 制造、整理、审核信用证规定的文件所需的时间。⑩ 单据送交银行所需的时间包括单据送交银行后经审核发现有误退回更正的时间。

6. 检查信用证内容是否完整

如果信用证是以电传或电报拍发给了通知行,即电讯送达,那么应核实电文内容是否完整,如果电文无另外注明,写明是根据《UCP 600》即可。

7. 检查信用证的通知方式是否安全、可靠

信用证一般是通过受益人所在国家或地区的通知/保兑行通知给受益人的。这种方式的信用证通知比较安全,因为《UCP 600》有如下规定:

(1) 信用证是直接从海外寄来给客户的,那么应该小心查明它的来历。

(2) 信用证是从本地某个地址寄出,要求把货运单据寄往海外,而客户并不了解他们指定的那家银行。

对于上述情况,应该首先通过银行调查核实。

8. 检查信用证的金额、币种是否符合合同规定

(1) 信用证金额是否正确。

(2) 信用证的金额应该与事先协商的金额相一致。

(3) 信用证中的单价与总值要准确,大、小写并用内容要一致。

(4) 如数量上可以有一定幅度的伸缩,那么,信用证也应相应规定在支付金额时允许有一定幅度。

(5) 如果在金额前使用了"大约"一词,其意思是允许金额有 10% 的增减。

(6) 检查币种是否正确。如合同中规定的币种是"英镑",而信用证中使用的是"美元"。

9. 检查信用证的数量是否与合同规定相一致

检查信用证的数量是否与合同规定相一致时,应注意以下几点:

（1）除非信用证规定数量不得有增减，那么，在付款金额不超过信用证金额的情况下，货物数量可以容许有5％的增减。

（2）应特别注意的是，以上提到的货物数量可以有5％增减的规定一般适用于大宗货物，对于以包装单位或以个体为计算单位的货物不适用。如 S 100％ COTTON SHIRTS（5 000 件全棉衬衫），由于数量单位是"件"，实际交货时只能是 5 000 件，而不能有5％的增减。

10. 检查价格条款是否符合合同规定

不同的价格条款涉及具体的费用如运费、保险费由谁分担。如合同中规定是 FOB SHANGHAI AT USD 根据此价格条款有关的运费和保险费由买方即开证人承担；如果信用证中的价格条款没有按合同的规定作上述表示，而是作了如下规定：CIF NEW YORK AT USD 对此条款如不及时修改，那么受益人将承担有关的运费和保险费。

11. 检查货物是否允许分批出运

除信用证另有规定外，货物是允许分批出运的。

应特别注意的是，如信用证中规定了每一批货物出运的确切时间，则必须按此照办，如不能办到，必须修改。

12. 检查货物是否允许转运

除信用证另有规定外，货物是允许转运的。

13. 检查有关的费用条款

检查有关的费用条款的主要内容如下：

（1）信用证中规定的有关费用如运费或检验费等应事先协商一致，否则，对于额外的费用原则上不应承担。

（2）银行费用如事先未商定，应以双方共同承担为宜。

14. 检查信用证规定的文件能否提供或及时提供

（1）一些需要认证的单据特别是使馆认证等能否及时办理和提供。

（2）由其他机构或部门出具的有关文件如出口许可证、运费收据、检验证明等能否提供或及时提供。

（3）信用证中指定船龄、船籍、船公司或不准在某港口转船等条款能否办到等。

15. 检查信用证中有无陷阱条款

应特别注意下列信用证条款是有很大陷阱的条款，具有很大的风险：

（1）1/3 正本提单直接寄送客人的条款。如果接受此条款，将随时面临货、款两空的危险。

（2）将客检证作为议付文件的条款。接受此条款，受益人正常处理信用证业务的主动权很大程度上掌握在对方手里，影响安全收汇。

16. 检查信用证中有无矛盾之处

如明明是空运，却要求提供海运提单；明明价格条款是 FOB，保险应由买方办理，而信用证中却要求提供保险单等。

17. 检查有关信用证是否《UCP 600》约束

检查有关信用证是否受《UCP 600》的约束，明确信用证受《UCP 600》的约束可以使我们在具体处理信用证业务中，对于信用证的有关规定有一个公认的解释和理解。避免因对某一规定的不同理解产生的争议。

应用案例 5-5

请根据所给出的合同审核信用证。

1. 买卖合同

上海神华外贸有限公司
SHANGHAI SHENHUA FOREIGN TRADE CO., LTD.
No. 941 Jiaozhou Road Shanghai China
销售确认书
SALES CONFIRMATION

To:
JAMES BROWN INC
304-310 FINCH STREET
TORONTO
CANADA

No.: SJ2019-JB02
Date: 20 MAR. 2019

The undersigned Sellers and Buyers have agreed to close the following transaction according to the terms
　　and conditions stipulated below:

Art. No.	Name of commodity and specifications	Quantity	Unit Price	Amount
TR5234	VALVE SEAT INSERT	3 000 PCS	CIF TORONTO USD 5.00/PC	USD 15 000.00
	TOTAL AMOUNT: U. S. DOLLARS FIFTEEN THOUSAND ONLY.			

Time of shipment: On or before 15 JUN 2019
Shipping Marks: JAMES/SJ2019-JB02 / TORONTO / NO. 1-60
Loading port and destination: From **SHANGHAI** to **TORONTO**
Packing: 50 PCS PER WOODEN CASE TOTAL 60 WOODEN CASES.
Insurance: To be effected by the Sellers at 110 percent of the invoice value covering all risks as per ICC dated 01/01/2009.
Terms of payment: By 100 percent value irrevocable letter of credit available by sight draft with trans-shipment and partial shipments allowed, to reach the Sellers before **30 APR., 2019** mentioning relative S/C number remaining valid for negotiation in China until the 15th days after the shipment validity. The terms and conditions in the L/C should be strictly in accordance with those in this S/C.

Remarks: The General Terms & Conditions and Remarks on the back page of this S/C constitute an inseparable part to this S/C and shall be equally binding upon both parties.

The Buyer: **The Seller**:
JAMES BROWN INC.   Shanghai Shenhua Foreign Trade Co., Ltd.

James Brown   王鸿
Signature   签署

Please return one copy for our file

2. 国外开来的有错误的信用证

FROM: THE ROYAL BANK OF CANADA, TORONTO
TO: BANK OF CHINA, SHANGHAI BRANCH

27: Sequence of Total	1/1
40A: Form of Documentary Credit	IRREVOCABLE
20: Documentary Credit Number	RBC-T-12420
31C: Date of Issue	190429
31D: Date and Place of Expiry	190630 IN CANADA
50: Applicant	JAMES BROWN INC
	304-310 FINCH STREET
	TORONTO, CANADA
59: Beneficiary SHANGHAI	SHENHUA FOREIGN TRADE CORP.
	NO. 941 JIAOZHOU ROAD
	SHANGHAI, CHINA
32B: Currency Code, Amount	CAD 15 000.00
41C: Available With ... By ...	ANY BANK IN CHINA
	BY NEGOTIATION
42C: Draft at ...	AT 15 DAYS AFTER SIGHT
	FOR FULL INVOICE VALUE
42D: Drawee	THE ROYAL BANK OF CANADA
	TORONTO
43P: Partial Shipments	ALLOWED
43T: Transshipment	ALLOWED
44E: Port of loading	SHANGHAI, CHINA
44F: Port of discharge	VANCOUVER, CANADA
44C: Latest Date of Shipment	190609
45A: Description of Goods	VALVE SEAT INSENT
46A: Documents Required	

+2/3 SET ORIGINAL CLEAN ON BOARD OCEAN BILLS OF LADING

MADE OUT TO ORDER OF ROYAL BANK OF CANADA AND MARKED FREIGHT PREPAID NOTIFY APPLICANT.
+ ORIGINAL SIGNED CERTIFIED INVOICE IN TRIPLICATE AND SHOULD BEAR THE FOLLOWING CLAUSES: WE HEREBY CERTIFY THAT THE CONTENTS OF INVOICE HEREIN ARE TRUE AND CORRECT
+INSURANCE POLICY OR CERTIFICATE IN TWO FOLD ENDORSED IN BLANK TO BE EFFECTED BY THE SELLERS AT 130 PERCENT OF THE INVOICE VALUE COVERING ALL RISKS AS PER ICC DATED 1/1/1982
+PACKING LIST IN TRIPLICATE
+CERTIFICATE OF ORIGIN 3 COPIES

71：Charges　　　　　　　　ALL BANKING COMMISSION AND CHARGES OUTSIDE CANADA ARE FOR THE ACCOUNT OF BENEFICIARY

48：Presentation Period　　　12 DAYS AFTER THE ISSUANCE OF B/L DATE BUT WITHIN THE VALIDITY O THE CREDIT

49：Confirmation　　　　　　WITHOUT

78：Instructions to Paying/ Accepting/ Negotiation Bank
　　　THE NEGOTIATION BANK MUST FORWARD THE DRAFTS AND ALL DOCUMENTS BY REGISTERED AIRMAIL DIRECT TO US IN TWO CONSECUTIVE LOTS, UPON RECEIPT OF DRAFTS AND DOCUMENTS ORDER WE WILL REMIT THE PROCEEDS AS INSTRUCTED BY THE NEGOTIATING BANK

【案例分析】

经审核，信用证上的错误有以下几处：

1. 到期地点错(31D)

按照合同信用证应该是装运后15天在中国到期，应改为：190630 IN CHINA。

2. 受益人名称错(50)

按照合同，受益人名称应该是：SHANGHAI SHENHUA FOREIGN TRADE CO., LTD.。

3. 信用证币制错(32B)

按照合同，应该是美元 USD，应改为：USD 15 000.00。

4. 汇票期限错(42C)

按照合同，应该是即期议付信用证，应改为：DRAFT AT SIGHT。

5. 目的港错(44F)

按照合同，目的港是多伦多，不是温哥华，应改为：TORONTO, CANADA。

6. 装运日期错(44C)

按照合同，最迟装运日是2019年6月15日，应改为：190615。

7. 货物描述错(45A)

品名是：VALVE SEAT INSENT，贸易术语不能省略，也不可以省略诸如合同号码等合同上规定要显示的内容。应改为：VALVE SEAT INSENT, CIF TORONTO, AS PER CONTRACT NO SJ2019-JB02。

8. 提单份数错(46A 第 1 条)

一般情况下提单应该是"整套"，也就是 FULL SET 或 3/3 SET，应改成：FULL SET ORIGINAL … 或 3/3 SET ORIGINAL …

9. 保单加成错(46A 第 3 条)

按照合同，保险金额是发票金额的 110%，应改成 AT 110 PERCENT OF THE INVOICE VALUE。

10. 交单期错(48)

合同规定交单期是 15 天，应改为：15 DAYS …

模块五　信用证的主要种类

一、光票信用证和跟单信用证

按信用证是否附带有货运单据划分，信用证可分为光票信用证和跟单信用证。

(一)光票信用证(clean L/C)

光票信用证是开证行凭不附单据的汇票付款的信用证。有的信用证要求汇票附有非货运单据，如发票、垫款清单等，这类信用证也属于光票信用证。在采用信用证方式预付款时，通常使用光票信用证。

(二)跟单信用证(documentary L/C)

跟单信用证是开证行凭跟单汇票或仅凭单据付款的信用证。单据是指代表货物或货物已交运的运输单据，如提单、铁路运单、航空运单等。它通常还包括发票、保险单等商业单据。国际贸易中一般使用跟单信用证。

二、可撤销信用证与不可撤销信用证

根据开证行对所开出的信用证所负的责任来区分，信用证可分为可撤销信用证和不可撤销信用证。

(一)可撤销信用证(revocable credit)

可撤销信用证是指在开证之后，开证行无须事先征得受益人同意就有权修改其条款或者撤销的信用证。这种信用证对于受益人来说是缺乏保障的。

(二)不可撤销信用证(irrevocable credit)

不可撤销信用证是指信用证一经开出，在有效期内，未经开证行、保兑行(如有)以及受益人同意，开证行既不能修改也不能撤销的信用证。这种信用证对于受益人来说是比较可靠的。根据《UCP 600》第 3 条的解释，信用证是不可撤销的，即使未如此标明。所以，目前

国际贸易中使用的信用证,基本上都是不可撤销信用证。

应用案例 5-6

某年 8 月 20 日开证行撤销了信用证,但没有通知受益人,受益人依然将货物装运并于当年 9 月 30 日将单据连同汇票交给开证行。在被开证行拒付后,受益人遂提起诉讼,主张开证行在撤销信用证之前应该给受益人一个合理的通知。

请问:法院能否支持受益人的主张?

【案例分析】

信用证是可撤销且未经保兑的,开证行没有法律义务在撤销信用证之前给予受益人合理的通知。尽管这样判决对受益人是不公平的,但这是合理的商业实务和商人的安排。尽管开证行给予受益人一个撤销信用证的通知是一项很好的银行服务,但是法律并没有将这一义务加在开证行头上,所以本案应该被驳回。

三、保兑信用证与不保兑信用证

根据是否有另一家银行对之加以保兑,信用证可分为保兑信用证和不保兑信用证。

(一) 保兑信用证(confirmed irrevocable credit)

保兑信用证是指开证行开出的、由另一家银行保证对符合信用证条款规定的单据履行付款义务的信用证。对信用证加保兑的银行称为保兑行,保兑行承担第一性付款责任。是否需要保兑取决于开证行的信用。

《UCP 600》第 8 条规定,保兑行自对信用证加具保兑之时起即不可撤销地承担承付或议付的责任。所以,保兑行对信用证所负担的责任与信用证开证行所负担的责任相当。即当信用证规定的单据提交到保兑行或任何一家指定银行时在完全符合信用证规定的情况下则构成保兑行在开证行之外的确定承诺。

保兑行对信用证加具保兑的具体做法如下:

(1) 开证行在给通知行的信用证通知书中授权另一家银行(通知行)在信用证上加保。例如:

☐ without adding your confirmation

☒ yadding your confirmation

☐ adding your confirmation, if requested by the Beneficiary

(2) 通知行用加批注等方法,表明保证兑付或保证对符合信用证条款规定的单据履行付款并签字。例如:

This credit is confirmed by us. We hereby added out confirmation to this credit.

由我行加保的 L/C。我行因此给该信用证加具保兑。

(二) 不保兑信用证(unconfirmed irrevocable credit)

不保兑信用证是指开证行开出的、未经另一家银行加保的信用证。即便开证行要求另一家银行加保,如果该银行不愿意在信用证上加具保兑,则被通知的信用证仍然只是一份未加保的不可撤销信用证。通知行在给受益人的信用证通知中一般会写上以下表示责任范围的面函:

This is merely an advice of credit issued by the above mentioned bank which conveys no engagement on the part of this bank.

这是上述银行所开信用证的通知,我行只通知而不加保证。

四、即期付款信用证、延期付款信用证、承兑信用证和议付信用证

按信用证付款方式的不同,信用证可分为即期信用证、延期付款信用证、承兑信用证和议付信用证。

(一)即期付款信用证(sight payment L/C)

即期付款信用证是指采用即期兑现方式的信用证。证中通常注明"付款兑现"字样。即期付款信用证的付款行可以是开证行,也可以是出口地的通知行或指定的第三国银行。付款行一经付款,对受益人均无追索权。

(二)延期付款信用证(deferred payment L/C)

延期付款信用证是指开证行在信用证中规定货物装船后若干天付款,或开证行收单后若干天付款的信用证。延期付款信用证不要求出口商开立汇票,所以出口商不能利用贴现市场资金,只能自行垫款或向银行借款。

(三)承兑信用证(acceptance L/C)

承兑信用证是指付款行在收到符合信用证规定的远期汇票和单据时,先在汇票上履行承兑手续,汇票到期日再行付款的信用证。由于承兑信用证以开证行或其他银行为汇票付款人,故这种信用证又称为银行承兑信用证。

其具体做法是,受益人开出以开证行或指定银行为受票人的远期汇票,连同商业单据一起交到信用证指定银行;银行收到汇票和单据后,先验单,如单据符合信用证条款,则在汇票正面写上"承兑"字样并签章,然后将汇票交还受益人(出口商),收进单据。待信用证到期时,受益人再向银行提示汇票要求付款,这时银行才付款。银行付款后无追索权。如:

Credit available with The Bank of ×××, Tokyo, Japan

☐ by payment at sight ☐ by deferred payment at:

☒ by acceptance of drafts at: ☐ by negotiation against the documents detailed herein:

☒ and Beneficiary's drafts drawn on The Bank of ×××, Tokyo, Japan

(四)议付信用证(negotiation L/C)

议付信用证是指开证行允许受益人向某一指定银行或任何银行交单议付的信用证。议付信用证又可以分为公开议付信用证(open negotiation L/C)和限制议付信用证(restricted negotiation L/C)。前者又称自由议付信用证,是指开证行对愿意办理议付的任何银行作公开议付邀请和普遍付款承诺的信用证,即任何银行均可按信用证条款自由议付的信用证。后者是指开证行指定某一银行或开证行本身进行议付的信用证。如果因单据有问题,遭开证行拒付,其有权向受益人追索票款。这是议付行与付款行的本质区别。

议付信用证下受益人开出的汇票有即期和远期之分。

(1)即期汇票。即受益人开立以开证行为付款人、以受益人(背书给议付行)或议付行为收款人的即期汇票,到信用证允许的银行进行交单议付;议付银行审单无误后立即付款,然后议付行凭汇票和单据到开证行索偿。

(2)远期汇票。即受益人开立远期汇票,到信用证允许的银行交单议付;议付行审单无

误后,将汇票、单据寄交开证行承兑,开证行承兑后,寄出"承兑通知书"给议付行或将汇票退给议付行在进口地的代理行保存,等汇票到期时提示开证行付款,款项收妥后汇交出口商。如果出口商要求将银行承兑汇票贴现,则议付行在进口地的代理行可将开证行的承兑汇票送交贴现公司办理贴现,出口商负担贴现息。但是,议付行未买入单据,只是审单和递送单据,并不构成议付。

五、即期信用证、远期信用证和假远期信用证

按信用证付款时间的不同,信用证可以分为即期信用证、远期信用证和假远期信用证。

(一) 即期信用证(sight L/C)

即期信用证是指开证行或开证行指定的付款行收到符合信用证条款的跟单汇票或转运单据后,立即履行付款议付的信用证。其特点是出口商能够安全、有效、快速地周转资金,在进出口贸易中使用得较为广泛。

(二) 远期信用证(usance L/C)

远期信用证是指开证行或付款行收到信用证项下的单据时,不立即付款,而是在规定的期限内履行付款义务的信用证。远期信用证主要包括承兑信用证和延期付款信用证。

(三) 假远期信用证(usance L/C payable at sight)

假远期信用证是指信用证规定受益人开立远期汇票,由付款行负责贴现,其一切费用和利息由开证申请人负担的信用证。对于开证申请人来说,他开立的属于远期付款信用证,只有远期汇票到期才将货款付给银行。对于受益人来说,虽然他收到的是远期信用证,实际上却是一张即期信用证,因为可以立即贴现取得货款,获得资金融通,损失的利息和费用又由开证申请人承担。实际上,这种做法是买、卖双方套用了银行的资金。

六、可转让信用证和不可转让信用证

按受益人对信用证的权利是否可转让,信用证可分为可转让信用证和不可转让信用证。

(一) 可转让信用证(transferable L/C)

1. 含义

可转让信用证是指信用证的受益人(第一受益人)可以要求授权转让的银行将信用证全部或部分转让给一个或数个受益人(第二受益人)使用的信用证。

根据《UCP 600》的规定,只有注明"可转让"字样的信用证才可以转让。可转让信用证只能转让一次,第二受益人不能再将信用证转让给任何其他人,但第二受益人可将信用证重新转让给第一受益人。

很多情况下,可转让信用证的第一受益人是中间商,第二受益人是实际出口商。

2. 可转让信用证的具体操作

(1) 受益人提出转让要求后,转让行会让其填写一份"转让申请书"(application for transfer)。

(2) 转让行可以重新缮制信用证。在重新缮制的信用证内,开证行与原证的开证行是一致的。因为转让后的信用证仍然由原证的开证行负责付款,若开证行不同,第二受益人的单据就无法与原证相符。在新证中,开证申请人可以与原证不同。第一受益人可以把自己作为新证的开证申请人。但是,如果原证中规定办理转让信用证是原开证申请人不能改变,那么新证中的开证申请人就必须与原证一致。

在新证内,原信用证的条款不能加以改变,但以下项目除外:
① 信用证金额。新证的金额可以减少。
② 规定的任何单价。单价可以减小。
③ 到期日。到期日可早于原证。
④ 最后交单日期。最后交单日期也应当早于原证的最后交单日期。
⑤ 装运期限。装运期限应相应提前。
⑥ 必须投保的金额。必须投保的保险金额应当增加,以满足原信用证的保额。

缮制新证的银行对新证所负的责任与对原证相同,并不因开出新证而有所改变。银行开出新证后,应及时通知第二受益人。

(3) 可转让信用证的修改。① 在申请转让时,并且在信用证转出之前,第一受益人必须不可撤销地指示转让银行,说明他是否保留拒绝允许转让行将修改的信用证通知第二受益人的权利。第一受益人对于修改的优先处理权有三种说明方法。第一种情况是保留修改权利;第二种情况是部分放弃修改权利;第三种情况是放弃修改权利。② 如果信用证转让给一个以上的第二受益人,其中一个或几个第二受益人拒绝接受信用证的修改,并不影响其他第二受益人接受修改。

(4) 信用证只能转让一次。只要信用证不禁止分批装运/分批支款,可转让信用证可以分为若干部分予以分别转让,而这些转让的总和被认为是该信用证的一次转让。

(5) 第二受益人将货物出运后按照新证规定的条款备齐单据,向新证规定的银行(转让行)交单议付。第二受益人交来的发票和汇票是以第二受益人自己的名义缮制的。议付行审单议付后通知第一受益人。

(6) 第一受益人接到通知后,有权及时用自己的发票和汇票替换第二受益人提交的发票和汇票。第一受益人可以在信用证下支取其发票与第二受益人发票间的可能产生的差额。转让行将两张汇票/发票的差额付给第一受益人。

若第一受益人未及时去银行替换发票、汇票,转让行可以将第二受益人的单据直接寄至开证行,不再对第一受益人负责。

(7) 除非信用证另有规定,银行转让信用证所发生的费用由受益人负担,并且转让费用要预先支付。

(8) 根据《跟单信用证统一惯例》(600号)第39条的规定,即使信用证未表明可转让,并不影响受益人根据现行法律规定,将信用证项下应得的款项让渡给他人的权利。但仅是款项的让渡,而不是信用证项下执行权利的让渡。

3. 可转让信用证的业务流程

可转让信用证的业务流程如图5-7所示。

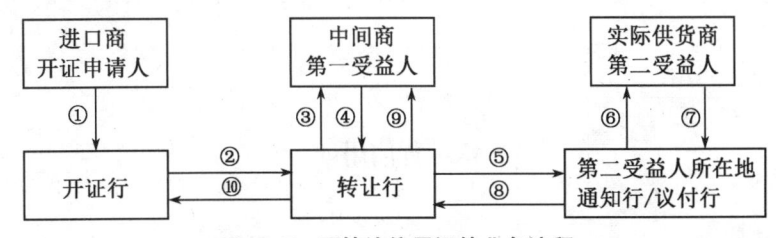

图5-7 可转让信用证的业务流程

在上图 5-7 中,各环节的具体内容如下:① 进口商申请开立可转让信用证。② 开证行将可转让信用证开给中间商所在地银行(转让行)。③ 转让行将可转让信用证通知给中间商。④ 第一受益人(中间商)向转让行申请,将信用证转让给第二受益人。⑤ 转让行按第一受益人指示开立可转让信用证,通过第二受益人所在地银行进行通知。⑥ 通知行将可转让信用证通知给第二受益人。⑦ 第二受益人审证无误后,出运货物,按规定交单议付。⑧ 第二受益人所在地议付行审单议付后,向转让行寄单索偿,转让行履行付款或议付。⑨ 转让行通知第一受益人提供自己的发票、汇票,以替换第二受益人的发票,第一受益人取得两者间应得的差额。⑩ 转让行将第一受益人开具的发票、汇票及第二受益人提供的其他单据一并寄至开证行索偿,开证行凭符合信用证规定的单据付款后,通知进口商付款赎单。

(二) 不可转让信用证(non-transferable L/C)

不可转让信用证是指受益人不能将信用证的权利转让给他人的信用证。

七、背对背信用证

背对背信用证(back to back L/C)又称转开信用证,是指受益人以原证为抵押,要求银行在原证的基础上,另开立一张内容相似的信用证。这类信用证通常也是由中间商申请,开立给实际供货商的。其使用方式与可转让信用证类似,不同的是原证开证行并未授权受益人,因而也不对新证负责。

背对背信用证虽然以原证为基础,但具体的条款与原证略有不同,如装运期和交单期一般比原证提前,以便中间商能有足够的时间替换单据交单议付,单价也往往比原证低,以保证中间商的佣金。

背对背信用证的业务流程如图 5-8 所示。

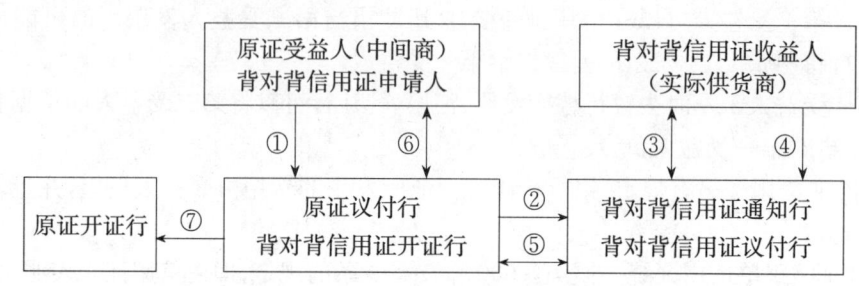

图 5-8 背对背信用证的业务流程

在上图 5-8 中,各环节的具体内容如下:① 原证受益人申请开立背对背信用证;② 开立背对背信用证;③ 通知背对背信用证;④ 实际供货商交单;⑤ 背对背信用证议付行向开证行寄单索偿;⑥ 中间商换发票与汇票;⑦ 向原证的开证行寄单索偿。

应用案例 5-7

背对背信用证

一、背景

业务类型:不可撤销,背对背,120 天远期付款信用证业务

转开行:L银行
寄单行:P银行
原开证行:F银行
申请人:A公司
受益人:B公司
最终买方:C公司

二、案情经过

2019年6月15日,P银行收到转开行L银行开立的金额为USD 1 000 000.00,受益人为B公司的120天远期付款信用证,在审核了信用证的表面真实性后,遂通知B公司。

7月15日,B公司向P银行提交了信用证项下全套出口单据(包括信用证规定的2/3套正本海运提单),经P银行审核后认为单证相符,即按照信用证的要求寄单至L银行(根据信用证规定,另1/3套正本海运提单已由B公司直寄A公司)。

7月24日,P银行收到L银行拒付通知,提示不符点如下:

(1) 发票上"买方"一栏未显示最终买方C公司;

(2) 单据未按照信用证规定,在装运日后14天内寄达开证行。

L银行声明,L银行保留全套单据,听候P银行进一步指示。

P银行遂以加押电传通知L银行不接受其拒付理由,主要是因为:

(1) 信用证中未明确要求在发票上显示C公司为买方;

(2) B公司确实在信用证的有效期及提单期以内将单据提示给P银行,且按照正常的邮程时间,单据可以在装运日后14天寄达开证行,同时根据《UCP 600》第35条的规定,银行对单据在传递过程中的延误、中途遗失、残缺或其他错误产生的后果不承担任何责任和义务。

但是,L银行仍坚持自己的拒付理由,并于7月31日向P银行退回了全套单据。

经调查得知,该批货物的最终进口方是C公司。C公司通过F银行向A公司开立了一份90天远期付款信用证。A公司以此证为抵押,申请由L银行免保证金开立了上述背对背信用证给B公司。

由于L银行与A公司拒绝接受上述单据,B公司因此与最终买方C公司直接协商,得到了C公司的同意,只要F公司收到L银行寄来的信用证项下单据,C公司将接受单据项下的所有不符点,并由F银行承兑。

根据B公司的委托,P银行将单据重新寄回给L银行,授权其提示单据给F银行,待收到F银行承兑后,L银行须立即向P银行承兑。

8月18日,P银行收到了L银行发出的承兑通知,称F银行已承兑,L银行将在到期日付款。最终,B公司如期收回货款。

【案例分析】

(1) L银行拒付电文中,第一条不符点不成立。据事后了解,在F银行开立的信用证中确实有这样的规定,而L银行在转开信用证时,遗漏了该条款,此责任应该由L银行承担。

(2) 既然信用证明确规定,单据必须在装运日后14天寄达L银行,那么,只要L银行收到单据的时间晚于信用证规定,则第二条不符点成立,《UCP 600》第35条的规定并不适用于本案例。

本案也给我们带来一些思考:作为出口商,在收到信用证后应进行审证,信用证中无法显示的条款,应及时联系申请人要求其进行修改;在出口商提出融资申请时,银行应慎重处理有转证背景的信用证项下的融资业务,即使该信用证已被转开行加具保兑。

本案中,P银行通过进一步了解案情,采取既灵活又安全的处理措施,在未增加自身风险的前提下,较好地解决了问题,值得借鉴。

八、对开信用证

一国的出口商向另一国的进口商输出产品,同时又向其购进货物,这样可把一张出口信用证和一张进口信用证挂起钩来,使其相互联系,互为条件,这种做法称为对开信用证。其特点是第一张信用证的受益人和申请人分别是第二张回头信用证的申请人和受益人,第一张信用证的开证行和通知行分别是第二张回头信用证的通知行和开证行。

九、循环信用证

循环信用证(revolving L/C)是指信用证在约定时间内被全部或部分使用后,其金额可恢复使用,直至达到规定次数或累计总金额为止的信用证。一般信用证使用一次即告失效,循环信用证可多次循环使用。这种信用证使用于分批均衡供应、分批结汇的长期合同,以便进口商减少开证的手续、费用和押金,使出口商既得到收取全部交易货款的保障,又减少了逐笔通知和审批的手续和费用。

十、预支信用证

预支信用证是在信用证上列入特别条款授权议付行或保兑行在交单前预先垫款给受益人的一种信用证。它允许出口商在装货交单前,可预先支取全部或部分货款的信用证。

模块六 信用证结算分析

在国际贸易结算中,信用证结算方式作为一种银行信用,有着悠久的历史。它集结算和融资于一体,在全球贸易结算中发挥着积极的作用,为国际结算提供综合性服务。但是,随着国际贸易的发展和国际贸易格局的复杂化,以及伴随着世界科技的进步,银行信用的功能更加多样化,信用证的使用已日益显露出它的局限性,无论是对银行还是对贸易双方,都会带来一定的风险,而对这些风险的规避和防范,应是银行和贸易双方予以高度重视和深刻研究的。

一、信用证业务中银行的风险及其防范

(一)开证风险

众所周知,信用证是开证银行根据申请人的要求和指示,或以其自身的名义,向受益人开出的有一定金额,在一定期限内,在信用证条款相符的条件下,凭规定的单据付款的书面保证。它是银行有条件的付款承诺,它的性质决定了开证行应只凭相符的单据付款,而不能因申请人无力付款而对相符的单据拒付。因此在信用证业务中,银行承担了第一性的付款

责任。正是由于这一特性,银行在开出信用证的同时即承担了垫付资金的风险,因为即便它的客户无力付款赎单,银行为维护自身的信誉,也必须对相符的单据进行付款。这样一来,在未能收取足额开证保证金或落实有效抵押、担保时,银行即面临着垫付或损失资金的风险。为避免或减少这种风险,银行在开出信用证时,一定要向申请人收取足额保证金或向其索取有效的抵押品或担保。使用授信额度开证的,应令其逐笔提交书面申请,按其使用额度减免保证金,在信用证未执行完毕的情况下,不得为其恢复额度,以免额度重复被使用。这样,一旦发生垫款,银行可通过提取保证金或变卖抵押品得到补偿。

(二) 融资风险

信用证的优点及生命力在于它能为贸易双方提供融资服务。信用证项目下的融资是商业银行一项影响较大、利润丰厚、周转期较短的融资业务,银行往往把贸易融资放在经营中的重要地位。

1. 进口信用证下的融资

(1) 开证额度(limits for issuing letter of credit)。由于跟单信用证下开证行代进口商承担了有条件的付款责任,银行往往把开立信用证视为一种授信业务,进口商必须向银行提供保证金、担保或抵押品后,银行才考虑为其开证。为方便一些资信好、有一定清偿能力的客户,银行通常根据他们提供抵押品的数量、质量以及资信状况、收汇情况等因素核定一个开证额度,在额度内开证,可减免保证金。如果额度制订不准确或使用中未按有关规定进行扣减,则会出现虚假额度或重复使用额度,银行资金同样会面临风险。

(2) 信托收据(trust-receipt)。当进口商因财力或业务性质所限无法按时付款赎单时,可向开证行申请信托收据额度(通常包含在开证额度内),银行在对相符单据付款的同时,凭进口商签发的信托收据将信用证下的单据以信用托管的方式释放给进口商,使其提货、加工、销售并在一定时间内以收回的货款归还银行垫款。这种融资方式下,信托收据实质上是将货物抵押给银行的确认书,银行仅凭一纸收据即放物权单据给客户,并授权其处理货物。尽管从理论上讲客户处于受托人地位,物权仍属银行所有,但实际上银行很难控制货物。若客户资信欠佳,将货物抵押给第三者,或货物经加工后已改变状态或失去标识,或货物被运往第三国加工转卖,则银行根本无法控制货物,从而面临钱、货两空的风险。

(3) 进口押汇(inward-bill receivables)。它是指银行收到信用证项下的相符单据后,在合理时间内偿付议付行或交单行,垫付的款项及利息由进口商随后归还。按照进口押汇的放单方式,如果银行凭进口押汇合约书或信托收据放物权单据给进口商,则同样面临信托收据融资的风险,如果在进口商付清垫款后放单,则银行还需考虑货物的存仓和保险事宜,承担有关货物方面的风险。如果进口商资信较差,加之货物市场、价格情况发生变化,很可能故意拖延还款或根本无力还款,使银行资金面临被占压和损失的风险。

2. 出口信用证下的融资

(1) 打包放款(packing loan)。这是银行以正本信用证作为抵押品向出口商提供的一种装船前的融资。如果由于某种原因,出口商未能满足信用证的全部条件和要求或根本未能履约,则开证行的付款承诺无法得以实现。因此,仅凭正本信用证作为抵押的打包放款实质上是银行的一种无抵押信用放款,风险很大。

(2) 出口押汇(outward-bill credit)。这是货物发运后,银行为出口商提供的以出口单据为抵押的在途资金融通。这种方式下,如果出口商未能做到单据严格相符或开证行无理拒付,则会失去开证银行的信用保障,在出口商资信较差或破产根本无力还款的情况下,银行无从追索欠款,资金损失将成为必然。

3. 银行避免融资风险的措施

(1) 对基本客户群或资信较好的客户实行统一授信。银行的信贷部门或统一授信评审机构根据客户的资信、市场、还款能力、经营状况、抵押品质量等,确定其信用等级,并为其核定一个授信额度。信用证下的进出口融资均纳入统一授信管理,这样决策部门与执行部门相分离,既可以提高客户抵押担保的有效性和对客户信誉程度掌握的准确性,又可以使融资额度具有了依据,从而增强了融资业务的可操作性,有利于在管理方面控制融资风险。根据信用证的特殊性,银行在执行授信契约时还应考虑贸易对手的资信状况、其所在国家的稳定及外汇管制因素、该客户利用信用程度的以往记录、银行能否掌握物权凭证、有无汇率风险等,如果在这些方面存在不利因素,则在使用授信额度时应予以相应的扣减。正是由于客户能够在授信额度内向银行申请各种融资,该额度的准确性和科学性就显得尤为重要。银行应不断地跟踪客户的业务往来并进行考核、分析,特别是进行预测性分析,在发现问题或可能发生变化时,及时调整或收回授信额度,以确保银行资金的安全。

(2) 国家的政治经济状况及对方银行的资信。如果进口国政局不稳、外汇短缺、经济恶化,则会影响信用证项下的安全收汇。如果开证行资信欠佳、无理挑剔、清偿能力不足,则银行的付款保障作用受到削弱,也会威胁到安全收汇。以上情况下不宜做出口融资。对诈骗多发地区的进口结算,办理进口融资应从严掌握。

(3) 对进出口商品的关注。虽然信用证业务处理的是单据而不是货物,但在实务中,因货物质量或市场行情下跌而拒付的情况仍时有发生,进口商也会因货物滞销而无力归还银行欠款。因此,对于情况不明、季节性较强、价格波动较大的进出口商品的信用证结算,银行不宜提供融资便利。

(4) 对客户资信状况的了解。无论作为进口商还是出口商,均应具备良好的经营作风和资金清偿能力。特别是在出口押汇业务中,在单据因任何原因被拒付时,议付行可以通过行使追索权来保障资金安全。如果收益人资信欠佳或经营作风不好,即使单据相符,也会因其履约行为可能存在的缺陷而发生问题,一旦被拒付,则可能出现议付行有追索权但无从行使的局面。因此,客户资信是银行能否收回垫款的重要因素。

(5) 对信用证条款的审查,主要是对软条款和运输单据条款的审查。如果信用证中含有违背《跟单信用证统一惯例》的条款,或含有出口商不能实现的附加性条款或限制性条款,如信用证规定"开证行须在货物检验合格后付款",或"进口商收到货物后××天付款",或"凭进口商收妥其背对背信用证项下款后付款"等,此类信用证下,开证行第一性付款责任实质上已被取消。银行对于这样的信用证不应予以出口融资。对运输单据条款审查的目的在于对物权的控制。因为单据特别是物权单据是押汇银行的债权凭证,货物是押汇银行的担保物(包括进口押汇和出口押汇),在货款未能收回并因受益人清偿能力不足而无法追索时,或进口商拒付押汇款时,押汇银行可以通过控制物权单据而控制货物,并最终通过处理货物来清除或减少资金风险。但如果运输单据是非物权凭证或物权单据不是全套,银行则会失去对货物的控制,若做融资则很可能钱、货两空。因此,对于不能有效控制物权的单据,银行一般不应做进出口押汇或放款。

(三) 保兑风险

作为保兑行的风险信用证项下的保兑行(confirming bank)是接受开证行的委托和要求,对开证银行开出的信用证的付款责任以本行的名义实行保付的银行。保兑银行对信用证加具保兑后,就构成其对信用证在开证行以外独立的、确定的付款责任。国际商会强调,保兑行的第一性付款责任等同于开证行的第一性付款责任,也就是说,如果银行对信用证加具了保兑,它就对受益人承担了义务。保兑行对于开证行资信差、付汇慢,远期期限过长的信用证不应加具保兑。

(四) 银行的操作性风险

信用证的传递一般是在银行之间进行的,通知信用证要通过印、押的审核,以保证其表面真实性。如果银行内部专管人员警惕性不高,对代理行文件掌握不全或印押核符不严格,尤其是对使用第三者密押开证或通过开证行国内分行代为核印的信用证,往往会将伪造的信用证通知出去,对自身和受益人都会带来风险,对伪造信用证融资的风险就不言而喻了。所以,银行内部专管人员必须增强风险意识和责任心,确保自身工作不疏漏。银行之间核押的复电也应加编密押。

此外,银行由于自身原因误寄、错寄单据,或索汇金额、币值发生错误导致收汇失败,也会为银行资金带来风险。这就要求银行内部加强专业人员的培训,提高其专业水平和操作的准确性。

二、信用证业务中贸易双方的风险

(一) 诈骗风险

由于信用证是一项独立文件,银行处理的只是单据,而对单据的真伪性、准确性以及单据所涉及的货物、合同等概不负责,这在客观上纵容了信用证诈骗行为的发生,使进、出口双方的利益受到损害。有些进口商使用非法手段窃取银行的空白格式信用证,甚至伪造密押,制造假证,以开证行的名义寄给受益人。这类信用证通常要求空运或受益人自寄部分物权凭证,如果受益人内部管理不严,未对信用证通知方式及其表面真实性进行严格审查,而仅根据合同审证后即发货,结果会落个钱、货两空。进口商还往往通过在信用证中加列一些软条款来控制整笔交易,使受益人处于被动地位。出口商的诈骗行为表现在通过提交伪造单据(不是由合法签发人签发或合法签发人签发后加以篡改的单据),或欺诈性单据(由合法签发人签发,但单据内容与单据所代表的货物实际情况不符的单据),一般均涉及提单,来骗取银行和买方的款项,而所装运的货物不是信用证或合同所规定的合格货物或根本无货,使进口商蒙受损失。

(二) 被拒付的风险(或不符点风险)

虽然信用证中的开证行以自身的信用承担独立的付款责任,但正是由于信用证运作的独立性,使一些进口商有机可乘,利用信用证只处理单据而不涉及货物的特点,当货物市场价格变化对自身不利时,在单据中挑毛病,以达到降价、减价、迟付、少付的目的。资信欠佳的开证行也往往站在其客户的立场,挑剔单据,以非实质性问题拒付,帮助客户达到目的。这时,出口商就会面临不能安全及时收汇的风险。总之,一旦出现不符点问题,无论是确实的不符点还是挑剔的不符点,受益人都将承担一些潜在风险,如利率风险、汇率风险、商品降价风险、商品损坏变质风险、增加运费风险、利息损失风险等。

（三）转让信用证风险

当货物的卖方不是实际的供货人或制造商时，可以利用可转让信用证将该证项下的权益全部或部分转让给供货商（受让方）。转让信用证的特点是转让行不承担独立验单付款责任（除非它又是保兑行），只有在得到开证行付款后才对受让方付款。如果供货商在转让信用证下交单时做到了单证相符，但中间商换单时造成单证不符而被原始开证行拒付，基于以上特点，这一收汇风险实际上由供货商承担了。从资金占用角度讲，由于转让行不承担独立验单付款责任，中间商与买方之间在合同执行过程中所产生的商品资金占压实际上也是由供货商承担。

三、风险的防范

转让信用证对供货方十分不利，它承担着收汇和资金占用双重风险。贸易双方为避免和减少风险，应从以下几个方面考虑：

(1) 为防止利用伪造单据骗取货款，进口商除进行客户资信和商情调查外，可在信用证条款中增加出单人并对某些单据的出单人名称作出明确的规定（HSGS检验机构出具质量证、重量证，畜检机构出具品质证，官方机构出具产地证），也可自己派船装运或在条款中指定船公司装运并要求出具已装船证明等，这样对防止欺诈，保证货物质量及数量极为有利。为防止利用假造信用证骗取货物，出口商应避免从开证行直接收证，而应选择当地的银行通知信用证，利用惯例规定的通知行的责任，即合理谨慎地审核信用证的表面真实性，通过银行的印押核符来保证来证的真实性、有效性。

(2) 做好客户资信调查，包括贸易对手的经营状况、清偿能力、经营规模、经营业绩以及产品的市场价格情况等，通过信息机构获取有关资料，对以往交易情况作出分析。通过调查研究，选择资信可靠、经营能力强的客户进行交易，为交易成功奠定良好的基础。

(3) 为规避不符点拒付风险，出口商应加强审单审证的力量和力度，审核信用证内容与买卖合同是否一致，发现软条款应立即与进口商协商，要求改证，避免交单以后的争议。提高制单质量，并通过银行把关，减少不符点的出现。还应选择资信好的银行开证，因为信誉好的开证行是安全收汇的重要保证。

(4) 对于转让信用证风险，供货商可要求将可转让信用证改为背对背信用证，必要时可在付款期限上做出让步，因为背对背信用证对供货商有利，其在提交相符单据后即可得到背对背信用证开证行的付款保证。此外，可要求转让行加保，明确其凭相符单据付款的独立的付款责任。

四、信用证中常见的软条款

由于信用证是较为安全且风险很小的结算工具，再加上它的独立性原则，很多出口商往往会忽略了详细检查信用证条款。所以有些不法商人就会在信用证开立时设立一些软条款、不符点或陷阱，使出口商蒙受损失。

（一）软条款的含义

所谓软条款，就是指开证申请人（进口商）在申请开立信用证时，故意设置若干隐蔽性的"陷阱"条款，以便在信用证运作中置受益人（出口商）于完全被动的境地，而开证申请人或开证行则可以随时将受益人置于陷阱而以单据不符为由，解除信用证项下的付款责任。

例如，有一家日本银行开出的信用证称，该信用证只有在收到日方进口许可证方能生效，而这种生效还需开证申请人的授权。此外，议付行还要提示开证申请人验货证明，待由开证人确认后,开证银行方可将款项贷记有关账户。这是一张比较典型的带有软条款的信用证。所谓验货后付款,说白了就是开证行对付款及单据均不承担责任,这样受益人对货物完全失去了控制权,处于孤立无保障的地位。因为开证申请人自始至终都控制着整笔交易,而受益人则完全处于被动地位。

<h2 style="text-align:center">相关案例</h2>

一日,某公司一并交来单据连同信用证,请求银行议付。该客户虽在议付行开户,但此证却非该行通知。信用证中有如下条款:"Documents will be released free of payment. Payment to be effected to beneficiary upon receipt of our authenticated message authorizing you to release payment."

对于这样一张规定了单据将免费放给申请人,议付行在收到开证行授权后才能向受益人付款的,明显带有软条款的信用证,收汇的风险已显而易见。据受益人说,在交单前,曾多次联系申请人,要求删除该条款,但对方始终保持沉默,不予理睬。银行对信用证条款进行了全面细致的审核、分析,发现这张信用证在条款上开得并不严谨,尚有一些漏洞。而且,信用证中含有这样一些索汇指示:"Please draw our account with Citibank N.A. New York for the amount of negotiation after 7 business days from date of despatch of documents under telex advice to us indicating amount and value date provide all terms and conditions are complied with."

由于偿付行清算货款的规定对出口商和议付行非常有利。于是,银行经办人对单据进行了严格把关,清除了单据表面可能出现的所有瑕疵,在 7 月 3 日向开证行寄单的同时便向偿付行电索,定起息日为 7 月 12 日。偿付行日期在 7 月 12 日解付。

虽然开始时开证行拒付,要求退回从偿付行收取款项,理由是信用证已声明"将免费发单给申请人,待收到开证授权后方可对受益人付款"。议付行的态度十分明确,据理力争,不同意退款。经过几个月的争辩,最终,开证行同意不用退款。

因此可见,最简单且最恰当的做法是不要接受有软条款或陷阱的信用证。如果需要货物质检,可以由认可的国际性品质检验公司负责并由其出具认可的检验证明书。对于领事馆的认证文件可由进口国在出口国当地的领事馆办理。

因此,本书将信用证中常见的软条款整理如下,希望同学们在遇到信用证的软条款后不要惊慌,冷静分析,灵活机智地处理软条款的问题:

(1) 开证申请人(买方)通知船公司、船名、装船日期、目的港、验货人等,受益人才能装船。此条款使卖方装船完全由买方控制。

(2) 信用证开出后暂不生效,待进口许可证签发后通知生效,或待货样经申请人确认后生效。此类条款使出口货物能否装运,完全取决于进口商,出口商则处于被动地位,生产难安排、装期紧迫、出运困难。

(3) 1/3 正本提单直接寄开证申请人。买方可能持此单先行提货。

(4) 要求开立以申请人为收货人的记名提单。承运人可凭收货人合法身份证明交货,不必提交正本提单。

(5) 信用证到期地点在开证行所在国,有效期在开证行所在国。会使卖方延误寄单,单据寄到开证行时已过议付有效期。

(6) 信用证限制运输船只、船期或航线等条款。
(7) 含空运提单的条款，提货人签字就可提货，不需交单，货权难以控制。
(8) 品质检验证书须由开证申请人或其授权者签发，由开证行核实。采用买方国商品检验标准，此条款使得卖方由于采用本国标准，而无法达到买方国标准，使信用证失效。
(9) 收货收据须由开证申请人签发或核实。此条款使买方拖延验货，使信用证失效。
(10) 自相矛盾，既规定允许提交联运提单，又规定禁止转船。
(11) 规定受益人不易提交的单据，如要求使用 CMR 运输单据（我国没有参加《国际公路货物运输合同公约》），所以我国的承运人无法开出 CMR 运输单据。
(12) 本证经当局（进口国当局）审批才生效，未生效前，不许装运。
(13) 货款须于货物运抵目的地经外汇管理局核准后付款。
(14) 卖方议付时须提交买方。

小贴士：预设不符点是没有效用的

一些申请人坚持在申请开信用证时要求银行在信用证中"预设"不符点，希望能够争取减价或甚至在货价下跌时拒绝付款。一个常见的例子是要求由申请人出具单据或由申请人加签单据，申请人的签字一定要与存在开证行的记录相符。然后申请人就拒绝出具需要的单据或故意不按留存在开证行的记录来签署那些单据或故意填上一些有冲突的资料，目的是令信用证项下单据出现不符点。

虽然这种"预设"的不符点可能令开证行有按信用证拒绝付款的权利，但通常不会解除买家在销售合同下的付款责任。凭以往的经历来看，法院在审理此类案件时，虽然按照信用证提交的单据有不符点，但通常还是会命令买家按销售合同进行付款。这是由于买家制造这些不符点就是为了故意防止卖家从银行获得款项。这又一次说明了信用证的独立性原则，也即信用证与其他合同是分开独立的，包括销售合同。

（二）软条款的处理办法

(1) 认真审证，及早发现软条款。在贸易过程中，收到信用证后应立即与合同核对，特别注意审查信用证条款中的要求、规定是否和签约的买卖合同相符合。一旦发现问题，立即与开证申请人取得联系，争取尽早修改信用证。

(2) 尽量要求客户从规模较大的、信誉较好的银行开证。一般来说，由于这些银行比较注意自身的声誉，因此在对待软条款的问题上比较慎重，相对来说风险较小。

(3) 调查了解外商企业、公司的资信及在商界的声誉状况。

(4) 订合同时，力争客户同意由我国的商检机构来实行商品检验。如果能争取到由我国商检机构实施商检，不但可以方便我国企业，而且还将主动权掌握在我方手中。

应用案例 5-8

谨防信用证中的软条款

一、背景

业务类型：不可撤销的信用证

开证行：国外某银行
出口商：我国北方某市某出口商
进口商：某外商

二、案情经过

北方某市的一出口商收到国外开来的信用证，购买石碱，在装运条款中虽有装运效期，但又规定具体的装运日期和船名将由买方在装运前另行通知。为此，出口商在信用证告知的装运效期前，将全部货物运到大连港，等待进口商的装船具体日期。孰料，这时石碱的国际市场情况不好，价格下跌，进口商毁约，不再发来具体的装运日期和船名的通知，致使出口商无法使用该信用证装运货物，从而造成不小的损失。

【案例分析】

国际上现在通用的信用证都是不可撤销的，从而可以保障出口商只要按信用证的要求办理出口和制作单据，就能收到货款。但是，信用证上的条款和要求必须是出口商能够办得到的，更不能有受制于进口商的条款。除了本案的情况外，尚有国内出口花岗石的交易，来证实规定出口商提供的商检证必须要有由开证申请人授权的有权签字人签署（Inspection certificate to be signed by authorized signatures of applicant），实际上，有这类信用证条款的交易完全是由进口商控制，尽管信用证有确切的付款承诺条款："我行在收到单证相符的单据时将保证按照议付的指示偿付货款。"但这类信用证如进口商不再发来装运日期和船名或进口方的授权人拒绝在商检证上签字，这时要么出口方无法装船，取不到有关的单据，开证行的确切承诺是空的；要么出口商另行装运取得有关单据，但这只能是单证不符的单据，开证行仍然不会给予付款。因此，接受这样条款的信用证，明显对出口商来说是很不安全的，会承担不能装运或单证无法相符的风险。在另一例也是出口花岗石的交易中，出口商除了接受上述另有装运通知和检验条款以外，尚要向进口方的代表先交付200多万人民币（交易总金额达2 000万美元）的违约质保金。但在装船前，进口商的代表前来验货，却以质量不合格为由拒绝发出装运通知，致使出口商既不能发货取得货款，又被视为违约不能收回质保金。对前一类的条款可以认为是进口商违约的信誉问题，而后一类的条款则应是诈骗行为。因此，出口商在签约时一定要注意信用证中的软条款陷阱，凡是非出口商所能做到的或由进口商控制的各种条款都应提高警惕，拒绝接受，免得上当受骗。

（资料来源：高洁.国际结算案例评析.北京：中国人民大学出版社，2011）

拓展阅读

信用证迈向电子化

所谓的信用证电子化，就是在网络平台上操作传统纸质信用证。电子信用证有助于缩短贸易结算时间；有助于简化单据处理，减少操作差错；有助于电子商务的快速发展；有助于商业银行业务创新，提升银行竞争力。在西方国家有较大影响的三大电子信用证服务系统分别是BOLERO系统、CCEWeb系统和TRADECARD系统。在中国的电子信用证实践中较为典型的是贸易担保网（www.1001yes.net）。另一类参与中国电子信用证实践的主体就是商业银行，其中处于领先地位的是招商银行。

由于国际贸易网上银行在国际有关机构的推动下已露端倪，规范电子商务方面的法律纷纷出台，早在1989年通过的INCOTERMS 1990就认可了电子信息传输的使用，并在INCOTERMS 2000中继续认可了电子单证的效力。国际商会银行委员会于1999年起草了《电子贸易和支付统一规则》；2000年，国际商会又对《UCP 500》，即《跟单信用证统一惯例》进行了重新定义和解释，主要是针对电子通信技术的发展，特别是电子数据交换(EDI)和传真技术的广泛应用所引发的国际货物交付、运输、邮递等业务的相应变化，作出了明确修订。2002年4月1日，国际商会历经18个月制定的UCP Supplement for Electronic Presentation(e UCP 1.0，UCP电子交单增补)正式生效，用来专门解决电子交单和电子审单问题。而根据ICC国家委员会的建议，作为2007年7月1日生效的《UCP 600》的补充，《跟单信用证电子交单统一惯例》(the Uniform Customs and Practice for Documentary Credits for Electronic Presentation，即e UCP 1.1版)是专门对《UCP 600》所做的升级版本。如果因今后技术发展而需要修订，可以早于《UCP 600》单独进行修改。之所以使用1.1版本的名称，目的是方便以后的版本升级。需要注意的是，UCP很多条款并不对电子交单产生影响，所以要与e UCP一起使用。在用电子交单或电子和纸制单据混合方式提交单据时，要同时使用e UCP和UCP两个规则。此外，各发达国家针对电子单证制定了专门的立法修改，使得信用证的电子化成为可能，并使信用证的电子化进程迅速展开。

在2000年5月24日的巴黎会议上，国际商会银行技术与惯例委员会(银行委员会)的未来特别委员会(Task Force on the Future)对电子商务表现出极大的关注，并将发展电子商务确定为银行委员会的目标之一。经过进一步的深入讨论，银行委员会认为有必要在现行的UCP和纸制信用证的电子等价物之间建立一种过渡。国际贸易界已强烈地表示他们需要国际商会对纸制信用证的电子等价物制定出更多的诸如UCP一样具体明确的指导和规则，并且建议最好采取UCP附录或UCP增补的形式。为满足国际经贸行业的要求，银行技术与惯例委员会成立了包括UCP、电子商务、法律和相关行业专家的工作组，以拟订一个UCP的增补用于处理电子交单的问题，其正式名称为"UCP电子交单增补"，缩略为"e UCP"。为了实现这一目标，e UCP给出许多定义，使得目前通用的UCP术语适用于纸制单据的等价物的电子化交单，并且制定了必要的规则，使UCP和e UCP得以同时适用。已拟订的e UCP允许完全电子交单或纸制单据与电子单据混合交单。这一领域的实践正在快速发展，工作组认为规定完全电子交单既不现实，也将阻碍其向全面电子化过渡的发展。

工作组认为没有必要涉及有关电子开立或通知信用证的问题，因为现行的惯例及UCP早就允许以电子形式开立和通知信用证。

应用e UCP时，关键要明白UCP的许多条款是不会受到电子交单的影响，也不必做任何更改以适应电子交单。UCP和e UCP结合起来允许电子交单并为该领域实践的发展留有足够广阔的空间。e UCP是UCP 600所特有的，必要时会随着技术发展而修改。

工作组在拟订e UCP时，明确独立于特定的技术和处于发展中的电子商务系统，即e UCP并不涉及便利电子交单的特殊技术或系统。这些技术正在发展中，它留待信用证的具体各方当事人就采用何种技术或在系统问题上达成一致，以符合e UCP要求的电子交单。e UCP是为满足市场电子交单的要求而拟订的，当提交纸制单据的电子等价物时，就对这个正在发展的市场在提高单据处理效率方面制定了一个更高的标准。

作为已广泛应用于信用证的《UCP 600》的补充，e UCP共有12条。如果在信用证当中约定适用e UCP，e UCP将与UCP共同使用，约束全部或部分电子交单的情形。e UCP作为补充而非替代 UCP，在全部或部分电子交单时与 UCP 共同应用。一份信用证如果适用 eUCP，即使在没有明确约定的情况下也适用 UCP；而信用证当事人意欲适用 eUCP，则必须在信用证当中明确约定。

eUCP 对信用证的使用者提出了一些挑战性的概念，其中一个最为困难的问题是，在电子世界里何种单据构成"正本单据"。一份电子"单据"可以无数次地复制，每一份复制件都是"正本"，因此 eUCP 称为"电子记录"，由此也将使在电子单证交易中要求"正本"单据的概念存入历史。eUCP 也包含了一些与 UCP 有不同含义的概念，比如，"表面内容""交单地点"和"签署"等出现在 UCP 当中的普通概念，eUCP 为了适应电子交单而对其做了重新定义，其中争议比较大的就是最近增加的第 e11 条（为避免 UCP 和 eUCP 之间的条款混淆，eUCP 的各条款标号前都标注了一个"e"）关于电子记录的损坏问题。银行委员会认为有必要增加一个特殊条款，以处理银行收到电子交单后，由于技术原因（比如病毒）而无法打开电子单据的情形。因此，第 e11 条规定，如果银行收到损坏的电子单据，银行可要求交单者在 30 天之内重新交单；如果交单者未能在规定的时间内重新提交，将被视同没有交单。

观察家相信，eUCP 的出台填补了市场一个重要的空白。国际商会银行委员会的罗恩·卡茨（Ron Katz）先生评论道："自 19 世纪 30 年代以来，UCP 一直是国际商会的旗帜。eUCP 的出现使得国际商会在信用证领域仍可保持其主导地位。"

[资料来源：王善论.信用证迈向电子化.国际经贸探索，2001(4)]

项目小结

信用证是银行根据进口商的申请和指示，向出口商开立的，承诺在一定期限内凭规定的单据支付一定金额的书面文件。信用证的特点是信用证是一项独立的自足文件，开证行承担第一性付款责任，信用证业务是一种纯粹的单据业务。在信用证业务中，开证申请人、受益人和开证行三者之间分别基于贸易合同、信用证和开证申请书存在三种契约关系。根据信用证的开立方式及记载内容的不同，一般将信用证分为信开本信用证和电开本信用证。电开本信用证又可分为简电本信用证、全电本信用证和 SWIFT 信用证。信用证的内容基本上包括以下几项：关于信用证本身的项目、关于汇票的项目、关于单据的项目、关于货物的描述、关于运输的项目和其他项目。信用证是一种银行信用，可以对进出口双方提供银行保证和资金融通的作用。

根据是否有另一家银行对信用证加具保兑，信用证可分为保兑信用证和不保兑信用证；按信用证下指定银行的付款方式进行分类，可分为即期信用证、延期付款信用证、承兑信用证和议付信用证；根据受益人使用信用证的权利能否转让，可分为可转让信用证和不可转让信用证；根据信用证能否循环使用，可分为循环信用证和非循环信用证，循环信用证按时间循环可分为自动循环信用证、通知循环信用证和定期循环信用证，按金额的循环可分为积累循环信用证和非积累循环信用证；根据付款时间不同，可分为预支信用证、即期信用证、远期信用证和假远期信用证。除此之外，还有背对背信用证和对开信用证。

跟单信用证业务的基本流程大致包括以下环节：进出口商签订国际贸易合同；开证申请人申请开立信用证；开证行开出信用证；通知行向受益人通知信用证；受益人审证、发货、制单;受益人交单;出口地银行审单付款;付款行或垫付行寄单索偿;开证行审单付款;开证行通知开证申请人备款赎单;开证申请人付款赎单;开证行交单;开证申请人凭单提货。

一般来说,一笔信用证业务包含四个基本的当事人,即开证申请人、开证行、通知行和受益人。在有些类型的信用证业务中,还涉及议付行、偿付行、付款行、承兑行和保兑行等。总之,信用证一经开出,其所涉及的当事人就围绕该信用证形成了双边与多边的契约关系,每一当事人均须履行相应的责任义务,同时享有既定的权利。

电子信用证是利用电子手段开展的信用证业务,是集电子开证、电子通知、电子交单、电子审单、电子支付全过程的电子化运作,是信用证运作全过程的电子化。在实践中,这种完全意义上的电子信用证的成功运作,需要银行、国际贸易交易双方等各方系统的全方位电子化协同运作。电子信用证有助于缩短贸易结算时间;有助于简化单据处理,减少操作差错;有助于电子商务的快速发展;有助于商业银行业务创新,提升银行竞争力。

课后实训

一、判断题

1. 信用证的开立说明了开证行接受了开证申请人的要求,因此信用证体现了开证行对开证申请人的承诺。（　　）

2. 跟单信用证中使用的是商业汇票,因此信用证结算方式是一种商业信用。（　　）

3. 信用证的开证行是第一付款人,因此开证行的资历和信用是出口商出运货物后是否能如期收回货款的主要因素。（　　）

4. 跟单信用证是一种银行承担第一性付款责任的书面承诺,因此开证行对出口商负责付款是没有限度和条件的,出口商可以无条件地取得货款。（　　）

5. 跟单信用证开立的基础是销售合约,因此信用证下当事人不仅受信用证条款的约束,而且同时受销售合约条款的约束。（　　）

6. 信用证是开证行应申请人的申请而向受益人开立的,因此在受益人提交了全套符合信用证规定的单据后,开证行在征得开证申请人同意的情况下向受益人付款。（　　）

7. 信用证有效期是指受益人能够利用信用证的最后期限,这个期限是指受益人向出口地银行提示单据最迟的日期。（　　）

8. 对受益人来说,保兑行和开证行承担同样的责任,他可以要求其中任何一个银行履行付款责任,但是他首先要服从信用证条款的规定。（　　）

9. 即期付款信用证可以是开证行自己付款,也可以由其他银行付款;可以要求受益人提供汇票,也可以不要求提供汇票。（　　）

10. 对开信用证即背对背信用证,是一种从属信用证,这种信用证是受益人把开证行开给他的信用证用作支持其往来银行开给其供货商的另一信用证。（　　）

11. 议付行向开证行提出了单据中的不符点,或告诉开证行为此已凭担保或做保留议付,则开证行便可免除其在审核单据方面应尽的义务。（　　）

12. 不可撤销信用证修改项目不止一项时,当事人要么接受全部项目,要么退回全部项目,不能只接受其中个别项,而拒绝其他各项。（　　）

13. 受益人可以凭简电信用证向议付行要求议付单据。

14. 开立信用证意味着开证行既对申请人又须对信用证受益人承担契约责任。（　　）
15. 按惯例,在信用证流转过程中,特定银行只允许担当一项职责,不能兼顾。（　　）

二、单项选择题

1. 在结算方式中,按出口商承担风险从小到大的顺序排列,应该是(　　)。
   A. 付款交单托收、跟单信用证、承兑交单托收
   B. 跟单信用证、付款交单托收、承兑交单托收
   C. 跟单信用证、承兑交单托收、付款交单托收
   D. 承兑交单托收、付款交单托收、跟单信用证

2. 以下不属于信用证特点的是(　　)。
   A. 信用证是由开证银行承担第一性付款责任的书面文件
   B. 开证银行履行付款责任是有限度和条件的
   C. 信用证是一种商业信用
   D. 信用证是一项独立的、自足性的文件

3. 信用证对出口商的作用是(　　)。
   A. 不必占用资金,反而能得到开证手续费的收入
   B. 获得一笔数目可观的结算手续费
   C. 可以凭信托收据,要求开证行先交付单据,在出售货物后再交付货款
   D. 只要将符合信用证条款的货运单据交到出口地与他有来往的银行,即能完全地取得货款,加速资金周转

4. 信用证的第一付款人是(　　)。
   A. 开证行　　　B. 通知行　　　C. 议付行　　　D. 开证申请人

5. 一般来说,保兑行对所保兑的信用证的责任是(　　)。
   A. 在议付行不能付款时,承担付款责任
   B. 在开证行不能付款时,承担付款责任
   C. 承担第一性的付款责任
   D. 在开证申请人不能付款时,承担付款责任

6. 按照《UCP 600》的解释,所有的信用证都应该为(　　)。
   A. 可撤销信用证
   B. 不可撤销信用证
   C. 既可能是可撤销信用证,也可能是不可撤销信用证
   D. 由开证行和受益人协商确定

7. 下列关于议付信用证项下的汇票的说法中,正确的是(　　)。
   A. 既可以是即期汇票,也可以是远期汇票
   B. 只能是即期汇票
   C. 只能是远期汇票
   D. 不需要汇票

8. 可转让信用证下办理交货的是(　　)。
   A. 第一受益人　　　　　　　B. 开证申请人
   C. 中间商　　　　　　　　　D. 第二受益人

9. 可转让信用证在使用时,转让行不可以改变( )。
   A. 有关商品品质规格的条款   B. 信用证总金额
   C. 商品单价   D. 装运期和信用证有效期
10. ( )是一类允许出口商在装货交单前可以支取全部或部分货款的信用证。
    A. 即期付款信用证   B. 预支信用证
    C. 对开信用证   D. 保兑信用证
11. 根据《UCP 600》,开证行审核单据和决定是否提出异议的合理时间是( )。
    A. 收到单据后的 5 个工作日   B. 收到单据后的 7 个工作日
    C. 收到单据后的 8 个工作日   D. 收到单据后的 10 个工作日
12. 以下当事银行中,( )对信用证受益人付款之后享有追索权。
    A. 议付行   B. 开证行   C. 保兑行   D. 付款行
13. 在信用证业务中,( )不必向受益人承担付款的责任。
    A. 开证行   B. 保兑行   C. 通知行   D. 付款行
14. 信用证的特点表明各有关银行在信用证业务中处理的是( )。
    A. 相关货物   B. 相关合同   C. 抵押权益   D. 相关单据
15. 以下当事银行中,( )向信用证受益人付款之前不必审核单据。
    A. 议付行   B. 开证行   C. 偿付行   D. 付款行

三、案例分析题

1. 我国 A 公司向加拿大 B 公司以 CIF 条件出口一批货物。国外来证中单据条款规定:"商业发票一式两份;全套清洁已装船提单,注明运费预付,做成指示抬头空白背书;保险单一式两份,根据中国人民保险公司 2008 年 1 月 1 日海洋运输货物保险条款投保一切险和战争险。"信用证内注明按照《UCP 600》办理。A 公司在信用证规定的装运期内将货物装上船,并于到期日前向议付行交单议附,议付行随即向开证行寄单索偿。开证行收到单据后,来电表示拒付,其理由是单证有下列不符点:

(1) 商业发票上没有受益人的签字;

(2) 正本提单是以一份组成,不符合全套要求;

(3) 保险单上的保险金额与发票金额相等,因为投保金额不足。

请问:分析开证行单证不符的理由是否成立? 并说明理由。

2. 某市中国银行分行收到新加坡某银行电开信用证一份,金额为 100 万美元,购花岗岩石块,卸货港为巴基斯坦卡拉奇,信用证中有下述条款:

(1) 检验证明书于货物装运前开立并由开证申请人授权的签字人签字,该签字必须由开证行检验;

(2) 货物只能由开证申请人指定船只并由开证行给通知行加押电通知后装运,而该加押电必修随同正本单据提交议付。

请问:该信用证可不可以接受? 为什么?

3. 我某进出口公司收到国外信用证一份,该信用证规定,最后装船日 2019 年 6 月 15 日,信用证有效期 2019 年 6 月 30 日,交单期:提单日期后 15 天但必须在信用证的有效期之内。后因为货源充足,该公司将货物提前出运,开船日期为 2019 年 5 月 29 日。6 月 18 日,该公司将准备好的全套单证送银行议付时,遭到银行的拒绝。

请问：
(1) 为什么银行会拒绝议付？
(2) 该进出口公司将面临怎样的风险？

4. 我某外贸公司与澳大利亚某商达成一项皮手套出口合同，价格条款为 CIF 悉尼，支付方式为不可撤销的即期信用证，投保中国保险条款一切险。生产厂家在生产的最后一道工序时，降低了湿度标准，使得产品的湿度增大，然后将产品装入集装箱。货物到港后，检验结果表明，产品全部霉变，损失达 80 000 美元。调查后发现，该货物出口地不异常热，进口地不异常冷，运输途中无异常，属于正常运输。

请问：
(1) 保险公司对该批货物是否负责赔偿？为什么？
(2) 进口商是否该支付货款？为什么？

5. 某公司以 CIF 条件进口一批货物。货物自装运港启航不久，载货船舶因遇风暴而沉没。在这种情况下，卖方仍将包括保险单、提单、发票在内的全套单据寄给买方，要求买方支付货款。

请问：进口方是否有义务付款？为什么？

6. 我某进出口公司出口一批轻纺织品，合同规定以不可撤销的即期信用证为付款方式。买方在合同规定的开证时间内将信用证开抵通知行，并立即转交给了我进出口公司。我进出口公司审核后发现，有关条款与合同不一致。为争取时间，尽快将信用证修改完毕，以便办理货物的装运，我方立即电告开证行修改信用证，并要求将信用证修改书直接寄交我公司。

请问：
(1) 我方的做法可能会产生什么后果？
(2) 正确的信用证修改渠道是怎样的？

7. 中方某进出口公司与加拿大商人在 2018 年 1 月 3 日按 CIF 条件签订一份出口 10 万码法兰绒合同，支付方式为不可撤销即期信用证。加拿大商人于 2018 年 5 月通过银行开来信用证，经审核与合同相符，其中保险金额为发票金额加 10%。我方正在备货期间，加商人通过银行传递给我方一份信用证修改书，内容为将投保金额改为按发票金额加 15%。我方按原证规定投保、发货，并于货物装运后在信用证有效期内，向议付行提交全套装运单据。议付行议付后将全套单据寄开证行，开证行以保险单与信用证修改书不符为由拒付。

请问：
(1) 开证行拒付的理由是否合理？为什么？
(2) 这个案例中，我方对于信用证修改书未予理睬，按原证发货，请问开证行能否拒付？为什么？

8. A 公司对英国出口一批货物，国外开来信用证中对发票只规定："Commercial Invoice in duplicate."A 公司交单后被拒付，理由是商业发票上的受益人漏签字盖章。A 公司经检查发现的确漏签字盖章，立即补寄签字完整的发票。但此时信用证已过期，故又遭拒付。A 公司与买方再三交涉，最后以降价处理才收回货款。

请问：
(1) 本案中的拒付是否合理？为什么？

(2) 本案中 A 公司的处理是否妥当？为什么？

9. 我某公司向日本出口一批大豆，双方签订的合同中规定，数量 2 000 公吨，单价 150 美元/公吨，允许 10% 的数量误差。对方如期开来了信用证，证中规定，总金额 300 000 美元，数量 2 000 公吨。我方未要求改证，直接发货 2 100 公吨。

请问：如果按发货数量制单我方是否能安全收汇？为什么？

10. 根据合同审核信用证。

(1) 买卖双方签署的合同。

浙江永康永固手工具进出口有限公司
ZHEJIANG YK YG HAND TOOL I/E CO., LTD.
296 HUAYANG ROAD, YONGKANG CITY ZHEJIANG, CHINA
销售确认书
SALES CONFIRMATION

To:　　　　　　　　　　　　　　　　　　　　　　　**S/C No.:** YKYG160609
SAYID TOOL ENTERPRISES
753 TARRAGONA ROAD　　　　　　　　　　　　　　**Date:** 09 JUNE 2016
IZMIR, TURKEY

Dear Sirs:

We hereby confirm having sold to you the following goods on terms and conditions as specified below:

Description of Goods and Packing	Quantity	Unit Price	Total Amount
HAND TOOLS			CIF IZMIR
10PCS COMBINATION SPANNER	1200SETS	USD11.00	USD13200.00
12PCS DOUBLE OFFSET RING SPANNER	1000SETS	USD12.50	USD12500.00
	2200SETS		USD25700.00
PACKING: IN ONE CARTON OF 20 SETS EACH, TOTAL IN 1 * 20 FCL.			

Total Amount in words:	SAY U. S. DOLLARS TWENTY FIVE THOUSAND SEVEN HUNDRED ONLY.
Port of loading:	NINGBO/SHANGHAI
Port of discharge:	IZMIR TURKEY
Time of Shipment:	ON OR BEFORE 16 JULY 2016
Partial:	NOT ALLOWED
Transshipment:	ALLOWED
Insurance:	TO BE EFFECTED BY THE SELLER FOR 110 PCT OF THE

	INVOICE VALUE COVERING ALL RISKS AND WAR RISK AS PER ICC(A) DATED 01/01/2010
Terms of Payment:	BY CONFIRMED AND IRREVOCABLE LETTER OF CREDIT IN FAVOUR OF THE SELLER TO BE AVAILABLE BY SIGHT DRAFTS AND TO BE OPENED AND REACH CHINA ON OR BEFORE 13 JUN. 2016 REMAINING VALID FOR NEGOTIATION IN CHINA UNTIL THE 15TH DAYS AFTER THE TIME OF SHIPMENT
Inspection:	INSPECTED BY CIQ
Shipping Marks:	AS PER SELLER'S OPTION
Documents required:	MANUALLY SIGNED COMMERCIAL INVOICE IN TRIPLICATE FULL SET CLEAN ON BOARD BILL OF LADING MADE OUT TO ORDER AND BLANK ENDOURSED NOTIFY THE BUYER INSURANCE POLICY IN DUPLICATE INSPECTION CERTIFICATE ISSUED BY CIQ PACKING LIST IN TRIPLICATE CERTIFICATE OF ORIGIN

The Seller:　　　　　　　　　　　　**The Buyer:**

Zhejiang YK GG Hand Tool I/E Co., Ltd.　　Sayid Tool Enterprises

李四　　　　　　　　　　　　　　　　*Mohamed Sayid*

(2) 进口国开来的有错误的信用证。

ISSUING BANK: FINANS BANK A. S. ISTANBUL BRANCH
ADVISING BANK: BANK OF CHINA, ZHEJIANG BRANCH

SEQUENCE OF TOTAL	*27: 1/1
FORM OF DOC. CREDIT	*40A: IRREVOCABLE
DOC. CREDIT NUMBER	*20: 16-FBISB-287
DATE OF ISSUE	31C: 160612
APPLICABLE RULES	40E: UCP LATEST VERSION
EXPIRY	*31D: DATE 160716 PLACE AT IZMIR
APPLICANT	*50: SAYID TOOL ENTERPRISES 753 TARRAGONA ROAD IZMIR TURKEY
BENEFICIARY	*59: ZHENJIANG YK YG HAND TOOL I/E CO., LTD. 269 HUAYANG ROAD YONGKANG CITY ZHEJIANG CHINA

AMOUNT	*32B: CURRENCY USD AMOUNT 25700.00
AVAILABLE WITH/BY	*41D: ANY BANK
	BY NEGOTIATION
DRAFT AT ...	42C: AT SIGHT
	FOR FULL INVOICE VALUE
DRAWEE	42D: FINANS BANK A. S.
	ISTANBUL BRANCH
PARTIAL SHIPMENT	43P: NOT ALLOWED
TRANSSHIPMENT	43T: ALLOWED
PORT OF LOADING	44E: NINGBO/SHANGHAI
PORT OF DISCHARGE	44F: ISTANBUL TURKEY
LATEST DATE OF SHIP.	44C: 160716
DESCRIPTION OF GOODS	45A:

  HAND TOOLS AS PER S/C NO. YKYG160906
  CIF IZMIR
  10PCS COMBINATION SPANNER, 1200SETS, USD11.00PER SET
  12PCS DOUBLE OFFSET RING SPANNER, 1000SETS, USD12.50 PER SET
  PACKING: IN ONE CARTON OF 20 SETS EACH,
  TOTAL IN ONE 20 FEET FULL CONTAINER LOAD.

DOCUMENTS REQUIRED 46A:
  +MANUALLY SIGNED COMMERCIAL INVOICE IN THREE COPIES
  +FULL SET CLEAN ON BOARD OCEAN BILL OF LADING MADE OUT TO ORDER MARKED FREIGHT COLLECT NOTIFY APPLICANT
  +PACKING LIST IN THREE COPIES
  +CERTIFICATE OF ORIGIN GSP FORM A IN ONE COPIES
  + INSPECTION CERTIFICATE FOR QUALITY ISSUED BY APPLICANT
  +BENEFICIARY'S CERTIFICATE STATING THAT EACH COPY OF INVOICE, BILL OF LADING AND PACKING LIST HAVE BEEN SENT TO APPLICANT IMMEDIATELY AFTER SHIPMENT

ADDITIONAL COND. 47A:
  +DOCUMENTS PRESENTED WITH DISCREPANCY WHETHER INDICATED OR
  FOUND IS SUBJECT TO A HANDLING FEE OF USD50.00 WHICH IS PAYABLE BY THE BENEFICIARY AND WILL BE DEDUCTED FROM PROCEEDS UPON
  NEGOTIATION

DETAILS OF CHARGES 71B: ALL BANK CHARGES OUTSIDE TURKEY ARE FOR ACCOUNT OF THE BENEFICIARY

PRESENTATION PERIOD 48: WITHIN 5 DAYS AFTER THE DATE OF SHIPMENT

BUT WITHIN THE VALIDITY OF THE CREDIT
CONFIRMATION　　　*49：WITHOUT
INSTRUCTION　　　　78：ON RECEIPT OF DOCUMENTS IN ORDER AT OUR
COUNTER, WE SHALL REMIT IN ACCORDANCE WITH THE NEGOTIATING BANK'S
INSTRUCTION IN THE SAME CURRENCY OF THE CREDIT
SEND. TO REC. INFO.　　72：DOCUMENTS TO BE DISPATCHED BY COURIER SERVICE
IN ONE LOT TO FINANS BANK A. S. ISTANBUL BRANCH, TRADE SERVICES, 109 ORANGE STREET, IZMIR, SKURKEY

项目六 其他结算方式

知识目标

(1) 了解国际保理的基本概念、分类及特点,银行保函的定义与作用、基本内容,备用信用证的含义、用途,福费廷业务的产生与发展及其特点,国际保理、银行保函、备用信用证与跟单信用证的比较;

(2) 熟悉国际保理业务的业务流程,银行保函的业务流程,福费廷业务的业务流程。

能力目标

掌握国际保理业务、银行保函、备用信用证和福费廷业务的运用。

导入案例

经营日用纺织品的英国 Tex UK 公司主要从我国、土耳其、葡萄牙、西班牙和埃及进口有关商品。几年前,当该公司首次从我国进口商品时,采用的是信用证结算方式。最初采用这种结算方式对初次合作的公司是有利的,但随着进口量的增长,他们越来越感到这种方式的烦琐与不灵活,而且必须向开证行提供足够的抵押。为了继续保持业务增长,该公司开始谋求至少 60 天的赊销付款方式。虽然他们与我国出口商已建立了良好的合作关系,但是考虑到这种方式下的收汇风险过大,因此我国供货商没有同意这一条件。之后,该公司转向国内保理商 Alex Lawrie 公司寻求解决方案。英国的进口保理商为该公司核定了一定的信用额度,并通过中国银行通知了我国出口商。通过双保理制,进口商得到了赊销的优惠付款条件,而出口商也得到了 100% 的风险保障以及发票金额 80% 的贸易融资。公司董事 Jeremy Smith 先生称,双保理业务为进口商提供了极好的无担保迟期付款条件,使其拥有了额外的银行工具,帮助其扩大了从中国的进口量,而中国的供货商对此也应十分高兴。

虽然出口商会将保理费用加入进口货价中,但 Jeremy Smith 先生认为对进口商而言,从某种角度看也有它的好处。当进口商下订单时,交货价格就已确定,他们不须负担信用证手续费等其他附加费用。而对于出口商十分关心的保理业务中的合同纠纷问题,相对而言,虽然理论上说信用证方式可以保护出口商的利益,但实务中由于很难做到完全的单证一致、单单一致,因此出口商的收汇安全也受到挑战。Jeremy Smith 先生介绍,该公司在与中国供货商合作的 5 年时间里仅有两笔交易出现一些货物质量方面的争议,但问题都很快得到解决,且结果令双方满意。

思考: 国际保理业务与信用证比较,有何特点?

模块一 国际保理

保理的全称为保付代理（international factoring），意思是指保证付款和代理收款的业务，是为出口商提供的融资服务。严格来说，保证付款和代理收款这是两项服务，出口商有权只选择其代理收款服务，但作为提供服务的保理商（factor），当然希望同时提供这两项服务给同一出口商，借此收取两项服务费用。

保理业务主要是为赊销方式而设计的一种综合性金融业务，其中包括信用调查、保证付款、代理收款及融资等多项服务。在赊销结算方式下，出口商在发货交单后就只能等待卖家的如期付款，就算有催款行为也经常会遇到拖延付款或不付款的情况。但使用了保理商业务，情况就会发生很大的变化，由原来的被动变成了主动。保理商将负责对所有客户的信用销售控制、销售分户账管理、债款回收、坏账担保和定时提供所有情况的报告，从而解决了出口商售后的所有跟进工作。一般保理融资以短期性居多但融资是连续性的。

应用案例 6-1

A公司是世界知名的自行车制造商之一，公司成立于1972年，产品出口遍布欧亚各地。由于目前自行车行业的技术已比较成熟，业内竞争非常激烈，厂商往往不得不满足客户赊账需求。但随即厂商担心赊账销售可能会导致坏账损失。A公司曾使用出口信用保险来解决坏账之忧，但坏账发生后，公司仍须承担至少20%的货款损失，且理赔手续相对烦琐。后来，A公司接触了国际保理商B，开始了解并使用国际保理服务。保理服务所提供的客户资信资料以及全套账户管理服务使A公司节约了大量人力、物力，最重要的是保理费用低于出口信用保险费用。

请问：从上述案例中可得到哪些启示？

【案例分析】

目前，国际上许多商品已成为买方市场，商品品质的趋同性使传统出口竞争手段的作用逐渐变小。许多出口商转而通过向进口商提供优越的货款赊销便利提高产品竞争力，国际保理则可以有效减少赊销所导致的各种后顾之忧。

一、国际保理的产生和发展

现代保理起源于18世纪的美国，在第二次世界大战后，世界市场上形成了买方市场，国际商品贸易从质量和价格的竞争转移到付款方式的竞争。进口商倾向于用赊账方式购货，这就对出口商造成极大的风险。因此，保理业务应运而生。

欧洲和北美洲的保理业务发展得较早和较快，因此较普遍，而亚洲和拉美地区从20世纪70年代才开始有较快的发展。1968年11月，来自15个国际的30多家银行和保理公司在斯德哥尔摩召开大会宣布成立国际保理商联合会（Factors Chain International，FCI）。FCI的总部设在荷兰的阿姆斯特丹，现有保理商会员252个，遍布67个国家，是一个国际性的民间商务组织，目的是为会员提供国际保理业务的统一标准、程序、法律依据和技术咨询，并负责会员公司的组织协调和技术培训工作。

近年来,保理业务在全球飞速发展,根据 FCI 统计数据显示,2018 年全球保理业务总量为 2.73 万亿欧元,较 2017 年增长 6.5%,中国保理业务是继续保持世界第一,达 4 115.37 亿欧元,同比增长 1.4%。从全球保理业务的增长趋势来看,保理行业未来的发展会保持一个稳定的增长趋势。从地区业务构成情况来看,欧洲保理业务量占全球 66.10%,亚太地区保理业务量占全球 25.14%,南美洲占全球 4.38%,北美洲保理业务量占全球 3.26%;预计非洲将是保理产品快速增长的潜力市场,非洲保理业务的增长主要归因于南非和埃及两国市场的扩大。

二、国际保理业务的当事人

国际保理业务的当事人除了有出口商、进口商这两个基本当事人,还有下述一个或两个有关当事人。

(一) 出口保理商

出口保理商(export factor)是指与出口商签订保理协议,对出口商的应收账款承诺做保理业务的一方,通常在出口商所在地。

(二) 进口保理商

进口保理商(import factor)是指在进口国同意代收由出口商出具发票表示并让渡给出口/进口保理商的应收账款的一方,与出口保理商(双保理)或直接与出口商(单保理)签订保理协议(factoring agreement)。

应用案例 6-2

某出口商 A 与一进口商 B 达成一笔出口合同,双方拟采用 D/A 远期的方式结算,并同时采用国际保理方式融资。出口商向国内的一家出口保理商申请采用此服务,出口保理商通过进口国当地的一家进口保理商对进口商进行资信调查,共核准了 8 万美元应收账款。此批货物采用分批运输,共进行 5 次运输。出口商已装运了 2 次,价值 3 万美元。但此时出口商突然收到进口保理商发出的停止装运的通知,并撤销该信用额度的核准。原来进口商 B 由于涉嫌财务欺诈,正在接受该国司法部门的调查,进口保理商认为进口商 B 的资信已经发生了根本的改变,因此提出撤销该批货物信用额度的核准。

请问:

进口保理商有无权利要求撤销该批货物的信用额度的核准,以及出口商可否获得先前出运的货物已核准的账款的赔偿?

【案例分析】

根据国际保理商联合会制定的《国际保理业务惯例规则》第 18 条的规定,进口保理商有权视情况缩减或撤销信用额度。撤销(在此亦包含减额)必须通过书面形式或通过电话(随后以书面确认)。在收到撤销通知后,出口保理商应立即通知供应商,此撤销对供应商收到通知后的发货有效。

根据该规定,如果收到进口商资信的不利报告,进口保理商有权撤销他先前已经核准的信用额度,但是仅仅局限于尚未出运的货物。对于已经出运的货物,进口保理商仍然要承担支付责任。因此,出口商可以获得对于先前已经出运的货物已核准的账款。

当使用双保理方式时,出口保理商和进口保理商之间的关系可以统一受 FCI 条例约束。

三、国际保理业务的基本处理流程

国际保理业务的基本处理流程如图 6-1 所示。

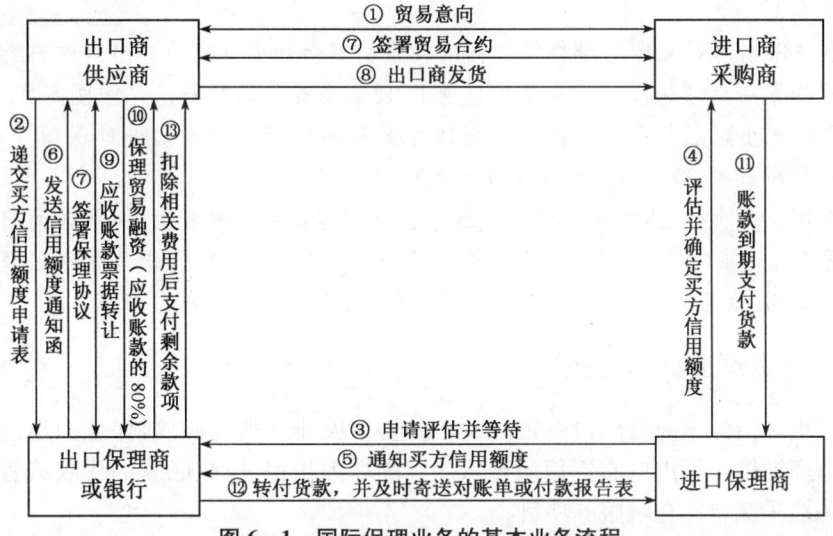

```
           ① 贸易意向
出口商  ←——————————————→  进口商
供应商      ⑦ 签署贸易合约      采购商
           ⑧ 出口商发货
   │                              │
   │② 递交买方信用额度申请表       │
   │⑥ 发送信用额度通知函           │④ 评估并确定买方信用额度
   │⑦ 签署保理协议                 │⑪ 账款到期支付货款
   │⑨ 应收账款票据转让             │
   │⑩ 保理贸易融资(应收账款的80%)  │
   │⑬ 扣除相关费用后支付剩余款项   │
   ↓                              ↓
出口保理商  ← ③ 申请评估并等待 →  进口保理商
或银行       ⑤ 通知买方信用额度
            ⑫ 转付货款,并及时寄送对账单或付款报告表
```

图 6-1 国际保理业务的基本业务流程

在下图 6-1 中,各环节的具体内容如下:① 出口商与进口商有贸易意向或新一轮贸易需求;② 出口商向出口保理商递交买方信用额度申请表,为海外买方申请信用额度;③ 出口保理商向进口保理商申请评估买方资信情况并等待核准进口商的信用额度;④ 进口保理商对进口商的商业资信进行调查和评估,并初步确定进口商的信用额度;⑤ 进口保理商向出口保理商通知对进口商的信用额度调查结果;⑥ 出口保理商向出口商通知进口商的信用额度结果;⑦ 出口商与进口商签订贸易合约,同时与出口保理商签署国际保理业务相关协议;⑧ 在被核准信用额度的情况下,出口商装运货物向进口商发货;⑨ 出口商向出口保理商提供发货凭证及有关应收账款债权转让声明及发票副本;⑩ 出口保理商向出口商提供发票金额 80% 比例的贸易融资;⑪ 账款到期后,进口商向进口保理商支付货款;⑫ 进口保理商将货款转付给出口保理商,并及时向出口保理商寄送对账单或付款报告表;⑬ 出口保理商扣除相关费用后,将余款支付给出口商。

应用案例 6-3

某出口商 A 向进口商 B 出口一批价值 12 万美元的商品,装船后 30 天以 D/A 方式付款。由于出口商 A 仅仅是一家业务规模很小的贸易公司,它不想过多地占用自己的流动资金,因此出口商 A 希望采用国际保理业务融通资金。

请问:其业务流程是什么?

【案例分析】

出口商希望通过采用国际保理方式进行融资,其具体做法可以简要陈述如下:

(1) 出口商 A 首先选定一家出口地的保理商 C 作为出口保理商,然后与其签订出口保理协议,同时向它提出 12 万美元的授信额度申请以及提交出口保理商要求提供的进口商的有关资料,以备审核。

(2) 出口保理商立即选定进口地的保理商 D 作为进口保理商,然后将出口商 A 的申请递交 D,进口保理商 D 仔细审核申请,然后通过各种方式获得进口商 B 的信誉信息,通过综合各方采集到的关于进口商 B 的资料,作出授信的决定,其授信额度为 8 万美元,并立刻通知出口保理商 C。

(3) 出口保理商 C 立即将进口保理商的授信决定通知出口商 A。出口商 A 很快出运货物连同正本提单一起通过代收行交给进口商 B,而副本提单则交给出口保理商 C。

(4) 出口保理商 C 收到副本提单后很快将发票的细节情况通知进口保理商 D,并按照保理协议预付出口商 80% 的货款(6.4 万美元)。

(5) 货到目的地后,进口商 B 凭承兑远期汇票取得提单提取货物,并承诺到期付款。

(6) 进口保理商 D 将所有核准的货款付给出口保理商 C,当出口保理商 C 获取已经收到货款的通知后,立即将其余货款在扣除了相应的费用后支付给出口商 A。

四、国际保理业务的分类

国际保理是指保理商与出口商之间的一种协议安排。据此协议,保理商通过收购应收账款向出口商提供包括进口商资信调查、100% 的坏账担保、应收账款的代收或管理以及贸易融资的一揽子综合性金融服务项目。

国际保理业务的分类如下:

公开保理是指当出口商将应收账款出售给保理商后,由保理商出面向进口商收款,同时出口商以书面形式将保理商的参与情况通知进口商,要求进口商将货款付给保理商。

隐蔽保理是指出口商因为不愿让进口商了解其因缺乏流动资金而需要转让应收账款等原因,在把应收账款出售给保理商以后,仍然由自己向进口商收款,然后再转交给保理商,而不将使用保理业务的事实告知进口商。

双保理模式即涉及进、出口双方保理商的保理业务模式。在这种模式下,出口商和出口保理商签订保理协议,将其在国外的应收账款转让给出口保理商,而由出口保理商与进口保理商签订代理协议,向进口保理商再转让有关的应收账款,并且委托进口保理商直接与进口商联系收款。

单保理模式即只有一家保理商参与提供服务的保理模式。

到期保理是指出口商将应收账款出售给保理商后,保理商并不立即向出口商支付现款,而是同意在票据到期时向出口商支付货款金额。

预支保理又称为标准保理,是指出口商将应收账款出售给保理商以后,保理商立即对其支付信用额度一定比例的现款,等到到期收款后,再支付货款余额。

有追索权保理是指出口商将应收账款转让给保理商,并获得保理融资后,如果进口商因资信不佳拒绝付款,保理商有权向出口商要求偿还预付的款项,即保理商具有对出口商的追索权。

无追索权保理是指出口商将应收账款转让给保理商,并获得融资后,如果进口商因资信不佳到期拒绝付款,保理商不能要求出口商归还其垫付的款项,保理商独自承担进口商拒付的风险,即保理商对出口商无追索权。

五、国际保理业务的利弊

国际保理业务的有利之处在于,出口保理作为一种价廉高效的结算方式,帮助出口公司抓住了出口机遇,改善了公司的资金流动性,减少了坏账,同时也节省了用于销售分户账管理、资信调查、账款回收等管理费用;对债务人而言,增加营业额,降低成本,保证收到合理货物,简化购货手续,增加利润。

国际保理业务的不利之处在于,国际保理商的风险较大,供应商承担的国际保理费用偏高。

供应商在国际保理业务中应注意,国际保理业务不适用于各类企业所有商品的交易,通常适用于中小企业的中小额交易。供应商要严格按照保理商批准的信用额度与债务人成交合同,在交货时必须严格符合合同的规定。否则,保理商将不负担任何责任,所有的风险由供应商自己承担。出口商应慎重选择国际保理商。保理业务费用应事先估算在出口成本之中,尽量减少自身的额外费用。

六、国际保理业务与信用证方式的比较

信用证方式下,进口人必须支付不菲的开证费,还要缴纳相当于信用证金额一定比例的开证押金;而出口人必须严格按信用证的规定制单、交单,才能获得付款。

保理业务中,债务人不必负担开证费,无须占压开证押金;而供应商只要按照合同的规定在保理商核准的信用限额内交货,则将由保理商承担信用风险。

应用案例6-4

危机中凸显国际保理的作用

厦门某出口企业A公司主营大型机械出口业务,产品主要出口至俄罗斯。考虑到俄罗斯当地的政治经济形势及国外客户的具体情况,A公司的负责人一直在寻找合适的金融工具,以防范出口收汇风险。根据企业具体情况,建设银行为其设计了国际保理服务方案。在国际保理的支持下,A公司2007—2008年出口量同比新增400%。

2008年下半年,随着国际金融危机逐步向实体经济蔓延,俄罗斯成为信用风险的重灾区。2008年9月,A公司出口一批机械设备至俄罗斯B公司,货值27万美元,结算方式为T/T 90天。2008年12月,A公司知悉B公司由于财务困难无法正常支付货款,建设银行立即就该情况与俄罗斯进口保理商联系,由其向B公司催收欠款。在进口保理商的催收下,俄罗斯B公司2009年1月支付了部分货款5万美元,其余欠款在确认该贸易无争议的前提下,由进口保理商于2009年2月足额支付22万美元。

【案例分析】

在上述案例中,A公司借助银行的"国际保理"金融工具,成功地转"危"为"安"。所谓国际保理,是指出口商在采用赊销(O/A)、承兑交单(D/A)等信用方式向进口商销售货物时,由出口保理商和进口保理商基于应收账款转让而共同提供的包括应收账款催收、销售分户账管理、信用风险担保以及保理预付款等服务内容的综合性金融服务。

银行在进口保理商给予进口商信用风险担保额度的前提下,向出口商A公司提供应收账款融资,为公司业务的扩展提供了有力的信贷资金支持。在危机来临时,通过国际保理的应收账款催收功能成功追讨欠款。在当前环境下,这项服务功能对国内出口商来说,有不容

忽视的重要作用。进口保理商身处国外买家所在国，熟悉当地的法律法规，了解当地的商业习惯，掌握适应当地的催收手段，能第一时间对国外买家形成更为有效的催款压力。例如，进口保理商在实施催收后，进口商在发票到期日90天后仍未付款，在贸易不存在质量等争议问题的前提下，进口保理商须承担付款责任。

（资料来源：中国建设银行厦门分行网站。）

应用案例6-5

出口保理业务引起的纠纷案

一、背景

业务类型：出口保理融资
出口商：我国B公司
进口商：某国A公司
出口保理商：我国某保理商
进口保理商：某国保理商

二、案情经过

年初，国内某出口商B公司委托当地出口保理商叙做一笔出口保理业务。在获得进口保理商批准的10万美元信用额度后，出口保理商即与出口商签订了《出口保理业务协议》及《保理融资扣款授权书》。同年4月和5月，出口商先后向出口保理商提交了两张发票，金额总计10万美元。出口保理商随即将这两张发票先后转让给了进口保理商，并根据出口商的申请，向其提供了8万美元的出口保理融资。

8月5日，出口保理商收到进口保理商发来的争议通知，告知出口保理商，该年年初出口商以托收方式发给进口商的货物因质量问题被进口商海关扣留，致使进口商不能提取该批托收项下已付货款的货物，进口商A公司因此拒付该出口商保理项下两笔应收账款。进口保理商同时随附了一份进口国海关的证明书。出口保理商立即将有关争议情况通知了出口商，出口商承认托收项下的货物确有质量问题，并正在与进口商交涉。为了资金安全，出口保理商根据与出口商签署的《保理融资扣款授权书》及《出口保理业务协议》有关条款的规定，于8月11日将保理融资款项及其利息费用从出口商账上冲回，出口商对此未提出任何异议。

然而，在这之后直至次年7月进口商倒闭，买、卖双方始终未能协商解决保理项下这起因反索而引起的贸易纠纷。其后第三年3月5日，出口商以"出口保理商冲回保理融资侵犯了出口商的合法权益"为由向法院起诉，要求出口保理商赔偿人民币100多万元，后又认为起诉理由不当而主动撤诉，并另以"保理业务项下贸易合同未出现任何质量争议，出口保理商却以质量争议为由扣划保理融资款项是严重侵犯出口商权益"为由起诉出口保理商。

【案例分析】

首先，应解决的问题是反索是否构成贸易纠纷。反索是指进口商因与出口商另外一笔交易的结果导致进口商向出口商提出索赔而引起的争议。在本案中，由于出口商最初发给进口商托收项下的货物出现质量问题，从而导致进口商拒付该出口商保理项下两笔应收账款，这实际上就是一种反索。本案中的反索已经对出口商能否按照保理协议如期得到保理公司的融资构成了威胁，甚至可能导致这种融资的失败（事实上也正是如此），因此，反索已构成贸易纠纷。

其次,需考虑的是本案应如何判决。对于这一点,我们应先分析一下出口商的起诉能否站得住脚。

按照《国际保付代理公约》第10条的规定,如果保理人付款时已经知道在与债务人付款有关的货物方面,供应商存在不履约、履约有瑕疵或者履约迟延的情况,导致货物销售合同的不履行、履行有瑕疵或者履约迟延,债务人只可以向供应商收回其已经给付保理人的款项,却无权向保理人收回已经给付的款项。反之,若保理人付款时并不知道与债务人付款有关的货物方面,供应商存在不履约、履约有瑕疵或迟延的情况,则债务人(进口商)有权收回其已经付给保理人的款项,或有权利对保理人不付款。因此,在保理业务中保理商保证赔付必须建立在"出口商按时按质按量履行交货义务"的基础上,如果买方对此提出异议、抱怨或索赔,均被推定为是发生贸易纠纷,保理商将立即转告出口商去处理。如纠纷未能在合理时间内得到解决,则相关的应收账款,不论其是否在信用额度之内,均为不合格应收账款,保理商有权主动冲账,并不承担坏账风险。由此可以知道,若保理项下贸易合同出现质量争议,出口保理商扣划保理融资款项是合法的。

那么,在本案中,保理业务项下贸易合同未出现任何质量争议,出口保理商是否可以以进口商提出的反索为由扣划对出口商的保理融资款项?

按照国际保理商联合会颁布的《国际保理业务惯例规则》第41条规定:"如果债务人提出抗辩,反索或纠纷,并且如果出口商于发生纠纷的应收账款所涉及发票的到期日后270天内收到该纠纷通知,进口保理商不应被要求对债务人由于这种纠纷而拒付的金额进行付款。"即按照《国际保理业务惯例规则》的规定,在进口商提出反索的情况下,进口保理商有权对本贸易合同项下的金额拒绝融资。本案中,出口保理商是可以以进口商提出的反索为由扣划对出口商的保理融资款项的,这种做法符合国际惯例,不应被看作是侵犯了出口商的利益。所以,出口商的起诉本身是不能成立的。因此,法院的判决应该是驳回出口商的诉讼请求,并由出口商承担本案的诉讼费。

本案的经验教训总结起来有以下几点:

(1) 为了减少麻烦,便于双方控制风险,出口商在向出口保理商提出信用额度申请时,应将其与买方之间所有现存贸易纠纷如实通报出口保理商,以便其及时转告进口保理商,此条应列入出口商与出口保理商签订的《出口保理业务协议》中。

(2)《出口保理业务协议》应明确,一旦出口商以保理方式与买方进行交易,须将所有对该买方的应收账款(信用证交易及现金交易项下应收账款除外)转交出口保理商处理,以便保理商及时控制贸易纠纷引起的收汇风险。

(3) 一旦客户提出反索,出口商不该在纠纷是否成立这个问题上与出口保理商纠缠不休,而应积极联系进口商,就如何协商解决反索引起的纠纷及早达成一致意见。

拓展阅读

国际保理商联合会

国际保理商联合会(Factors Chain International,FCI)于1968年在荷兰成立,总部设在阿姆斯特丹。它是由世界各国几十家银行所属的保理公司组成的国际性自律联合体,其目的是为会员提供国际保理服务的统一标准、程序、法律依据和技术咨询,并负责组织协调和技术培训。根据 FCI 于 2011 年 4 月发布的统计数据,加入该组织的保理公司数达到 2 437 个,来自全球 67 个国家和地区。

中国银行于 1993 年 3 月正式加入该组织。截至 2010 年年底,我国共有 23 家银行机构加入了国际保理商联合会。我国 2010 年的国际保理业务收入将近 2 054 亿美元,比 2009 年增长 113%,在 FCI 的全球保理业务量排名中位列英国之后,排名第二,实现了飞跃式发展。

国际保理商联合会制定的《国际保理惯例规则》和《国际保理仲裁规则》是国际保理业的主要国际惯例。《国际保理惯例规则》具体规定了各保理商的权利和义务、应收账款转让的合法性、补偿、预付款、期限、保理中 EDI(电子数据交换)标准的适用等方面的内容。

国际保理商协会

国际保理商协会(International Factors Group,IFG)于 1963 年成立,总部设在比利时布鲁塞尔,系依比利时法律成立的有限公司组织,是全球第一个国际应收账款承购商同业组织。成立初期,会员皆为 The First National Bank of Boston 的独资或合资公司,会员都以 International Factors 命名,采取一国一会员的封闭架构,直到 1987 年才改为开放架构,以吸收更多的非关联企业成员加入。截至 2015 年,旗下会员超过 400 家,遍布 87 个国家和地区。

IFG 已不局限于为会员提供国际保理的交易及数据平台、法律规则、文件及仲裁服务,其范围扩大到如下领域:

(1) 培训与教育,包括基础教育、审计培训、GRIF 及 IFExchange 操作研讨等。
(2) 会议及其他交流平台,如总裁俱乐部、销售主管俱乐部、国际部主管俱乐部等。
(3) 提供产业信息及游说服务,如 EIF。
(4) 服务品质监控程序。
(5) 处于行业翘楚地位的 15 个公司加入了该组织,成为提供专业服务的会员,它们来自 IT、法律、风险管理、教育等诸多行业。IFG 组织已与各国的保理协会,如美国 CFA、英国 FDA 建立了合作伙伴关系。

该组织的目标是以内部互助性为基础理念,在国际商务领域内建立起一个保理网络体系。组织遵循的原则为持续发展原则、高标准原则、协作原则、改革与发展原则。

IFG 创立了国际保理业务双保理体系,并于 1979 年开发了电子数据交换系统 (IFExchange),用于各计算机之间的数据交换,以支持业务系统的运行。国际保理商组织制定了系统的法律规则和文件,适用于所有组织成员及与成员进行保理交易的其他人,用以规范和保证保理服务的标准化及高质量,同时也明确和简化了成员从事保理业务时涉及的相关法律文件、法律程序。当保理交易发生争议时,该组织也是依据这些法律规则和文件进行仲裁。这些法律文件中最重要的是《国际保理业务通用规则》(General Rules For International Factoring,GRIF),由国际保理商协会与国际保理商联合会共同制定,是当今全球通用的国际保理业务基本规则,有别于《国际保理公约》(Convention on International Factoring)。《国际保理公约》由国际私法协会制定,权威性更大,适用于所有签约国。中国是成员国但不是签约国,因此中国的保理业务更多遵循《国际保理业务通用规则》。

目前加入 IFG 的中国成员有 8 个,它们分别是:

(1) 南京银行(Bank of Nanjing Co.Ltd.),http://www.njchcom.cn。

(2) 齐鲁银行(Qilu Bank Co.Ltd.),http://www.qlbchina.com。

(3) 河南省远洋集团有限公司(Henan Worldwide Group Co.Ltd.),http://www.Hnyyitgs.cn。

(4) 嘉融信(天津)国际保理有限公司(JRF International Factoring Ltd.),http://www.jrfactor.com。

(5) 瀛寰东润(中国)国际保理有限公司[Orbrich(China) International Factors Ltd.],http://www.ofg.com.cn。

(6) 天津克莱德国际保理有限公司(原天津泰安国际保理有限公司)(Tianjin Chinland International Factoring Co.Ltd.),http://www.tfgfactors.com.cn。

(7) 天津渤海保理有限公司(Tianjin Bohai Factoring Ltd.),http://www.hnagroup.com。

(8) 中新力合有限公司(Uni-power Guaranty Co.Ltd.),http://www.upg-group.com。

《国际保理公约》

国际统一私法协会于 1988 年 5 月通过了第一部有关国际保理的法律文件——《国际保理公约》,并于 1995 年 5 月 1 日正式生效。其宗旨是公正平衡国际保理交易中的各方当事人利益,尽可能统一国际保理业务的法律制度。通篇共 4 章 23 条。第 1 章规定了保理的定义、公约的适用范围和总则。公约适用于营业地处于不同国家或地区的供应商和债务人(进口商)订立的货物销售合同(包括服务合同),这些合同可以是任何时候所产生的并根据保理合同转让的应收账款,而且这些国家和保理商营业地所在国均为缔约国;或者货物销售合同与保理合同均受某一缔约国的法律管辖。同时,公约又承认当事人可以约定排除对公约的适用,但只能将公约当作一个整体予以排除。第 2 章列明了当事人各方的权利和义务,包括应收账款的性质、转让的形式要件和实质要件以及债务人付款义务的履行,债务人抗辩权、抵消权的行使原则。第 3 章扼要阐述了应收账款再转让的法律适用,即应收账款从出口保理商向进口保理商的转让以及其后的再转让也同样适用本公约,但保理合同禁止转让的除外。第 4 章是最后条款,规定了公约的接受、批准、加入、生效、保留等事项。

EDI

1994 年 5 月,所有的保理商联合会都启用了一种新的 EDI(electronic data interchange)通信系统 EDI factoring。它的基础是联合国 EDIFACT 标准——一种由联合国支持并开发的真正的环球电子数据交换标准。

《国际贸易中的应收账款转让公约》

《国际贸易中的应收账款转让公约》是联合国国际贸易法律委员会于 2001 年 7 月在维也纳召开的第 34 届会议上通过的一项国际公约。该公约的目的在于统一规范应收账款的国际转让及国际应收账款转让中的法律问题。《国际贸易中的应收账款转让公约》自2001年12月12日至2003年12月31日在联合国纽约总部开放,供所有国家签署,公约于第五份批准书、接受书、认可书或加入书交存之日起满6个月后的下一个月的第一日起生效。由于国际保理的核心业务就是应收账款的转让,因此《国际贸易中的应收账款转让公约》对于国际保理业务也具有一定的法律指导作用。

中国银行业保理业务规范

(中国银行业协会,2010年4月7日)

第一章 总 则

第一条 为了确立保理业务管理基本原则,明确其业务属性,以规范和促进保理业务健康、有序发展,根据《中华人民共和国合同法》、《中华人民共和国物权法》、《中华人民共和国银行业监督管理法》、《中华人民共和国商业银行法》,以及其他有关法律、法规、规章、国际国内惯例,特制定本规范。

第二条 本规范适用于中华人民共和国境内经国务院银行业监督管理机构批准设立并开办保理业务的银行业金融机构。

第三条 银行在办理业务时必须遵循以下原则:

(一)遵守我国有关法律、法规及规章。

(二)遵守国际惯例,如《国际保理通用规则》等。

(三)妥善处理业务发展与风险管理的关系。

(四)妥善处理同业合作与竞争的关系。

第二章 定义、特点及分类

第四条 定义。

(一)应收账款。

本规范所称应收账款指权利人(以下简称"债权人")因提供货物、服务或设施而获得的要求义务人(以下简称"债务人")付款的权利,包括现有的和未来的金钱债权及其产生的收益,但不包括因票据或其他有价证券而产生的付款请求权。

本规范所称应收账款包括下列权利:

1. 销售产生的债权,包括销售货物,供应水、电、气、暖,知识产权的许可使用等。

2. 出租产生的债权,包括出租动产或不动产。

3. 提供服务产生的债权。

4. 公路、桥梁、隧道、渡口等不动产收费权。

5. 其他。

(二)保理业务。

保理业务是一项以债权人转让其应收账款为前提,集融资、应收账款催收、管理及坏账担保于一体的综合性金融服务。债权人将其应收账款转让给银行,不论是否融资,由银行向其提供下列服务中的至少一项:

1. 应收账款催收。银行根据应收账款账期,主动或应债权人要求,采取电话、函件、上门催款直至法律手段等对债务人进行催收。

2. 应收账款管理。银行根据债权人的要求,定期或不定期向其提供关于应收账款的回收情况、逾期账款情况、对账单等各种财务和统计报表,协助其进行应收账款管理。

3. 坏账担保。债权人与银行签订保理协议后,由银行为债务人核定信用额度,并在核准额度内,对债权人无商业纠纷的应收账款,提供约定的付款担保。

第五条 保理业务具备以下特点:
1. 银行通过受让债权,取得对债务人的直接请求权。
2. 保理融资的第一还款来源为债务人对应收账款的支付。
3. 银行通过对债务人的还款行为、还款记录持续性地跟踪、评估和检查等,及时发现风险,采取措施,达到风险缓释的作用。
4. 银行对债务人的坏账担保属于有条件的付款责任。

第六条 保理业务分类。

1. 国际、国内保理。

按照基础交易的性质和债权人、债务人所在地,可分为国际保理和国内保理。债权人和债务人均在境内的,称为国内保理;债权人和债务人中至少有一方在境外的,称为国际保理。

2. 有、无追索权保理。

按照银行在债务人破产、无理拖欠或无法偿付应收账款时,是否可以向债权人反转让应收账款,或要求债权人回购应收账款或归还融资,可分为有追索权保理和无追索权保理。

有追索权保理是指在应收账款到期无法从债务人处收回时,银行可以向债权人反转让应收账款,或要求债权人回购应收账款或归还融资。有追索权保理又称回购型保理。

无追索权保理是指应收账款在无商业纠纷等情况下无法得到清偿的,由银行承担应收账款的坏账风险。无追索权保理又称买断型保理。

3. 公开、隐蔽型保理。

按照是否将应收账款转让的事实通知债务人,可分为公开型保理和隐蔽型保理。

公开型保理应将应收账款转让的事实通知债务人,通知方式包括但不限于:向债务人提交银行规定格式的通知书,在发票上加注银行规定格式的转让条款。

隐蔽型保理中应收账款转让的事实暂不通知债务人,但银行保留一定条件下通知的权利。

第三章 银行内部管理要求

第七条 银行应根据业务发展战略、业务规模等,设立专门的保理业务部门或团队,负责制度制定、产品研发、推广、业务操作和管理等工作,并配备相应的资源保障。

第八条 银行开办保理业务应配备专业的从业人员,岗位设置应包括以下职能:业务管理、产品研发、风险控制、市场营销和业务操作等。

第九条 银行应积极,组织从业人员接受培训,包括国际保理商联合会、中国银行业协会保理专业委员会举办的各类专业培训活动,并对其专业能力进行评估和考核。

第十条 银行应根据自身情况建立规范的业务管理办法和操作规程。

(一)业务管理办法至少应包含以下内容:

1. 业务范围。应参照本规范对具体产品进行定义,并按银行自身的情况制定适当的业务范围。

2. 组织结构。应明确业务相关部门及其职责,同时授予保理业务部门相对独立的管理权限。

3. 客户准入。应按照保理业务特点,制定适当的客户准入标准。

4. 账款标准。应制定适合叙做保理业务的应收账款标准,包括但不限于账期、付款条件、交易背景和性质等。

5. 授信审批。应结合保理业务特点,制定有别于流动资金贷款的授信政策、评估标准和放款条件。

银行可发起对债务人的主动授信,且不必与债务人签署授信协议。

6. 同业风险管理。应对合作银行、保理公司及保险公司等进行授信管理。

7. 授信后管理。应制定与保理业务特点相适应的授信后管理政策,包括密切监控债权人及债务人履约情况、交易背景真实性、应收账款回款情况等。

8. 收费及计息标准。应根据业务成本、风险承担、合理利润等因素制定收费、计息标准。国际保理融资利率可采用内部资金成本加点方式厘定,国内保理融资利率可按不低于票据贴现利率执行。

(二)保理业务操作规程至少应包含以下内容:

1. 业务受理。
2. 额度申请及核准。
3. 协议签署。银行应与债权人签订业务协议,可不与债务人签订协议。
4. 交易真实性审查。
5. 应收账款转让及通知债务人。除单笔核准外,原则上应要求债权人对指定债务人的应收账款整体转让。
6. 额度使用及管理。包括对债权人和债务人额度的启用、占用、变更、冻结和取消等。
7. 融资发放。
8. 应收账款管理及催收。
9. 费用收取及支付。
10. 特定情况处理。包括贷项清单、商业纠纷、间接付款和担保付款的处理等。
11. 会计处理。

第十一条 银行根据内部管理要求决定保理业务是否在中国人民银行"应收账款质押登记公示系统"进行转让登记。

第十二条 银行应建立电子化的业务操作和管理系统,以实现以下目标:

1. 管理流程统一。设定统一的业务标准,确保银行在参数构架、安控维护、额度控制和业务流程等方面进行即时监控,随时了解业务运营情况,便于对业务的定期回顾和检查。
2. 预警及监管。实现对应收账款的分账户管理,并对业务异常情况进行预警提示等。
3. 业务数据保存。做好数据备份工作,确保储存数据安全。储存期限应不少于五年,储存数据可根据需要随时提取,用于事后的统计、管理等。

第四章 数据统计及信息披露

第十三条 银行应做好业务数据统计工作,并按照监管机构的要求及时报送。

第十四条 企业征信系统信息披露。银行提供保理融资时,有追索权保理按融资金额计入债权人征信信息；无追索权保理不计入债权人及债务人征信信息。银行为债务人核定信用额度时，不计入债务人征信信息。银行进行担保付款或垫款时，应按风险发生的实质，决定计入债权人或债务人的征信信息。

第五章 附 则

第十五条 银行应按照本规范制定相应的规章制度以及实施细则，其他开展保理业务的机构可参照执行。

第十六条 本规范中凡涉及国家外汇管理法规、政策有关要求的，如遇有关部门出台新的法规或规定，应遵守和执行新的法规。

第十七条 本规范由中国银行业协会保理专业委员会组织制定并负责解释。

第十八条 本规范自发布之日起施行。

模块二 银行保函

一、银行保函的定义与作用

银行保函(letter of guarantee，L/G)又称银行保证书，是指商业银行根据申请人的要求向受益人开出的担保申请人正常履行合同义务的书面证明。它是银行有条件承担一定经济责任的契约文件，当申请人未能履行其所承诺的义务时，银行负有向受益人赔偿经济损失的责任。

概括而言，保函从其本质上来说具有两大基本作用：第一，保证合同价款的支付；第二，发生违约时，对受害方进行补偿并对违约责任人进行惩罚。依据保函的这两项基本职能，人们既可以用它来充当商务支付的手段，以解决交易中合同价款及费用的支付问题，又可以利用它来作为对履约责任人必须按期履行其合同义务的制约手段和违约受害方的补偿保证工具。

二、银行保函业务的当事人

（一）申请人

申请人即向担保行申请开立保函的人。他应该按合同的规定履行其应尽的责任义务，具体来说，就是负担保函项下的费用和利息，并在担保行依据保函条款的规定履行担保责任向受益人赔付款项时，立即对其进行补偿。此外，在保函实务中，担保行为了减少风险，往往还要求申请人提交反担保或财产抵押，在这种情况下，申请人必须按担保行的规定提供其认可的反担保或财产抵押。

（二）受益人

受益人即接受保函并有权按保函规定的条款向担保行索偿的人。具体来说，受益人按照合约的规定提供货物或劳务等，在保函规定的索偿条件具备时，可凭索偿条件或连同有关单据，要求担保行偿付。因而，受益人的责任是履行其有关合约下的义务，他的权益即为凭合格的单据向担保行提出索偿要求。受益人可以是招标人、买方、卖方、雇主、签约人、出租人。

（三）担保行

担保行即受申请人的委托向受益人开立保函的商业银行。担保行的责任是促使申请人履行合同中的各项任务;在申请人违约时,根据受益人提出的索偿文件和保函的规定向受益人做出索赔;并有权在赔偿后向申请人或反担保人索赔。

(四) 通知行

通知行也称转递行,即受担保行的委托将保函通知或转递给受益人的银行,通常是受益人所在的银行。通知行的责任是负责核实保函表面的真实性,并严格按照担保行的要求和指示将情况及时告知担保行,以便担保行采取其他措施。通知行对保函的内容是否准确。保函在转递过程中可能出现的延误、遗失等,均不负有责任。

(五) 转开行

转开行是指根据原担保行的要求,向受益人开立的以原担保行为申请人,以自身为担保行的保函的银行。

(六) 反担保行

反担保行是指接受申请人的委托向担保行出具不可撤销反担保,并承诺在申请人违约且无法付款时,负责赔偿担保行全部支付的银行。

(七) 保兑行

保兑行是指根据担保行的要求,在保函上加具保兑,承诺当担保行无力赔偿时,待其履行付款责任的银行,亦称第二担保行。

三、银行保函的基本内容

银行保函的基本内容见表 6-1。

表 6-1 银行保函的基本内容

基本内容	解释及应注意的问题
保函当事人的完整名称和详细地址	担保行的地址涉及保函的法律适用性问题,以及受益人的交单地址和保函本身的到期地点。另外,受益人的名称和地址不得有误,否则,通知行或转开行无法及时通知或转开
保函的性质	即保函的种类,如投标保函、履约保函等。不同种类的保函有不同的职责和义务
合同的主要内容	因为交易双方的权利义务是根据交易合同来确定的,交易合同是保函担保的标的物,所以保函中必须说明交易的内容、合同编号、签订日期、签约双方、有无修改等
保函的编号和开立日期	保函编号的作用是为了便于银行内部管理。保函的开立日期一般情况下既为保函的生效日期,又能有利于确定银行的担保责任
保函金额	保函金额是银行担保的限额,通常也是受益人的最高索偿金额。保函金额可以是具体的金额,也可以用交易合同的一定百分比表示,一般要写明币种。金额的大小写要完整、一致
保函的有效期限和终止到期日	保函的有效期限是受益人索偿要求送达担保行的最后期限,保函的终止到期日是担保行解除其担保责任的最后期限
当事人的权利和义务	保函应明确申请人、受益人、担保行及涉及的其他各当事人的责任和权利,如规定担保行在受益人证明申请人违约,提出索赔时,有责任支付受益人的合理索赔,并有权向申请人或反担保人索赔等

续 表

基本内容	解释及应注意的问题
索偿条件	即判断是否违约和凭以索偿的条件,对此有几种不同的情况:① 以担保行的调查意见作为是否付款的依据。② 凭申请人的违约证明付款。③ 凭受益人提交的符合规定的单据或证明文件付款。目前的保函多采用第三种情况为索赔条件
其他条款	包括与保函有关的转让、保兑、修改、撤销和仲裁等内容

四、银行保函的开立

(一) 直接开给受益人

1. 程序

直接开给受益人的银行保函的业务流程见图6-2。

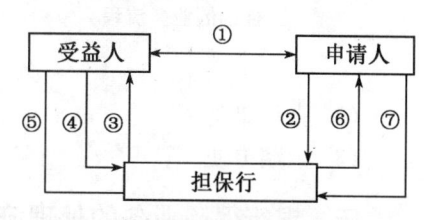

图6-2 直接开给受益人的银行保函的业务流程

在右图6-2中,各环节的具体内容如下:① 申请人和受益人之间签订合同或协议。② 申请人向担保行提出开立保函的申请。③ 担保行向受益人直接开出保函。④ 受益人在发现申请人违约后,向担保行提出索赔。⑤ 担保行向受益人进行赔付。⑥ 担保行在赔付后向申请人索赔。⑦ 申请人赔付担保行损失。

2. 特点

(1) 涉及的当事人少,关系简单。
(2) 受益人接到担保行开来的保函后,无法辨别保函真伪,因此无法保障自身的权利。
(3) 索偿不方便。

(二) 通过通知行通知

1. 程序

通过通知行通知的银行保函的业务流程见图6-3。

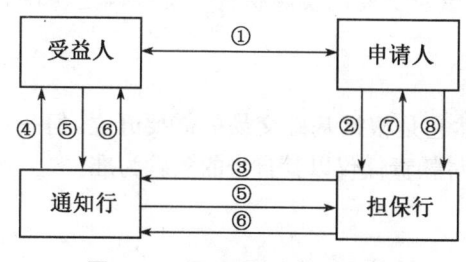

图6-3 通过通知行通知的银行保函的业务流程

在右图6-3中,各环节的具体内容如下:① 申请人和受益人之间签订合同或协议。② 申请人向担保行提出开立保函的申请。③ 担保行开出保函后,将保函交给通知行通知受益人。④ 通知行将保函通知给受益人。⑤ 受益人在申请人违约后通过通知行向担保行索赔。⑥ 担保行赔付。⑦ 担保行赔付后向申请人索赔。⑧ 申请人赔付。

2. 特点

(1) 真假易辨。
(2) 索赔不便。

(三) 通过转开行转开

1. 程序

通过转开行转开的银行保函的业务流程见图6-4。

在上图6-4中,各环节的具体内容如下:① 申请人和受益人之间签订合同或协议。② 申请人向原担保行(指示行)提出开立保函的申请。③ 原担保行(指示行)开立反担保函并要求转开行转开。④ 转开行转开保函给受益人。⑤ 受益人在申请人违约后向转开行索赔。⑥ 转开行赔付。⑦ 转开行根据反担保函向原担保行(指示行)索赔。⑧ 原担保行(指示行)赔付。⑨ 原担保行(指示行)向申请人索赔。⑩ 申请人赔付。

2. 特点

（1）转开行是受益人所在地的银行，受益人比较了解和信任，从而解决了受益人对国外担保行不了解和不信任的问题。

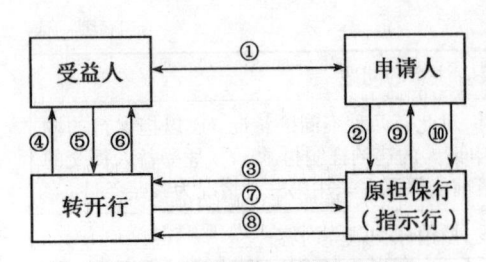

图 6-4 通过转开行转开的银行保函的业务流程

（2）真伪难辨。
（3）索赔方便。

五、银行保函业务的处理流程

（1）申请人向银行申请开立保函；
（2）担保行审查；
（3）担保行开立保函；
（4）保函的修改；
（5）保函的索赔；
（6）保函的注销。

六、银行保函的种类

（一）根据保函与基础交易合同的关系划分

1. 从属性保函

从属性保函是指其效力依附于基础商务合同的保函。这种保函是其基础交易合同的附属性契约或附属性合同，担保行只能以基础合约的条款及交易的实际执行情况来确定保函项下付款责任的成立与否。

2. 独立性保函

独立性保函与基础交易的执行情况相脱离。虽然它是根据基础交易的需要开立，但一旦开立后其本身的效力并不依附于基础交易合约，其付款责任仅以其自身的条款为准。

（二）根据保函项下支付前提划分

1. 付款类保函

付款类保函是指银行为有关合同价款的既定支付义务提供担保所出具的保函，或者说，是为保证随着交易的发生而必然发生的债务支付所开立的保函。

2. 信用类保函

信用类保函是指银行对那些只有在合同的一方有违约行为而使其在合同项下承担赔偿责任时，支付才可能发生的经济活动所开立的保函。

（三）根据保函索赔条件划分

1. 有条件保函

有条件保函是指担保人在保函的条文中对索赔的发生与受理设定了若干客观的限制条

件,或规定了若干能客观反映某种事实的发生、某种条件的落实的单据提供。

2. 无条件保函

无条件保函主要是指"见索即付"保函。银行保函大多属于"见索即付",是不可撤销的文件。

(四) 根据担保行付款责任的属性划分

1. 第一性责任保函

第一性责任保函是指那些已由担保人在保函中明白无误地作出了其将承担首先付款责任的承诺,只要索赔本身满足保函中规定的条件,则既无须受益人先行向申请人索要,也无须理会申请人是否愿意支付,担保函将在受益人首次索要后立即给予支付的担保。

2. 第二性责任保函

第二性责任保函是指那些在保函项下明文规定了担保行只有提出索赔而申请人拒绝支付的方予以付款的保函。

(五) 根据保函的使用范围划分

1. 出口类保函

出口类保函是指银行应出口方的申请向进口方开出的保函,是为了满足出口的货物和劳务的需要而开立的保函。

(1) 投标保函。投标保函是指银行应投标人的要求向招标人出具的保证投标人中标后履行标书规定的责任及义务的书面保证文件。

(2) 履约保函。履约保函是指银行应出口方或承包商的请求向进口方或接受承包的业主出具的保证文件。

(3) 预付款保函。预付款保函又称还款保函或定金保函,是指进口方或接受承包的业主在预付定金时要求出口方或承包商提供的银行担保。

(4) 质量保函和维修保函。从本质上说,二者实际上是同一类型的保函,都是银行应出口方或承包商的要求,就合同标的物的质量向进口方或工程业主所出具的保证文件,所不同的就是两者使用范围有区别。即质量保函通常应用于商品买卖合同项目,维修保函则应用于劳务承包合同。

(5) 关税保付保函。关税保付保函又称海关免税保函、海关保函等,是银行应承包商的请求而向工程所在国海关出具的保证前者在工程完工后一定将施工机械撤离该国的保证文件。

(6) 账户透支保函。账户透支保函是指银行应承包商的请求就其融通款项的偿还向工程所在国某家银行出具的保证文件。

2. 进口类保函

进口类保函是指银行应进口方的请求向出口方开立的保证文件。

(1) 付款保函。付款保函是指银行应进口方的要求就其在某项合同下的付款责任向出口方出具的保证文件。

(2) 延期付款保函。延期付款保函是指银行就进口方在合同项下的付款责任向出口方出具的保证文件。

(3) 补偿贸易保函。补偿贸易保函是指在补偿贸易合同项下,银行应设备或技术的进口方申请,向设备或技术的出口方所出具的一种旨在保证进口方在引进后的一定时期内,以其所生产的产成品外销所得款项,来抵偿所引进的设备或技术的价款及利息的保证文件。

(4) 来料加工保函和来件装备保函。来料加工保函和来件装备保函的性质是一样的，是银行应进料、进件一方的要求向供料、供件一方出具的书面保证文件。

(5) 租赁保函。租赁保函是指银行应承租人的要求针对其在租赁合同下的付款义务向出租人出具的保证文件。

3. 其他类保函

(1) 借款保函。

(2) 保释金保函。

(3) 票据保付保函。

(4) 费用保付保函。

七、银行保函与跟单信用证的异同

(一) 银行保函与跟单信用证的相同点

(1) 都是银行应申请人要求，向受益人开立的有条件的支付担保或承诺。

(2) 都是银行信用代替或补充商业信用，使受益人避免或减少申请人不履约而遭受的损失。

(3) 保函中的担保行和跟单信用证中的开证行对于单据真伪及其法律效力、寄递中遗失等不负责任。

(二) 银行保函与跟单信用证的不同点（见表6-2）

表6-2 银行保函与跟单信用证的不同点

不同点	银行保函	跟单信用证
范围	可以运用于任何一种国际经济活动中，如商品买卖、资金借贷、工程承包、物资租赁等。保函既是一种结算方式，又是一种保证合约项下某项责任义务得以履行的手段	只运用于商品买卖合同中，开证行为进口商应负的付款责任做结算保证，是一种常见的国际贸易结算方式
银行的责任	担保行承担的责任是第一性的，也有第二性的，若是后者，支付行为不一定会发生	开证行承担的是第一性的付款责任，一旦信用证开出后，开证行就必须凭合格单据付款，即付款的行为一定会发生
银行所付款项的属性	担保行支付的款项可以是合同的价款，也可以是退款或赔款	开证行支付的款项一定是货物价款
受益人的索款程序	索款程序分为第一性责任和第二性责任，在第二性责任保函项下，受益人应首先向申请人进行索款，若其拒绝支付，再向担保行索款	受益人凭单直接向开证行索取货款而不必向申请人索款
对结算单据的要求	一般只要求受益人提交书面索款文件，可以不附其他单据，但有时也要求受益人提交货运单据	要求的单据为全套货运单据，包括主要单据和附属单据
银行承担的风险	担保行大多数情况下不掌握代表物权的货运单据，且遭到受益人索赔或恶意索赔的可能性较大，因而担保行可能承担的信用风险较大	因开证行开证时事先要求申请人提交一定数额的开证押金，并凭受益人提交的代表物权且符合信用证条款的货运单据付款，所以开证行可能承担的信用风险较小

续 表

不同点	银行保函	跟单信用证
保证文件的到期地点及有效期限	到期地点一般在担保行所在地。有效期较长,有的长达几年,有时无明确的失效日期	到期地点有时在受益人所在地,有时在开证行所在地,有时在付款行/承兑行所在地。跟单信用证的有效期限较短且有确定的失效日期
是否有融资作用	对受益人没有融资作用	对受益人的融资作用明显,如申请打包放款、议付买单或汇票贴现等
是否可撤销	不可撤销	以前有可撤销的信用证,制定《UCP 600》后就没有了
是否可转让	除非保函有特殊规定,一般情况下,受益人在保函项下的索赔权利是不可转让的	跟单信用证下,受益人使用信用证的权利可以转让

模块三 备用信用证

19 世纪中叶,美国的商业银行为了规避联邦法律只允许担保公司开立保函,而禁止商业银行为其客户提供担保或保证书服务的法律限制,创立了备用信用证,用以替代保函。

在 20 世纪 70 年代,备用信用证作为保函的替代形式正式获得了美国法律的认可,并获得迅速发展。目前,备用信用证已经在日本、法国以及中东、拉美的许多国家得到了广泛的应用,大约有一半的备用信用证是在美国以外使用。由于用途的广泛性和运用的灵活性,近年来,备用信用证的业务量已经超过商业信用证。备用信用证除了用于国际工程承包和国际资金融通外,也可用于国际货物买卖等国际经济活动。

一、备用信用证概述

(一) 备用信用证的含义与用途

备用信用证(standby letter of credit,SLC)又称商业票据信用证(commercial paper L/C)或担保信用证(gurantee L/C),是指开证行根据开证申请人的请求对受益人开立的承诺某项义务的凭证。即开证行保证申请人未能履行其应履行的义务时,受益人只要凭备用信用证的规定向开证行开具汇票(或不开汇票),并提交开证申请人未履行义务的声明或证明文件,即可取得开证行的偿付。

备用信用证既可用于成套设备、大型机械、运输工具的分期付款和租金支付,又可用于一般进出口贸易、国际投标、国际融资、补偿贸易及技术贸易的履约保证。

(二) 备用信用证的特点

(1) 除非在备用信用证中另有规定或经双方当事人同意,开证人不得修改或撤销其在该备用信用证下的义务。

(2) 备用信用证下开证行义务的履行并不取决于开证行从申请人那里获得偿付的权利和能力,受益人从申请人那里获得付款的权利,也不取决于在备用信用证中对任何偿付协议或基础交易的援引,或开证行本身对任何偿付协议或基础交易的履约或违约的了解与否。

(3) 备用信用证的修改在开立后即具有约束力,无论申请人是否授权开立,开证行是否收取了费用,或受益人是否收到或因信赖备用信用证或修改而采取了行动,对开证行都是有强制性的。

(三) 备用信用证的当事人

从备用信用证的性质可以看出,备用信用证与跟单信用证大致相同,因此两者的基本当事人及其关系也具有相似性。备用信用证的基本当事人有三个,即申请人、开证人和受益人,有时还会涉及保兑人和交单人。

(1) 申请人。申请人是指申请开立或代理他人申请开立备用信用证的人。

(2) 开证行。开证行是指开立备用信用证的银行,又称担保人。

(3) 受益人。受益人是指有权获得备用信用证项下所付款项的人。它既包括备用信用证项下的直接收款人,即指定受益人,也包括指定受益人收款权利的有效转让对象,即受让受益人。由于备用信用证独立于基础交易,因此开证人与受益人之间的关系也是独立的。备用信用证的开证人与受益人的义务不受开证人与申请人之间的任何协议以及法律或惯例项下的权利和义务的影响。

(4) 保兑人。保兑人是指开证行指定的对其提供的担保进行再担保承诺支付的人。

(5) 交单人。交单人是指开证行或其指定的提交单据的人。它通常包括备用信用证的受益人及其指定人或代理人。

(四) 备用信用证的内容

备用信用证的内容包括开证行的名称、开证日期、开证申请人名称和地址、受益人名称和地址、声明不可撤销的性质、备用信用证的金额、使用的货币种类、对单据的要求、备用信用证的有效期、保证文句、保证适用的惯例等。

二、备用信用证的种类

备用信用证的种类很多,根据其在基础交易中的不同作用,备用信用证主要可分为以下八类:

(1) 履约保证备用信用证(performance standby)。它支持一项除支付金钱以外的义务的履行,包括对由于申请人在基础交易中违约所致损失的赔偿。

(2) 预付款保证备用信用证(advance payment standby)。它用于担保申请人对受益人的预付款所应承担的义务和责任。这种备用信用证通常用于国际工程承包项目中业主向承包人支付的合同总价 10%~25% 的工程预付款,以及进出口贸易中进口商向出口商支付的预付款。

(3) 反担保备用信用证(counter standby)。它又称对开备用信用证,支持反担保备用信用证受益人所开立的另外的备用信用证或其他承诺。

(4) 融资保证备用信用证(financial standby)。它支持付款义务,包括对借款的偿还义务的任何证明性文件。目前,外商投资企业用以抵押人民币贷款的备用信用证就属于融资保证备用信用证。

(5) 投标备用信用证(tender bond standby)。它用于担保申请人中标后执行合同义务和责任,若投标人未能履行合同,开证人必须按备用信用证的规定向收益人履行赔款义务。投标备用信用证的金额一般为投保报价的1%~5%(具体比例视招标文件规定而定)。

(6) 直接付款备用信用证(direct payment standby)。它用于担保到期付款,尤指到期没有任何违约时支付本金和利息。其已经突破了备用信用证备而不用的传统担保性质,主要用于担保企业发行债券或订立债务契约时的到期支付本息义务。

(7) 保险备用信用证(insurance standby)。它支持申请人的保险或再保险义务。

(8) 商业备用信用证(commercial standby)。它是指如不能以其他方式付款,为申请人对货物或服务的付款义务进行保证。

三、银行保函与备用信用证的异同

(一) 银行保函与备用信用证的相同点

(1) 都是银行应申请人的要求,向受益人开立的书面保证。
(2) 都是以银行信用代替商业信用或补充商业信用的不足。
(3) 都适用于诸多经济活动中的履约担保。

(二) 银行保函与备用信用证的不同点(见表6-3)

表6-3 银行保函与备用信用证的不同点

不同点	银行保函	备用信用证
要求的单据	不要求受益人提交汇票,但要求受益人除了提交证明申请人违约的文件外,还需要提交证明自己履约的文件	要求受益人在索赔时提交即期汇票和证明申请人违约的书面文件
付款的依据	分有条件保函和无条件保函两种,在有条件保函项下,只有保函所规定的条件得到满足后,或所规定的能反映客观事实的单据提交给担保行后,担保行才会履行其支付义务	只要受益人能够提供符合信用证规定的文件或单据,开证行即验单付款
遵循的规则	至今没有被世界各国所认可的通行惯例,只能参照《合约保函统一规则解释》	有一个被世界各国所承认的国际惯例,即《跟单信用证统一惯例》

应用案例6-6

2000年3月,某乡镇企业与泰国机械制造公司就以补偿贸易方式引进年产1 000吨淀粉生产设备签订合同,合同金额为144万美元。其支付方式确定为由中方开具以泰国机械制造公司为受益人的远期商业信用证,待引进设备投产后,再由外方开具即期商业信用证以购买返销产品,中方企业以返销出口产品所得货款支付进口设备信用证项下款项。此外,中方还要付出22.5万美元作为定金,为此,泰国方面开立金额为22.5万美元的备用信用证,保证泰方按期发运设备及购买返销产品。

2000年7月,中方企业收到泰国某银行开具的不可撤销备用信用证,其主要内容为:"We shall pay you the sum up to USD 225 000 plus interest accrued thereon within 15 days upon receipt of your claims in writing that the applicant has failed to ship the starch plant with the correct quantity and quality or has failed to open L/C for the buy back of starch as stipulated in the contract."中方企业随即通过当地银行开立了远期商业信用证,并汇付了定金。信用证通知行为原备用信用证的泰国开证行。

同年 11 月,设备运抵项目单位,在安装调试过程中,中方企业发现设备质量有严重问题,随即向泰方交涉,泰方随即派技术人员来厂修理。但因该设备的设计原理是使用木薯作原料,而中方选用的原料是红薯,工艺不一,几经周折,未能调试成功。鉴于远期商业信用证项下第一次付款到期日即将临近,中方企业不得不于 2001 年 8 月开始凭泰方银行的备用信用证向其提出索赔。中方企业在索赔函中指出了外方违约的事实,并提供了由中国商检部门出具的证明设备质量有问题的证书以及外方技术人员承认设备质量有问题的有关文件。

泰方银行在收到我方索赔要求后,迟迟不予答复,企业经多次交涉无效,委托当地银行出面交涉。中方银行注意该备用信用证的受益人为淀粉厂,在对外交涉电传信函中均冠以"受我行客户委托,兹转达下列内容"字样。泰方银行收到中方银行上述电传后,于 2001 年 11 月 5 日来电,"我行已收到贵行转来之索赔要求,现已转交曼谷泰国机械制造公司,一旦该公司对其确认,我行立即付款"。中方银行收到该电后,企业回复泰方银行:"贵行开立的备用信用证受 ISP98 约束,是凭单付款承诺,无须开证申请人确认,为此贵行应立即付款。"泰方银行理屈词穷,但故作镇静,不予回复。

2001 年 12 月 29 日,中方银行收到泰方银行电传通知,中方银行承兑汇票的第一张将于 12 月 31 日到期,并称所有汇票均已贴现给新加坡阿拉伯银行集团(Arab Banking Group, Singapore),次日又收到阿拉伯银行集团要求付款之电传。为维护信誉,中方银行只好先行对外付汇,同时督促企业抓紧对外索赔工作,先后数十次致电泰方银行,直至将电传和信函发给其行长及董事会主席和董事会成员。中方银行在配合发出的电传中指出:"若贵行长期保持沉默,不履行付款义务,将对贵行的信誉产生不利影响,使我行在为贵行履行代理义务时感到困难。"企业电传中则对该行下了最后通牒:"若在 2002 年 4 月底前未收到赔付款项,将在法院提出诉讼。"同时将有关信函分别抄送有关司法机关和我驻泰国大使馆。鉴于中方的强硬立场,泰方银行终于在 2002 年 5 月中旬,将备用信用证项下赔付款项如数汇付我行账户。至此,长达 10 个多月的对外索赔工作以我方胜利而告结束。

请问:我们应该从本案中吸取什么教训?

【案例分析】

此案中我们应吸取如下教训:

(1) 补偿贸易中,使用商业信用证方式要谨慎。在此案中,虽经我方努力向国外银行索回了部分设备价款,但由于设备质量问题,中方终究受到较大损失。主要原因之一是支付方式选择不当。我方进口设备时先开出远期商业信用证,对方提交的单据无误后我开证行须立即承兑汇票,无论外方是否履约,中方银行对外承担了第一性付款义务。这种付款与外方设备合格与否以及产品是否能够返销均无关。因此,对我方来说是有很大风险的。虽然外方银行向我方企业出具了备用信用证,债权债务关系明确,但凭以索赔,亦有可能陷入旷日持久的争端中去;其次,外方银行备用信用证金额仅为合同金额的 20%,即使索赔成功,收付抵减,我方对其余 80% 付款的资金来源仍不落实。对方返销备用信用证的金额应足以支付我方商业信用证下应付的金额为宜。

(2) 对外贸易中出现纠纷,倘若我方占有主动地位,应抓住机会向对方进行交涉。在此案中,我方凭外方银行出具的备用信用证对外提出索赔时,注意了方式方法,银贸加强合作,在方法上做到了有理、有力、有节,终于迫使外方付款,在一定程度上挽回了损失。

模块四 福费廷

一、福费廷业务的含义及特点

(一) 含义

福费廷业务是一种以无追索权形式为出口商贴现远期票据的金融服务,也称为包买票据或票据买断,指包买商(forfeiter,一般为商业银行或其他金融企业)从出口商那里无追索权地购买已经承兑的并通常由进口商所在地银行担保的远期汇票或本票。

(二) 特点

(1) 一般是以国际正常贸易为背景的,不涉及军事产品。通常限于成套设备、船舶、基建物资等资本货物交易及大型项目交易。

(2) 在福费廷业务中,出口商必须放弃对所出售债权凭证的一切权益,贴现银行也必须放弃对出口商的追索权。

(3) 其期限一般在1~5年,属于中期融资业务。但近年来国际上发展出最短的包买票据业务为180天(6个月),最长的可至10年,通常采用每半年还款一次的分期付款方式。

(4) 它属于批发性融资业务,适合于100万美元以上的大中型出口合同,对金额小的项目而言,其优越性不明显。近年来也发展出了一些小额交易,但要收取较高的费用。

(5) 出口商必须对资本货物的数量、质量、装运、交货期担负全部责任。

(6) 较多地使用美元、欧元及瑞士法郎为结算和融资货币。其他可自由兑换的货币使用得较少。

二、福费廷业务的起源与发展

第二次世界大战以后,欧洲各国需要进口大量建设性物资和日用品,如东欧各国向美国购买大量谷物,因为缺乏外汇资金而需要向银行贷款,但银行融资能力有限,于是瑞士苏黎世银行协会于20世纪40年代中后期首先开创了福费廷业务。

20世纪80年代后,由于第三世界债务危机的困扰,以及国际局势动荡不安,正常的银行信贷受到抑制,而福费廷业务却持续增长,逐渐由欧洲向亚洲及全世界发展。福费廷二级市场逐渐形成,该业务交易方式日益灵活,交易金额日益增加,而且票据种类也不断扩大,形成了一个世界范围内的福费廷交易市场。

福费廷业务在西欧各国发展最快,并形成了伦敦、苏黎世、法兰克福三个福费廷市场,其中,伦敦是全球最大的福费廷市场。中国银行最早在20世纪90年代初期开办了福费廷业务。如今,福费廷业务已形成一个全球性的福费廷二级市场。据统计,全世界平均福费廷交易量大约占世界贸易额的2%,主要用于延期付款的成套设备、机器、飞机和船舶等贸易中。

推动福费廷业务开展的著名的国际组织是国际福费廷协会,成立于1999年8月,总部设在瑞士苏黎世,目前有140多个会员,遍布全球40多个国家和地区。国际福费廷协会为会员提供多种服务,如每年定期举办年会,为会员提供业务交流的场所;制定业务管理指南和标准文件;为发生争端的会员提供调解和仲裁服务;开办各类培训课程和研讨会;设立区域委员会,以加强区域会员之间的业务沟通与交流。

三、福费廷业务的主要当事人及作用

(一) 当事人

一般来说,福费廷业务中的主要当事人有包买商、进口商、出口商和担保人。

1. 包买商(银行)

包买商多为出口商所在国的银行及有中长期信贷能力的大型金融公司,做福费廷业务是其国际信贷业务的一部分。当包买商与出口商达成包买业务的协议,并购入出口商转让的票据后,其既成为该项延期付款交易的信贷机构,又承担了向进口商分期收回货款以及利率、汇率变动的风险。

2. 出口商

当出口商以延期付款方式与进口商达成交易而需要资金支持时,可向包买商申请福费廷融资。当出口商将表明交易金额的若干张票据全部转售给包买商并向其支付贴息后,即可取得贴现净额,提前收回货款。

3. 进口商

当进口商在包买商的资助下以延期付款方式购入货物后,在包买商(正当持票人)向其提出付款要求时,应无条件地履行其在票据上的债务责任,按期归还货款。

4. 担保人

担保人虽不是包买票据业务的直接当事人,但担保人及其担保对包买业务有着至关重要的影响。包买商为转移及规避风险,只购入经担保人担保的票据。若进口商不能按期偿还货款,担保人有责任代其偿还。担保人多为进口地银行,在履行付款责任后,担保人有权向进口商追索,但追索能否成功,将取决于进口商的资信状况,故担保人承担着追索不成功的风险。

(二) 作用

1. 对出口商的益处

(1) 不影响出口企业的债务状况,不受银行信贷规模和国家外债规模的影响。

(2) 是无追索权方式的贴现,出口企业一旦将手中的远期票据卖断给银行,同时也就卖断了一切风险,包括政治、金融和商业风险,免除了后顾之忧。

(3) 出口企业通过采用包买票据方式在商务谈判中为国外买方提供了延期付款的信贷条件,从而提高了自身出口产品的竞争力。

(4) 出口企业可将全部或部分远期票据按票面金额融资,无须受到预付订金比例的限制。

(5) 出口企业在支付一定的贴现费用后,可将延期付款变成现金交易,变远期票据为即期收汇,提高了资金使用效率,扩大了业务量,增强了企业活力。

(6) 由于包买票据采用固定利率,出口企业可尽早核算出口成本,卖断以后的一切费用均由贴现银行承担。

(7) 福费廷融资操作简便、融资迅速,不需要办理复杂的手续和提供过多的文件,可以节省时间,提高融资效率。

2. 对进口商的益处

(1) 可获得贸易项下延期付款的便利。

(2) 不占用进口商的融资额度。

(3) 所需文件及担保简便易行。

3. 对贴现银行的益处

(1) 扩大了服务项目,加强了与国际金融界的交往,有利于培养金融专业人才。

(2) 利用外资为国内出口商广开融资渠道,促进了贸易出口,带动了业务发展。

(3) 融资效率高,不占用银行信贷规模却扩大了融资金额和范围。

(4) 可随时在二级市场上出售所贴现的票据,能转移风险。

四、福费廷业务的处理流程(见图 6-5)

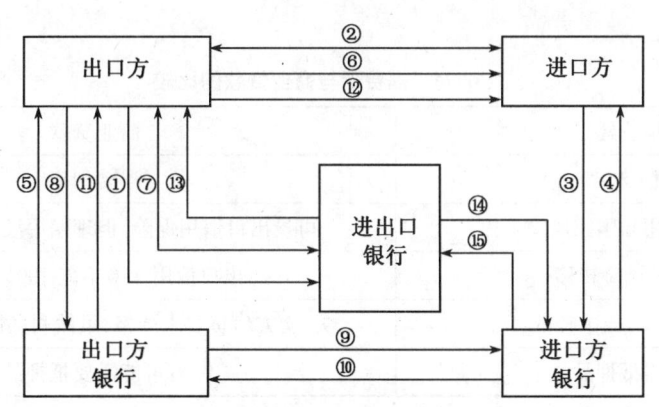

图 6-5 福费廷业务的处理流程

在上图 6-5 中,各环节的具体内容如下:① 包买票据咨询;② 商务合同;③ 开证申请;④ 开证;⑤ 通知信用证;⑥ 发货;⑦ 包买票据协议;⑧ 交单议付;⑨ 请求承兑;⑩ 承兑汇票;⑪ 退回承兑汇票;⑫ 提交包买票据所需单据;⑬ 付款;⑭ 到期索偿;⑮ 付款。

五、福费廷业务在国际贸易中的应用

(一) 须注意的问题

1. 对出口商

(1) 必须将远期信用证项下的单据交拟办理福费廷业务的出口地银行办理议付或处理。

(2) 只有在开证行所在国政治、经济稳定且开证行本身信誉良好的情况下,该业务方易于得到银行受理;否则,恰恰相反。

(3) 无追索权是相对而言的。根据银行的业务合同,若出现出口商诈骗或其他合同内规定的情况,出口商作为福费廷业务的申请人必须返还原融资款项。

(4) 福费廷业务的利息支出要高于出口押汇。

2. 对出口地银行

(1) 对出口商提供的资料进行合规性审核；对于信用证项下的单据必须提交本行议付或处理，在他行议付或处理的单据不予办理福费廷业务；对开证行在本行没有授信额度的，原则上亦不得办理该项业务。

(2) 考虑开证行及其所在国家的政治、经济风险。

(3) 认真审核国外开证行或保兑行的承兑申明，对未经加押或有权签字人签字的承兑、含义不明的承兑，不得办理福费廷业务。

(4) 对于风险较高的包买票据业务，可考虑转卖或邀请其他一家或多家银行提供担保，即风险参与，从而使得初级包买商有开证行和风险参与行的双重保障。

(二) 与其他融资方式的比较

1. 与商业贷款比较

在商业贷款当中，银行贷款利差的高低主要是根据借款人的资信情况好坏、贷款金额大小、期限长短，以及担保或抵押情况等来确定。在福费廷业务中，银行为中期贸易提供了固定利率融资，它满足了客户控制利率风险、确定融资成本的需要。福费廷与商业贷款的比较，见表 6-4。

表 6-4 福费廷与商业贷款的比较

福费廷	商业贷款
固定利率	浮动利率
避免信用和国家风险	可投出口信用保险，但理赔手续复杂，时间长
100%风险转移	出口信用保险不能100%赔付
手续简单，成本较低	买/卖方信贷要求严格，虽然利息低，但保险费高
无需抵押品	有可能需要抵押品

2. 与出口信贷比较

出口信贷是政府为鼓励本国资本性货物出口而提供的一种带有利息补贴（interest make-up）性质的信贷融资。但是，出口商要承担一定的收汇风险。

在福费廷业务中，由于银行买断了出口商的远期票据，这就使出口商避免了所有的收汇风险、政治风险和商业风险。

3. 与国际保理业务（factoring）比较

尽管福费廷业务与国际保理业务存在一些相同点，但两种业务在处理中的差异较为明显，为了更好地理解这两种业务的特点，现将其相同点和不同点进行比较，见表 6-5。

表 6-5 福费廷业务与国际保理业务的比较

	比较项目	福费廷	国际保理
相同点	性质	综合性结算方式	
	基本内容	风险担保、贸易融资	
	服务手段	应收账款购买	

续 表

	比较项目	福费廷	国际保理
不同点	购买对象	资本品出口应收账款	消费品出口应收账款
	融资比例	票面金额的100%	发票金额的80%
	银行担保	进口地银行担保	无
	融资性质	无追索权	无追索权或有追索权
	融资期限	6个月以上,10年以下	6个月内
	其他服务	无	有
	基本方式	跟单托收或信用证	O/A或D/A托收
	风险转移或控制方式	二级市场转让、辛迪加购买	核准信用额度

4. 与一般贴现业务比较

福费廷业务属于票据贴现的范畴。包买商作为贴现人贴现出口商提交的票据,从贴现金额中扣除贴息及手续费后,将净额支付出口商,从而包买商作为正当持票人,于到期日要求付款人付款,他也可将票据转售给他人。

福费廷业务与一般贴现业务比较的不同点体现在以下几点上:

(1)福费廷业务的主要特征在于包买商以无追索方式贴现票据;而一般贴现业务的贴现公司贴入票据后,仍享有向票据出让人追索票款的权利。

(2)福费廷业务的融资对象为大型资本货物交易;而一般贴现的票据主要用于普通商品交易。

(3)福费廷业务中的票据须经担保人担保后,包买商才予以贴现融资;而一般贴现只需付款人对票据进行承兑,持票人对票据进行背书即可,无须担保。

(4)福费廷业务的费用除贴现利息及手续费外,还包括选择费、承诺费及罚金;而一般贴现业务中,贴现公司只按当时市场利率扣收贴现息及手续费,故福费廷业务的费用负担高于一般贴现。

六、福费廷业务的变化

福费廷业务的宗旨是给予出口商无追索权的出口融资,本来是适合用于中、长期的大额交易。但随着经济的发展,银行业务的产品不断增加和改良,就形成了一种新的福费廷业务。

这种新的福费廷业务较传统业务有一些区别。它是出口商经过自己的往来银行去寻找愿意以无追索权购买远期承兑了的汇票或债权的包买银行,因为出口商自己的往来银行不愿意承接承兑银行或担保银行的风险,不愿意买断出口商的已承兑汇票或债权,这就成了银行与包买银行(forfaiting bank)的新品种业务。一般这种业务以短期性为主。

在这种情况下,卖出银行(selling bank)与包买银行都会预先签订福费廷协议(forfaiting agreement),来说明双方的义务和权利及其他一些条款。最重要的是无追索权包买和债权让渡。

这种福费廷业务的流程也较为简单(假设是远期承兑信用证)(见图6-6)。

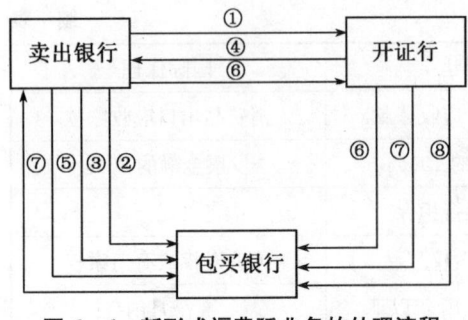

图6-6 新形式福费廷业务的处理流程

在左图6-6中，各环节的具体内容如下：
① 卖出银行（议付行）将单据送交开证行进行审单和承兑。② 卖出银行向包买银行提供所需资料及要求报价。③ 包买银行在卖出银行接受报价的前提下，向卖出银行发出正式报价（offer），卖出银行收到后向包买商确认接受报价（acceptance）。④ 开证银行审单无误后向卖出银行发出承兑电文。⑤ 卖出银行将某些单据及承兑电文副本转发给包买银行，并向包买银行发出让渡函（assignment）。⑥ 卖出银行会向开证行发出让渡通知（notice of assignment），并要求开证行向包买银行发出收到让渡通知申明（acknowledgement）。⑦ 包买银行检查收到的文件及让渡函并证实合格后，会进行贴现并将贴现后款项付给卖出银行。有些包买银行一定要在开证行确认收到让渡通知后才会进行贴现，但不一定所有包买银行都会这样做。因为在实务中，很多国家的开证行都不会向包买银行发出收到让渡通知的申明，如印度、伊朗等。⑧ 在到期日，开证银行向包买银行付款。

在实务中，上述的offer、acceptance、assignment、notice of assignment和acknowledgement电文大部分都利用SWIFT MT799方式进行交换，节省了邮寄的时间且容易确认电文的真实性。

应用案例6-7

一、背景

业务类型：福延费业务
申请人：A公司
受益人：B公司
议付行：N银行
开证行：I银行
包买银行：F银行

二、案情经过

某年7月10日，N银行收到B公司提交的金额为USD 500 000.00的议付单据，经审核单证一致，邮寄至I银行。

7月18日，N银行应B公司要求，为其应收款找包买银行，并将相关客户信息提供给F银行，如进口商名称、地址、开证行、融资货币及金额与还款条件。经比较由F银行对该汇票作无追索权融资，利率为LIBOR+0.9%P.A.。F银行在买断汇票前，要求N银行提供以下资料：

（1）经N银行确认、证实的有效信用证及修改复印证；
（2）经N银行确认、证实的有效提单、发票复印件；
（3）经I银行承兑、N银行转让的已承兑汇票正本；
（4）受益人致N银行的notification of assignment（款项让渡通知书）、assignment（款项

让渡书),表明该收款权利受益人已转让给 N 银行;

(5) N 银行按 F 银行提供格式致 F 银行的 notification of assignment、assignment,表明该收款权利 N 银行已让渡给 F 银行。

N 银行在规定期限内快递全套款项让渡资料至 F 银行。

N 银行收到 F 银行买断出口项下应收款项 USD 539 622.62。

10 月 4 日,F 银行向 I 银行提示汇票。

10 月 11 日,I 银行如期偿付款项至 F 银行。

【案例分析】

从本案中可总结如下几点:

(1) 若打算叙做福费延业务,受益人需早提出,以便银行事先做好买单安排。

(2) 国内银行作为中介,经由外资银行叙做买断业务时,事前两行间必须谈妥如下内容以掌握主动:贴现利率和期限、买断金额、起息日、到款日、承诺费、违约费、相关单据等。在与包买银行谈论单据条件时,尽可能要求不提单据,以加压电文处理,以避免准备和邮寄单据时延误时间。

(3) 所有买断条件均须分别与包买银行和受益人书面确认后方可操作。

(4) 所有买断报价均为实盘,一经书面确认接受报价,不得做任何改变,否则须承担承诺费用。

本案中,N 银行确认买断报价的操作程序为:

(1) 联系代理行,寻找适合价位的包买银行;

(2) 包买银行传真 offer(报盘);

(3) 将 offer 提示为受益人,受益人书面确认接受报盘条件,传真包买银行接受 offer。

应用案例 6-8

信用证下福费廷业务纠纷案

开证行:P 银行,Bangladesh
初级包买商:中国 N 银行
二级包买商:加拿大 S 银行
信用证类型:远期议付信用证
信用证金额:60 004.31 美元
申请人:孟加拉国某服装公司 B
受益人:中国深圳某服装公司 A

2003 年 11 月,中国 N 银行收到其客户某服装公司 A 交来一套信用证项下的单据,要求在开证行承兑后叙做福费廷业务。信用证的开证行为孟加拉国的 P 银行,汇票金额为 60 004.31 美元,期限为见票后 120 天。由于该地区的信用风险比较高,中国 N 银行对孟加拉国和 P 银行没有授信额度,中国 N 银行决定与加拿大 S 银行合作,采用间接买断的方式贴现 A 公司的应收账款。

2003 年 12 月 1 日,中国 N 银行通过 DHL 寄出该信用证项下的单据。2003 年 12 月 28

日,中国 N 银行收到开证行发来的拒付电报;经 A 公司与开证申请人联系,2003 年 12 月 30 日,开证行发来了承兑电,承兑到期日为 2004 年 4 月 29 日。

在开证行承兑后,中国 N 银行根据 A 公司出具的款项让渡书,与 A 公司签订了福费廷协议书,并向 A 公司支付了贴现款项;同时,中国 N 银行与加拿大 S 银行也签署了福费廷协议,并向 P 银行发出了款项让渡通知书,向加拿大 S 银行提供了以下文件:

(1) 经证实的信用证及修改件正本复印件;
(2) 经证实的 P 银行承兑电正本复印件;
(3) 经证实的 A 公司款项让渡书复印件;
(4) 中国 N 银行发给加拿大 S 银行的款项让渡书;
(5) 中国 N 银行发给 P 银行的款项让渡通知书复印件;
(6) 经证实的 A 公司发票和海运提单正本复印件。

在收到并审核上述文件后,加拿大 S 银行办理了贴现业务并向中国 N 银行支付了相应的款项。

在该笔业务到期后,中国 N 银行却接到了加拿大 S 银行的通知,称开证行以开证申请人不付款为借口,未能按期履行付款义务,且有故意拖延付款的可能。

针对这一情况,加拿大 S 银行通知其在香港的亚太地区总部和负责孟加拉地区业务的印度孟买分行,要求其孟买分行向开证行查询和追索。在两个月的时间里,加拿大 S 银行通过各种手段和渠道,多次要求开证行付款,甚至其在印度的孟买分行还专门派人到开证行催收。另外,中国 N 银行也多次联系其客户 A 公司了解开证申请人的动向,得知开证申请人是一个服装制造商,定期向 A 公司购买拉链、纽扣、纽钉等服装附件,并根据欧洲客户提供的面料和款式生产服装再出口到欧洲。由于欧洲客户的面料未能及时提供,造成生产停滞、资金链断裂,使其无法向 P 银行付款赎单。

2004 年 6 月,加拿大 S 银行告知中国 N 银行,其收到 P 银行的电报,通知其该笔业务的款项已被当地法院止付,最终付款时间需以法院通知为准。但是,经中国 N 银行通过 A 公司核实,当地法院并没有出具止付令。

2004 年 9 月初,加拿大 S 银行告知中国 N 银行,其又收到 P 银行的电报,电文称受益人已经同意开证申请人延期付款的要求,同意将该笔款项的付款日推迟到 12 月份。中国 N 银行再次与 A 公司核实情况,A 公司声明根本就没有这回事,因为该笔信用证项下的全部权益已经被买断,自己没有权利接受开证申请人提出的延期付款要求。

根据中国 N 银行提供的情况,加拿大 S 银行在不断追索仍然没有结果的情况下,于 2004 年 9 月末,由其孟买分行将情况通报了孟加拉国中央银行。在孟加拉国中央银行的直接关注下,开证行终于向加拿大 S 银行进行了付款。

【案例分析】
(一) 福费廷买断方式的选择

通过这个案例,出口商确实看到了福费廷业务给其带来的益处,使出口商能够最大限度地规避国际贸易中的国家风险和国外银行信用风险。该案例也使出口商和包买商意识到,在很多发展中国家,一些银行由于对国际惯例、规则的认识不够,为了保护客户和自身利益,往往不惜牺牲自己银行的对外信用声誉。对于这些国家风险比较高的地区和信用风险比较高的国外银行,如果初级包买商在国外没有或很少有分支机构,那么一旦发生纠纷,仅仅通过报文来处理这些纠纷或争议一般很难达到有效的结果。

所以,在处理一些国家风险和信用风险比较高的福费廷业务时,初级包买商最好采取间接买断的方式,与一些在海外有广泛网络、在某个地区有优势的二级包买商进行合作。例如,一些德国银行在伊朗有优势,一些意大利银行与北非地区的当地银行有良好的业务关系,一些新加坡银行或香港银行与东南亚地区的本土银行有悠久的历史渊源等。这样,通过加强福费廷二级市场的业务合作,初级包买商既能留住客户、增加收益,同时又能有效地转嫁国家风险和国外银行的信用风险。

(二) 债权确认文件的有效性

在这个案例中,开证行向中国 N 银行发出了加押的 MT999 的承兑电,其内容如下:"PLEASE BE ADVISED THAT YOUR A. M. DOCUMENTS ACCEPTED BY THE DRAWEE AND WILL BE MATURED FOR PAYMENT ON 29-3-04"。这样的承兑电的措辞不是十分明确。如何理解"DRAWEE"的身份?"DRAWEE"可以理解为 P 银行,也可理解为开证申请人。P 银行不使用"WE ACCEPT THE A.M.DOCUMENTS"这样的措辞,而使用"DRAWEE",显然在故意推脱承兑责任。根据《UCP 600》第 14 和第 16 条,开证行独立审单、独立自主地决定受益人交来的单据表面是否与信用证条款相符,是否有不符点。如果开证行自行决定接洽申请人放弃不符点,而且申请人同意放弃不符点且开证行没有异议时,那么在信用证项下,这就意味着开证行接受了单据并承担了到期付款的责任,开证行不能以开证申请人名义接受不符点单据,并以此为借口在付款到期日拖延或拒绝付款。在本案例中,汇票以开证行为付款人,开证行无论如何都不能以客户名义承兑并推卸自己信用证下的责任和义务。根据《UCP 600》第 16 条的规定,开证行在拒付单据后,应说明代为保存单据听候处理或退单据给交单人。一旦开证行放单给开证申请人,开证行就必须承担付款责任。

当然,在实务中,交单行或议付行经常会碰到这样的情况,远期信用证项下提交的单据存在不符点,开证行拒付后又以申请人的名义承兑了单据,并且随后发来了要求交单银行或议付行授权其放单的报文。遇到这种情形,交单行或议付行一定不能授权开证行放单,并且一定要得到开证行以第一人称做出的承兑。如果开证行以申请人的名义做出承兑,并获得交单行或议付行的授权放单给开证申请人后,放单后的付款责任就只能由开证申请人来承担。

在本案例中,P 银行的承兑电文是有瑕疵的。如果该案例诉之于法庭,则对包买商(即中国 N 银行和加拿大 S 银行)可能是不利的。所以,加拿大 S 银行后来也认为,在买断时应坚持要求开证行重新发送符合《UCP 600》要求的承兑电文,内容包括开证行以第一人称承兑,注明"承兑"字样和"EFFECT PAYMENT"字样。因此,包买商一定要仔细审核承兑电文的有效性,要特别留心报文的密押、承兑报文的人称和语气。

拓展阅读

中外资银行短兵相接 中国银行推创新"福费廷"业务

日前,中国银行广东分行为一家大型家电公司提供国内信用证项下的"福费廷"产品服务,后者得以将应收账款卖断给中国银行获得融资,从而避免了2002年南京爱立信"倒戈"事件的再度上演。据了解,这是中国境内首家提供国内信用证项下"福费廷"产品服务的商业银行,目前该项业务已由中国银行国际结算部在全国范围联动推广。

南京爱立信"倒戈"事件当时震惊了国内银行界。爱立信"倒戈"的原因是,该公司为改善母公司财务报表,需要将应收账款从资产负债表中彻底剔除,而南京当地与之有近十年往来关系的中国工商银行、交通银行等中资银行,无法为其提供买断应收账款服务,爱立信最终转向花旗银行上海分行等外资银行寻求金融服务。

2007年4月3日,首批四家外资银行(东亚、渣打、汇丰和花旗)获准在中国境内设立的法人银行开业,全面开展人民币服务。中外资银行短兵相接。

"我们已经感受到外资银行的强大竞争,率先推出国内'福费廷'业务,也是适应这一竞争的要求,抢占国内信用证项下'福费廷'市场制高点。"中国银行国际结算部相关人士称,该部门已建立以总行研发团队为中枢的金融产品开发机制和全球产品开发网络。

福费廷是一种改善出口商现金流和财务报表的无追索权融资方式。中国银行的这项业务,就是为国内信用证项下卖方客户提供无追索权买断其应收账款的一种融资服务。

中国银行副行长表示,新加坡地处亚太核心区域,在亚太地区大宗商品贸易及贸易融资资产二级市场交易领域享有重要地位,而中国银行自1936年在新加坡设立分行以来,一贯秉承服务中新经贸合作、推动当地金融市场发展的宗旨,不断汲取新加坡当地的先进经验,提升金融服务水平,为各界客户提供包括存贷款、贸易融资、信用卡、资金交易、理财等全方位的金融产品,拥有广泛的客户基础及良好的市场形象。此次在新加坡设立大宗商品融资中心及福费廷中心,中国银行将有机整合亚太区机构相关业务资源,发挥集团一体化优势,推动包括新加坡分行在内的亚太区域相关业务的进一步发展,并促进集团综合经营管理水平的提升,是中国银行实践"创新发展、转型发展、跨境发展"战略方针的一项重要举措,也是中国银行为完善海外战略布局,打造全球最佳贸易金融服务银行迈出的重要一步。

据介绍,上述两个中心均设立在中国银行新加坡分行。中心将借助新加坡繁荣的大宗商品交易市场及贸易融资资产二级交易市场,积极开展大宗商品融资业务以及亚太区贸易融资资产的集中分销及买入业务。一方面,将努力建设包括全球市场参与者在内的广泛合作银行网络,为中国银行区域内贸易融资资产的风险分销及规模调剂建立多元化的渠道,逐步搭建起完善的区域性风险资产组合管理及风险分销集中化管理体系;另一方面,将充分利用新加坡的地缘优势,深挖市场、拓展客户,不断提高大宗商品融资产品研发及风险管理水平,最终建立专业化的营销、运营及管理体系,完善涵盖商业银行与投行业务的全系列大宗商品融资产品,有力提升客户服务水平。

作为全球国际结算业务量第一的商业银行,中国银行一直致力于在国际结算与贸易融资领域的突破与创新,在推动自身业务发展、树立核心竞争力的同时,不断开拓创新、锐意进取,取得了跨境人民币结算业务全球第一、出口双保理业务全球第一等瞩目业绩。可以预见,两个中心成立后,中国银行将进一步实现与国际金融市场的有机融合,更好地发挥中新两国经贸交流与金融合作的桥梁作用,为新加坡金融市场的繁荣以及中国与东盟(东南亚地区)的经贸往来贡献更大的力量。

东南亚地区是中国银行海外业务发展的重中之重。以此次福费廷中心和大宗商品融资中心的正式设立为肇始与契机,中国银行将不断发挥新加坡在东南亚区域经营中的统筹功能,提高东南亚区域内的专业化与集约化经营水平,加强区域内一体化的风险管理。未来,中国银行将继续在新加坡建设银行卡、财富管理和个人信贷业务等重点产品与业务平台,力争在东南亚区域内率先实现各项业务的突破性进展。

(资料来源:何京玉.中国银行在新加坡设立大宗商品融资中心及福费廷中心.中国广播网,2011-09-24)

项目小结

保理的全称为保付代理,意思是指保证付款和代理收款的业务,是为出口商提供的融资服务。国际保理业务的当事人除了有出口商、进口商这两个基本当事人,还有其他相关当事人。保理的分类有国际保理、公开保理、隐蔽保理、双保理模式、单保理模式、到期保理、预支保理、有追索权保理、无追索权保理。

银行保函(letter of guarantee,L/G)又称银行保证书,是指商业银行根据申请人的要求向受益人开出的担保申请人正常履行合同义务的书面证明。银行保函的当事人有申请人、受益人、担保行、通知行、转开行、反担保行、保兑行。

备用信用证又称商业票据信用证和担保信用证,是指开证行根据开证申请人的请求对受益人开立的承诺某项义务的凭证。即开证行保证申请人未能履行其应履行的义务时,受益人只要凭备用信用证的规定向开证行开具汇票(或不开汇票),并提交开证申请人未履行义务的声明或证明文件,即可取得开证行的偿付。

福费廷业务是一种以无追索权形式为出口商贴现远期票据的金融服务,也称为包买票据或票据买断,指包买商(forfaiter,一般为商业银行或其他金融企业)从出口商那里无追索权地购买已经承兑的并通常由进口商所在地银行担保的远期汇票或本票。福费廷业务主要当事人有包买商(银行)、出口商、进口商、担保人。

课后实训

一、判断题

1. 保理融资属于长期融资,主要适用于资本性货物贸易的融资需求。 ( )
2. 由于贸易纠纷而导致进口商拒付时,保理商对出口商没有追索权。 ( )
3. 国际保理服务涉及多项内容,利用保理结算方式与信用证结算一样烦琐。 ( )
4. 无追索权的保理融资,有助于出口商提前确认和实现销售收入,增加现金资产,降低企业的资产负债比率,改善企业的财务状况。 ( )
5. 签发保函意味着担保行承担了一项确定的负债。因此,担保行出于自身利益的考虑,在签发保函之前往往要对申请人的资信情况及财务状况、担保品及反担保措施、项目可行性及效益、保函申请书或委托担保协议等内容进行详尽的审查。 ( )
6. 任何一份银行保函都有保兑行这一基本当事人。 ( )
7. 独立性保函中担保人承担第一性的偿付责任,即担保人的偿付责任独立于申请人在交易合同项下的义务。 ( )
8. 银行保函的应用范围要远远大于普通的跟单信用证,可以用于保证任何一种经济活动中任何一方履行其不同的责任与义务。 ( )

9. 备用信用证与银行保函的法律当事人一般包括申请人、开证行或担保行(二者处于相同地位)和受益人。（　　）

10. 备用信用证和银行保函在形式上相似,和跟单信用证在作用上相似。（　　）

11. 福费廷业务适用于采用远期付款条件(通常为中长期的分期付款)的贸易结算。（　　）

12. 福费廷业务只对出口商提供融资作用,对进口商则是毫无融资作用。（　　）

二、单项选择题

1. 以下各项除了(　　)以外,都属于保理服务的内容。
   A. 贸易融资　　　　　　B. 代办会计处理
   C. 资信调查　　　　　　D. 货币兑换

2. 以下(　　)不是保理融资的特点。
   A. 融资比例较高　　　　B. 绝对没有追索权融资
   C. 融资条件低、手续简便　D. 融资额度灵活

3. 目前的国际保理业务较多采用(　　)。
   A. 一揽子保理　B. 隐蔽保理　C. 双保理　　D. 单保理

4. 国际保理服务产生的背景是国际贸易中存在的(　　)。
   A. 收款风险　　　　　　B. 资金周转压力
   C. 信用控制和收款管理需求　D. 以上都是

5. 在成套设备交易中,除支付货款外,还有预付定金或保留金的收取。采用以下(　　)支付方式与融资方式的结合最为合理。
   A. 托收与汇款　　　　　B. D/A与保理
   C. 信用证与托收　　　　D. 信用证与保函

6. 在出口商刚一进入某一市场,且市场竞争激烈的情况下,采用以下(　　)支付方式与融资方式的结合最为合理。
   A. 托收与汇款　　　　　B. D/A或O/A与保理
   C. 信用证与托收　　　　D. 信用证与保函

7. 对某些数量不易控制的商品,比较合适的结算方法的组合是(　　)。
   A. 信用证与汇款　　　　B. D/A与保理
   C. 信用证与托收　　　　D. 信用证与保函

8. 对进口商来说,可减少开证金额,少付开证押金,少垫资金;对出口商来说,又可要求银行须待全部货款付清后,才能向进口商交单,收汇比较安全的结算方式的组合是(　　)。
   A. 信用证与汇款　　　　B. D/A与保理
   C. 信用证与托收　　　　D. 信用证与保函

9. 卖方或承包方(申请人)委托银行向买方或业主(受益人)出具的,在不能履约时保证退还与预付款等额的款项,或相当于合约尚未履行部分相应比例的预付金款项的保函,称为(　　)。
   A. 维修保函　B. 履约保函　C. 保留金保函　D. 预付款保函

10. 备用信用证的基本当事人不包括(　　)。
    A. 开证行　B. 担保行　C. 受益人　D. 开证申请人

11. 以下不属于备用信用证和跟单信用证相同点的是( )。
    A. 两者形式相似
    B. 两者都属于银行信用
    C. 两者都凭符合信用证规定的凭证或单据付款
    D. 两者开证行都承担第一性的付款责任
12. 以下关于备用信用证的说法中,不正确的是( )。
    A. 开立备用信用证的目的是由开证行向受益人承担第一性的付款责任
    B. 若申请人未能履约,则由银行负责向受益人赔偿经济损失
    C. 若申请人按合同规定履行了有关义务,受益人就无需向开证行递交违约声明
    D. 备用信用证常常是备而不用的文件
13. ( )的开证行担保一项支付金钱以外的履约义务,包括对申请人在基础交易中违约而造成损失进行赔偿的义务。
    A. 投标备用信用证   B. 履约备用信用证
    C. 预付款备用信用证   D. 融资备用信用证
14. 在全球范围内规范备用信用证的一套独立的国际统一惯例是( )。
    A.《跟单信用证统一惯例》   B.《托收统一惯例》
    C.《国际备用信用证惯例》   D.《见索即付保函统一惯例》
15. 率先开创福费廷融资业务的是( )。
    A. 美国的商业银行   B. 瑞士苏黎世银行协会
    C. 东欧国家的银行   D. 英国的商业银行
16. 以下对福费廷业务特点的描述中,正确的是( )。
    A. 涉及金额大,浮动利率融资 B. 涉及金额小,浮动利率融资
    C. 涉及金额大,固定利率融资 D. 涉及金额小,固定利率融资
17. 福费廷业务的包买商包买票据时买断的风险不包括( )。
    A. 欺诈风险   B. 市场风险   C. 商业风险   D. 汇率风险
18. 制约我国福费廷业务规模扩大的原因之一是( )。
    A. 受到目前的金融法律法规的限制
    B. 国内银行流动性过剩
    C. 我国票据市场发展相对落后,二级市场远不成熟
    D. 我国金融机构对海外国家政策、银行资信和市场状况有着非常系统的了解
19. 福费廷业务中,除( )以外都是担保被包买票据的可行办法。
    A. 使用银行保函   B. 使用备用信用证
    C. 担保行在票据上作保付签字 D. 由政府出面担保
20. 进口方银行为福费廷项下票据提供担保时出具的独立担保文件必须是( )。
    A. 不可撤销的   B. 无条件的   C. 可转让的   D. 以上都是

三、简答题
1. 国际保理业务对进口商和出口商的影响分别表现在哪些方面?
2. 简述国际保理业务与其他国际结算业务的异同点。

3. 简述银行保函的业务流程。

4. 银行保函有什么特点？

5. 简述备用信用证和跟单信用证的异同。

6. 简述福费廷业务与国际保理业务存在的异同。

四、案例分析题

1. 某年年初，福建省义源外贸进出口公司（以下简称义源公司）向中国银行厦门分行（以下简称厦门分行）申请办理一笔出口保理业务，该业务进口商为美国 K-Chem 化工公司。厦门分行随后选择了美国的 CCC 银行的保理公司作为进口保理商。3 月，义源公司获得了美国进口保理商核准的 25 万美元的信用额度后，厦门分行即与义源公司签订了《出口保理协议》，义源公司开始陆续出运货物。9 月 28 日，义源公司将该保理业务项下的一笔金额为 6.78 万美元，付款日为 11 月 15 日的应收账款转让给厦门分行，厦门分行随即将该项下的货物发票转寄美国的进口保理商。发票到期后，进口商没有按期付款。次年 1 月 27 日，进口商通过进口保理商发来质量争议通知，7 月 11 日，进口保理商发来应收账款的反转让(ressignment)通知，免除其作为进口保理商在发票付款到期日后第 90 天应作 100%发票金额赔付的责任。

厦门分行作为出口保理商，接下来的贸易纠纷通知后，立即通知了义源公司，并按照国际保理商联合会制定的《国际保理业务惯例规则》第 14 条的规定，对义源公司作了耐心解释。尽管如此，义源公司仍坚持认为，买方提出争议的该笔货物质量没有问题；义源公司与厦门分行签订的《出口保理协议》中未明确规定适用《国际保理业务惯例规则》，而国际惯例的适用应以当事人的选择为条件，其不能成为当事人之间的权利义务关系；约束进、出口商双方是否履约的只能是销售合同，外贸公司与美国进口商签订的销售合同中约定的质量异议期限为"货到目的港后 20 天"，事实上进口商在货物到达目的港后 20 天内并未提出质量异议，因而进口商提出的争议是无效的。所以，既然义源公司已将货物发票合法有效地转让给了银行，如果进口商不付款，那么进出口保理商就必须付款。由于义源公司与我行的认识始终不能达成一致，进口商又一直未能付款，进口保理商也认为已依据《国际保理业务规则》免除了赔偿责任，此案纠纷至今未能获得最终解决。

请问：如果你是义源公司，该如何处理此纠纷？如果你是厦门分行，又该如何处理此纠纷？

2. A 公司为国内电子产品生产企业，发展前景较好，银行信用评级为 AAA，授信额度充足。欧洲知名企业 B 是其优质固定的大客户，现在 A 公司计划上市，需要在短期内尽快优化财务报表。针对 B 公司所欠的应收账款，银行向 A 公司推荐了出口保理。

请问：A 公司做出口保理是否合适？请阐述理由。

3. 我国出口商 A 就出口机电产品到新加坡向出口保理商申请 100 万美元信用额度。出口保理商 B 即与国外进口保理商 D 联络，获得进口保理商 20 万美元的信用额度，出口商 A 遂与新加坡进口商 C 签订了 23 万美元的出口合同。发货后出口商 A 向出口保理商 B 申请融资，B 预付了 16 万美元。到期日新加坡进口商 C 以货物质量有问题为由拒付（理由是该批货物与以前所购货物为同一型号，而前批货物有问题）。进口保理商 D 以贸易纠纷为由免除坏账担保责任。出口商 A 认为 C 拒付理由不成立，并进一步了解到 C 拒付的实际理由是新加坡进口商的下家土耳其某进口商破产，货物被银行控制，C 无法收回货款。因此，出口商 A 要求新加坡进口商提供质检证明,未果。90 天赔付期过后,新加坡进口商 C 仍未付款。出口商 A 委托进口保理商 D 在新加坡起诉进口商,但进口保理商 D 态度十分消极。

请问:

(1) 进口商拒付的理由成立吗?如果不成立,请说明理由。

(2) 进口保理商为什么态度消极,他能否免除坏账担保责任?请说明理由。

(3) 本案中的出口商应如何维护其合法权益?如果出口商向法院起诉,在进口商没有偿还能力的情况下,该案应如何判决?

4. 一开证行开立一份不可撤销的备用信用证,通过 A 行通知给受益人。信用证要求受益人提供如下单据:

(1) 申请人违约声明书,注明:"按照 X 与 Y 公司之间达成的第 111 号、日期为 2017 年 1 月 1 日的合同,我方已于 2017 年 2 月 2 日装运了 S 加仑的油。发货后,我方等待 Y 按上面提及的合同规定付款长达 120 天之久。Y 方没有支付应付之款,因此,Y 方违反了合同条件。根据该备用信用证规定,我方有权支取申请人(Y 公司)所欠 USD 10 000.00 的款项。"

(2) 一份注明装运商品的商业发票副本。

(3) 一份证明装运了货物并表示了装运日期的运输单据副本。

根据商业合同的要求,受益人装运了货物,按照销售合同,受益人对于应付给他的款项向 Y 方开立了发票,付款期限是 120 天。装运后第 121 天,受益人未能从 Y 方收到全部款项。于是,受益人按照备用信用证的要求备妥单据并提交给开证行索款。

开证行收到单据后,经审核认为单据不符拒绝接受,理由如下:延迟交单。按照《UCP 600》第 43 条的规定,单据必须不迟于装运日后 21 天内提交,装运日期是 2017 年 2 月 2 日,而单据直至 2017 年 6 月 3 日才提交,受益人的交单构成延迟交单。

请问: 根据《UCP 600》和《国际备用信用证惯例》的规定,分析开证行的拒付是否有理?

5. F 银行与 X 公司签订了福费廷协议。某年 10 月,F 银行收到 W 国 A 银行 N 国分行开来的 180 天远期信用证一份,受益人为该行客户 X 公司,金额为 USD 413 000,装运期为本年 11 月 15 日。11 月 4 日,X 公司发货后,通过 F 银行将货运单据寄交开证行,以换取开证行 A 银行 N 国分行担保的远期承兑汇票。12 月,X 公司将包买所需单据包括"无追索权"背书的 A 银行承兑汇票提交 F 银行包买。次年 2 月,W 国 A 银行突然倒闭,A 银行 N 国分行于同年 3 月停止营业,全部资金被 N 国政府冻结,致使 F 银行垫款无法收回,利益严重受损。

请问: 该案例给我们什么启示?

6. 瑞士某汽轮机制造公司向拉脱维亚某能源公司出售汽轮机,价值 3 000 000 美元。因当时汽轮机市场很不景气,拉脱维亚公司坚持延期付款,因而瑞士公司找到其往来银行 ABC 银行寻求福费廷融资。该银行表示只要拉脱维亚公司能提供拉脱维亚 XYZ 银行出具的票据担保即可。在获悉拉脱维亚 XYZ 银行同意出保之后,ABC 银行与瑞士公司签署包买票据合约,贴现条件是 6 张 500 000 美元的汇票,每隔 6 个月一个到期日,第一张汇票在装货后的 6 个月到期,贴现率为 9.75% P.A.,宽限期为 25 天。瑞士公司于 12 月 30 日装货,签发全套 6 张汇票寄往拉脱维亚公司。汇票于次年 1 月 8 日经拉脱维亚公司承兑并交拉脱维亚 XYZ 银行出具保函担保后,连同保函一同寄给 ABC 银行。该银行于 1 月 15 日贴现全套汇票。由于汽轮机的质量有问题,拉脱维亚公司拒绝支付到期的第一张汇票,拉脱维亚 XYZ 银行因保函签发人越权签发保函并且出保前未得到中央银行用汇许可,而声明保函无效,并根据拉脱维亚法律,保函未注明"不可撤销"即为可撤销保函。而此时,瑞士公司因另一场官司败诉,资不抵债而倒闭。

请问:此案对我们有什么启示?

项目七 国际贸易结算中的单据

知识目标

(1) 掌握商业发票、海运提单、保险单、原产地证书等单据制作的具体要求；
(2) 了解《UCP 600》关于单据的要求。

能力目标

能根据一份具体的信用证来判定所要提交的单据和条件，并与具体单据内容衔接。

导入案例

天津M进出口公司出售一批货物给香港G公司，价格条件为CIF香港，D/P 30天。M公司同意G公司指定香港汇丰银行为代收行，M公司在合同规定的装船期内将货物装船，取得清洁提单，开出汇票，连同提单和商业发票委托中行通过香港汇丰银行代收。5天后，货物抵达，G公司凭信托收据借单提货，但在汇票到期日时，由于货物价格下跌，G公司以缺少保险单为由拒绝付款。

请问： 该问题如何解决？

模块一 单据概述

单据是国际贸易结算的核心，在国际结算中有举足轻重的作用。虽然国际贸易是进出口商之间的商品买卖，但在结算实务中却表现为与商品有关的单据的买卖。国际结算是以商业银行为中介的间接结算，凭单据付款是现代国际结算的重要特点。商业银行在国际结算中只处理单据，而不处理货物。

一、单据的含义

单据也称货运单据、商业单据，是出口方应进口方和其他有关方的要求必须备妥并提交的，完整地代表货物所有权的各种货运单据。它通常是由出口方制作或取得后通过银行转交给进口方，交单是出口方履约的重要环节和内容。在现代国际贸易结算中，出口方的交货主要是通过交单来完成的。

二、单据的作用

(一) 单据可以代表货物的物权
在国际贸易结算业务中,卖方交付单据代表交付了货物,买方取得单据代表收到了货物。这样,通过单据的转移就达到了货物转移的目的,同时也使货物的转移合法化。

(二) 单据是一种履约的证明
单据中有详细的货物描述及卖方履约情况的相关证明,出口商只有在履行了合同义务后,才能取得相应的证据或单据。

(三) 单据是付款的证据
在信用证业务中,开证行的付款是以信用证中规定的相符单据为依据的。在汇款、托收等非信用证结算方式中,进口商履行付款义务时,一般应在收到货物或单据后,在规定时间内支付货款。至于付款所支付的数量、时间、币种等均以汇票、发票等为依据。

三、单据的种类

在国际结算中,单据包括金融单据和商业单据。金融单据指汇票、本票、支票或其他用于获得货币付款的相似票据;商业单据主要指非金融单据的其他所有单据,包括运输单据、物权单据或其他相似单据等等。

常见的单据如下表7-1所示:

表7-1 常见单据的种类

项 目	基本单据	其他单据
商业单据	商业发票 (COMMERCIAL INVOICE)	装箱单(PACKING LIST) 重量单(WEIGHT LIST/CERTIFICATE) 数量单(QUANTITY CERTIFICATE) 产地证明书(CERTIFICATE OF ORIGIN) 受益人证(BENEFICIARY'S CERTIFICATE) 质量证明书(CERTIFICATE OF QUALITY)
运输单据	提单(BILL OF LADING) 运货单据 (TRANSPORT DOCUMENTS)	船运公司证明 (SHIPPING COMPANY'S CERTIFICATE)
保险单据	保险单 (INSURANCE DOCUMENTS)	投保声明
政府单据	海关发票(CUSTOMS INVOICE) 领事发票(CONSULAR INVOICE) 进出口许可证(EXPORT LICENSE)	商检证书

四、单据的制作

单据的制作应做到准确、完整、及时、简明和整洁。

(1) 准确。单据的内容应与合同或信用证的规定完全相符,而且单据与单据之间的内容要保持一致。

(2) 完整。这包括单据内容完整、份数完整、种类完整。

(3) 及时。这单据应在规定的时间内制作完成并提交到进口商手中,以便进口商能凭单提货。信用证交单必须掌握装运期、交单期和信用证有效期。

(4) 简明。单据文字内容力求简单明了。

(5) 整洁。制作完成的单据必须表面整洁。除了由受益人制作的单据外,对其他单据内容的修正和变更必须在表面上看来经出单人或出单人的授权人证实。

模块二 商业发票

一、商业发票

(一) 商业发票的概念及作用

商业发票(commercial invoice)通常简称发票,是卖方开立的凭以向买方索取货款的价目清单,是装运货物的总说明。发票全面反映了有关交易的详细内容,是各种单据的中心单据,也是卖方必须提供的主要单据之一。

就广义而言,发票包括商业发票、海关发票、形式发票、领事发票、样品发票、厂商发票、证实发票等。然而就狭义而言,它通常是指商业发票。

商业发票主要有以下几个方面的作用:

(1) 它是卖方履约情况的书面证明。发票是交易的合法证明文件,在全部单据中,发票是卖方专为说明履约情况提供的单据,从发票可以看出交易的全貌。

(2) 它是提供买方了解、掌握、验收和核对货物的品名、规格、数量、重量等的依据,用以确认已发货物是否符合合同条款的规定。

(3) 它是买、卖双方收、付款记账的依据。

(4) 它是进出口商进出口报关、缴纳关税的重要依据。

(5) 它是供出口商计算和支付佣金的依据。

(6) 它是出口商缮制其他单据的依据。

(7) 在不用汇票的情况下,发票替代汇票作为索汇的凭证。

除了以上几点外,发票还可以作为统计的凭证,在保险索赔时也可作为价值证明。

(二) 商业发票的内容及缮制时应注意的事项

1. 出口商名称

发票顶端的出口商名称、详细地址等信息应与信用证上的受益人信息一致。

2. 发票名称

在出口商名称下面,要标出"COMMERCIAL INVOICE"或"INVOICE"的字样。

3. 发票抬头人

发票必须做成以信用证开证申请人的名称为抬头。如果信用证上有指定抬头人,则按来证规定制单。

4. 发票号码、发票日期、合同号码

发票号码由出口商统一编制。发票出单日期不能迟于信用证最迟交单日期和有效日期,但可早于信用证开证日期。合同号与信用证上列明的应一致,一笔交易有几份合同的,都应打在发票上。

5. 起运地和目的地

目的地应明确具体,不能笼统。对重名港口、重名城市以及对于目的港或目的地为非著名交通枢纽,均应加打国名。

6. 货物名称

商业发票中货物的描述必须与信用证规定严格相符。

7. 货物规格

货物规格必须和信用证规定完全一致。

8. 货物的包装、件数和数量

货物的包装、件数和数量必须在发票中表明,并与其他单据相一致。

凡"约""大概""大约"或类似的词语用于信用证数量时,应理解为实际成交的有关数量不超过信用证数量的 10% 的增减幅度。

9. 货物重量

重量单、装箱单、商业发票上均应标明货物总的毛重、净重,并与其他单据上的信息一致。

10. 价格条件

发票中应写明价格条件。

11. 单价和总值

商业发票上应标明单价和总值。除非信用证另有规定,银行可拒绝接受金额超过信用证所允许的金额的商业发票。凡"约""大概""大约"或类似的词语用于信用证单价和总值时,应理解为实际成交的有关单价和总值不超过信用证单价和总值的 10% 的增减幅度。

12. 唛头

唛头内容由客户名称的缩写、合同或发票的编号、目的港名称、件号等部分组成。唛头应与来证规定相符。

13. 发票上加注各种证明

国外来证有时要求在发票上加注各种费用金额、特定号码、有关证明句,一般可将这些内容打在发票商品栏以下的空白处。

14. 出单人名称

商业发票只能由信用证规定的受益人出具。

15. 信用证要求多份发票时的正副本发票

除非信用证另有规定,交来的单据应是正本单据。信用证经常要求多份发票,这时可以提交一份正本,其余份数为副本。

二、海关发票

(一) 海关发票的含义

海关发票是进口国海关制定的一种发票格式,要求卖方填制,供买方凭以报关。海关发票主要有三种形式,即海关发票、估价和原产地联合证明书、根据某国海关法令签发的证实发票。

（二）海关发票的作用

（1）进口国海关作为统计的依据。

（2）作为货物估价定税的依据。

（3）核实货物原产地。

（4）确定有无倾销。

（三）海关发票的内容

① 外包装的价值。② 货物装入外部容器的工资费用。③ 内陆运输费和保险费。④ 码头与港口费用。⑤ 海运费用。⑥ 海运保险费。⑦ 有关交货的其他费用。⑧ 其他特殊开支。⑨ 佣金。⑩ 现金折扣率。⑪ 出售给买主的价格。⑫ 现行国内价值或出口国的工厂、仓库、装运港的公开市场价格。

（四）填写海关发票应注意的事项

（1）各国（地区）使用的海关发票都有专门的固定格式，不能混用。

（2）凡是商业发票和海关发票上共有的项目和内容，必须和商业发票保持一致，不得相互矛盾。

（3）如成交价格为 CIF 条件，应分别列明 FOB 价、运费和保险费，而这三者的总和应与 CIF 货值相等。

（4）签字人和证明人均须以个人身份出现，而这两个人不能为同一人，个人签字均须手签才有效。

三、其他发票

（一）形式发票（proforma invoice）

形式发票又叫预开发票，是在交易达成前卖方应买方的要求，将拟报价出售的货物名称、规格、单价、价格条款、装运期以及支付方式等一一列明的一种非正式发票，作为买方向本国的进口管理机构或管汇部门申请进口许可证或批汇的依据。

（二）领事发票（consular invoice）

按照某些国家的规定，货物从国外进口，须提供领事发票作为核对税款的根据，以防止买方进口时低报货价逃避进口关税，并审查该进口商品有无倾销的情况。这种发票由进口国驻出口国的领事馆签发，具有固定的格式。

（三）样品发票（sample invoice）

样品发票不同于商业发票，只是让客户了解商品的价值、费用等，便于向市场推销和报关取样。

（四）厂商发票（manufacturer invoice）

厂商出具的以本国货币计算价格，用来证明出口国国内市场的出场价格的发票。来证要求提供厂商发票，其主要目的是用以核查出口交易中是否存在倾销，以便确定是否征收反倾销税。

（五）证实发票（vertified invoice）

证实发票实际上是海关发票，之所以叫作证实发票，是由于发票上列明货价和产地这两项主要内容，其中货价部分须经卖方以个人名义签名证实之故。

四、商业发票的审核要点

(1) 由出口商签发；
(2) 发票的抬头为进口商，除非另有规定；
(3) 货物描述与合同或信用证中的规定一致；
(4) 合同中规定的有关货物、价格和条款的细节都在发票中体现；
(5) 发票中出现的唛头和装运情况等信息与其他单据一致；
(6) 发票币种与合同或信用证相同；
(7) 发票金额与汇票一致；
(8) 发票金额没有超过合同或信用证的可用余额；
(9) 如果合同或信用证不允许分批装运，发票显示信用证要求的全部货物；
(10) 发票已按合同或信用证要求，签署、公证、证实等；
(11) 有关装运、包装、重量、运费或其他相关的运输费用与其他单据上显示的内容一致；
(12) 提交的正本和副本份数正确。

应用案例 7-1

T公司准备恢复对ABC分部跟单信用证业务项下的财务监管，要求所有开立以ABC为受益人的跟单信用证改为以T公司为受益人。但由于商业原因，T公司将继续使用ABC分部的格式信笺出具单据，但单据标明T公司的名称。

请问：T公司这样做是否可行？

【案例分析】

如果信用证指定的受益人是T公司，银行将拒绝接受以ABC分部名义出具的商业发票，因为商业发票必须由信用证上载明的受益人出具。在上述情况下，受益人想要提交某种特定的单据，就须设法使信用证清晰地规定单据的样式和类型。

应用案例 7-2

信用证中的货物描述是"ABC"，而商业发票上的货物描述为"XYZ(ABC)"，XYZ是货物成分的技术/化学术语。

请问：此商业发票是否可以接受？

【案例分析】

商业发票中的货物描述应当与信用证相一致，但并没有要求商业发票上在何处以何种方式显示货物描述。商业发票中先引用货物的技术/化学成分，然后引用信用证中的货物描述，并没有不符点。

发票的样本见图 7-1。

广州照明电器有限公司
GUANGZHOU LIGHT ELECTRICAL APPLICANCES CO.LTD.
52,DEZHENG ROAD SOUTH,GUANGZHOU,CHINA
TELEX:0853 FAX:83556688

COMMERCIAL INVOICE

TO:M/S

号码
No._____

订单或合同号码
Sales Confirmation No._____

日期
Date_____

装船口岸
From_____

目的地
To_____

信用证号码
L/C No._____

开证银行
Issued by_____

唛头 Marks&Nos.	货名 Quantities and Descriptions	总值 Amount

WE CERTIFY THAT THE GOODS ARE OF CHINESE ORIGIN.

广州照明电器有限公司
GUANGZHOU LIGHT ELECTRICAL APPLICANCES CO.LTD.
×××

图7-1 发票样本

模块三 装箱单

一、装箱单的含义

装箱单是发票的补充单据,列明了信用证(或合同)中买、卖双方约定的有关包装事宜的细节,便于国外买方在货物到达目港时供海关检查和核对货物,通常可以将其有关内容加列在商业发票上,但是在信用证有明确要求时,就必须严格按信用证约定制作。

类似的单据还有重量单、规格单、尺码单等。其中,重量单是用来列明每件货物的毛重、净重;规格单是用来列明包装的规格;尺码单用于列明货物每件尺码和总尺码,或用来列明每批货物的逐件花色搭配。

装箱单名称应按照信用证规定使用,通常用"PACKING LIST""PACKING SPECIFI-CATION"或"DETAILED PACKING LIST"。如果来证要求用"中性包装单"(NEUTRAL PACKING),则包装单名称打"PACKING LIST",但包装单内不打卖方名称,不能签章。

包装单、重量单和尺码单是供海关检查和核对货物用的。它们的号码应与发票相同,日期应与发票日期相同或略迟而不能提早。它们不表示收货人、价格、货物装运等情况。在货物的描述上使用统称。

二、装箱单的内容及缮制时应注意的事项

(一) 出单方(Issuer)

出单人的名称与地址应与发票的出单方相同。在信用证支付方式下,此栏应与信用证受益人的名称和地址一致。

(二) 受单方(To)

受单方的名称与地址,与发票的受单方相同。多数情况下填写进口商的名称和地址,并与信用证开证申请人的名称和地址保持一致。在某些情况下也可不填,或填写"To whom it may concern(致有关人)"。

(三) 发票号(Invoice No.)

与发票号码一致。

(四) 日期(Date)

装箱单缮制日期。应与发票日期一致,不能迟于信用证的有效期及提单日期。

(五) 唛头及件数编号(Marks and Numbers)

与发票一致,有的注实际唛头,有时也可以只注"as per invoice No. ×××"。

(六) 包装种类和件数、货物描述(Number and kind of packages, description of goods)

要求与发票一致。货名如有总称,应先注总称,然后逐项列明每一包装件的货名、规格、品种等内容。

(七) 外包装件数(PACKAGE)

填写每种货物的包装件数,最后在合计栏处注明外包装总件数。

(八) 毛重(G.W)

注明每个包装件的毛重和此包装件内不同规格、品种、花色货物各自的总毛重,最后在合计栏处注明总毛重。信用证或合同未要求的,不注亦可,如 2 588.36 KGS。

(九) 净重(N.W)

注明每个包装件的净重和此包装件内不同规格、品种、花色货物各自的总净重,最后在合计栏处注明总净重。信用证或合同未要求的,不注亦可,如 760 KGS。

(十) 箱外尺寸(Meas.)

注明每个包装件的体积,最后在合计栏处注明总体积。信用证或合同未要求的,不注亦可,如 1 623.548 CBM。

(十一) SAY TOTAL

以大写文字写明总包装数量,必须与数字表示的包装数量一致,如 FOUR THOUSAND FOUR HUNDRED CARTONS ONLY。

(十二) 签名(Signature)

由出口公司的法人代表或者经办制单人员代表公司在装箱单右下方签名,上方空白栏填写公司英文名称,下方则填写公司法人英文名称。

装箱单的样本见图 7-2。

CHINA ××××　IMPORT AND EXPORT COMPANY

SHIPPINGMARK：NHIT BANGKOK NO.1~9　　　　　INVOICE NO.：TS0895
　　　　　　　　　　　　　　　　　　　　　　　　　　　　　CONTRACT NO.：

PACKING LIST

B/L NO.：　　　　　　　　　　DATE：
NAME OF VESSEL：East Wind V.19 B/L No.SC119　　FROM：　　　　　　TO：
SOLD TO MESSRS：

MARKS & NOS	COMMODITY	QUANTITY	NW	GW	MEASUREMENT

CHINA ××××　IMPORT AND EXPORT COMPANY
×××（签章）

图 7-2　装箱单样本

模块四　海运提单和装船通知

一、海运提单

（一）海运提单的含义及作用

1. 海运提单的含义

海运提单全称为海洋运输提单（marine/ocean bill of lading）或港至港运输提单（port to port B/L），简称海运提单。海运提单是证明海上运输合同的货物由承运人接管或装船以及承运人保证凭以交货的单据。

2. 海运提单的作用

（1）货物收据。海运提单是承运人发货给托运人的收据，确认承运人已收到提单所列货物并已装船，或者承运人已接管了货物，已代装船。

（2）运输契约证明。海运提单是托运人与承运人的运输契约证明。承运人之所以为托运人承运有关货物，是因为承运人和托运人之间存在一定的权利义务关系，双方的权利义务关系以提单作为运输契约的凭证。

（3）货权凭证。海运提单是货物所有权的凭证。谁持有提单，谁就有权要求承运人交付货物，并且享有占有和处理货物的权利，提单代表了其所载明的货物。

（二）海运提单的关系人

海运提单的关系人有四种，即承运人、托运人、收货人、被通知人。

1. 基本关系人

（1）承运人。即负责运输货物的当事人，有时被称为船方。

(2)托运人。托运人也称为货方。可能是发货人(卖方)或者是收货人(买方)。

2. 其他关系人

(1) 收货人。收货人通常被称为提单的抬头人,可以是托运人本身,也可以是第三人。

(2) 被通知人。被通知人不是提单的当事人,只是收货人的代理人,是被承运人的通知人。

(三)海运提单的物权转让

海运提单是货物的权利凭证,具有可以流通转让的功能。

按收货人的表示,海运提单分为不可流通形式提单和可流通形式提单。

1. 不可流通形式提单

不可流通形式提单多指不可流通的记名抬头人提单,又称直交提单。在收货人格内载明托运给一个特定的收货人,只能由特定的收货人提货,不得转让流通,该收货人经证明其身份,即可提取货物。

2. 可流通形式提单

可流通提单的收货人抬头有可流通的来人抬头提单、可流通的指示抬头提单和可流通的记名抬头提单(Negotiable Named Consignee B/L)。

其中,可流通的指示抬头提单的表示方法又分为以下三种:

(1) 以开证行的指定人作为抬头人(To Order of Issuing Bank),背书转申请人。

(2) 以申请人或其指定人为抬头人(To Order of Applicant),银行一般不接受。

(3) 以托运人的指定人为抬头人(To Order of Shipper),空白背书。

来人抬头的提单凭交付转让。在指示抬头和可流通的记名抬头情况下,提单均可以通过背书转让。

背书的情况主要有如下几种:

(1) 出口商(×××Co.)以发货人的身份做成空白背书。

(2) 出口商(×××Co.)以发货人的身份做成开证行的记名背书。

(3) 信用证规定提单收货人是议付行,在寄单前,议付行做成记名背书给开证行。

(4) 进口商付款赎单时,若提单抬头人或被背书人是开证行,由开证行背书给进口商。

(四)提单的内容及记载要求

1. 关系人的记载及签字

提单的各个关系人都应记载于提单正面合适的栏目内。

(1) 提单正面要求注明承运人名称。

(2) 对提单签字人签字的要求。

① 如果提单上已明示承运人即"CARRIER",则承运人签字时无须再明示其为承运人。

② 如果提单上未明示承运人,即未明示"CARRIER",承运人在签字时还须明示其为承运人,即在承运人名称后加上"CARRIER"。

③ 如果由船长签字,在签字栏目内不需要打印承运人名称,只打"AS MASTER"即可。

④ 如果由其他人代理承运人签字,则除了应在签字栏内打印承运人名称外,还应打印代理人名称及"As agent for"或"As behalf of"。

⑤ 如果由其他人代理船长签字,则除了应在签字栏内打印代理人名称及"As agent for"或"As behalf of"外,还应打印船长的姓名和身份。

2. 对货物"已装船"和"预期"的要求

银行将接受注明货物已装船或已装具名船只的单据,不论其名称如何。

(1) 提单未印就"已装船"字样,而是印上"已收妥货物"(Received the Goods)字样。在实际装货后签发的提单上必须批注"已装船"(On board)字样及装船日期,该日期视为装运日期。

(2) 提单预先印上"已装船"字样,装船批注可省略"On board"字样。

(3) 提单写有"预期船只"(Intended Vessel)时,已装船批注还应包括实际装货船名。

(4) 提单注明接受监管地不同于装货港,最终目的地不同于卸货港时,已装船批注就应加注信用证规定的装货港和卸货港。

(5) 提单未印就"已装船"字样,但印上"货物装载于在此具名的船只,或任何由承运人选择的替代船只",提单上注明的船名就不确定了。这样,已装船批注还应包括"载货船只"和"装运港"。

(6) 海运需要转运时,提单注明船名 Y,是第二程船名,已装船批注的船名 X 是第一程船名,这样的提单虽然两个船名不一致,但仍可以接受。

3. 提单的清洁问题

清洁运输单据就是指未载有明确宣称货物及/或包装状况有缺陷的条文或批注的单据。银行将不接受载有此类条文或批注的运输单据。

4. 转运与分运

(1) 转运,即货物是否允许转运。

(2) 分运,即货物是否允许分批装运。

5. 提单的其他记载事项

(1) 提单号码(B/L NO.)。

(2) 船名(NAME OF VESSEL)。

(3) 唛头(SHIPPING MARKS)。

(4) 包装种类(KIND OF PACKGES)。

(5) 毛重尺码(GROSS WEIGHT/MEASUREMENT)。

(6) 货物名称(DESCRIPTION OF GOODS)。

(7) 运费和费用(FREIGHT & CHARGES)。

(8) 正本提单份数。

(9) 根据信用证规定的加注内容。

(10) 货运目的港后须经内陆转运的。

(五) 海运提单的种类

(1) 按是否有批注区划分,可分为清洁提单与不清洁提单。

清洁提单,是指承运人或船方在收到货物或装载货物时,货物或外包装没有某种缺陷或不良情况的提单。

不清洁提单,是指承运人货船放在收到货物或装载货物时,发现货物或外包装有不良情况,在提单上给予相应的批注。

对于不清洁提单,银行将拒绝接受,无法议付。

(2) 按是否已装船时签发提单划分,可分为已装船提单和收讫备运提单。

前者指的是,提单上记载的货物已经装上提单所指明的船只后签发的提单,提单上明确记载装船的日期;后者是指托运人将或交给承运人接管,因船公司船期关系,或船只尚未到港,暂存仓库由其保管,而凭仓库收据签发的备运提单。

(3) 按运输方式划分,可分为直达提单和联运提单。

前者是指装货船只自装货港直接到达最终目的港,中途不转船的提单。

后者是指货物从装运港装船后,中途转换另一条船,或中途改换其他的运输方式才到达目的港或目的地的提单。

(4) 按提单的抬头划分,可分为记名提单、不记名提单和提示提单。

记名提单,具体填写特定的人或公司。

不记名提单,指不填具体收货人名称,即承运人将货物交给提单的持有人,谁持有提单,谁就可以提货。

提示提单是按记名人指示或不记名人指示而交货的提单。

(5) 按航运的经营方式不同,可分为租船契约提单和班轮提单。

(6) 按运费支付方法不同,可分为运费预付提单和运费倒付提单。

(7) 按提单的格式和条款是否全面划分,可分为全式提单和简式提单。

前者是指提单的正面和背面都有内容,全面记载了承运人和托运人的责任、义务和权利等方面的条款;后者只有正面有条款,而背面没有任何记载内容。

(六) 缮制提单应注意的事项

(1) 无论如何命名,甚至可以没有"BILL OF LADING"名称。可以用"OCEAN""MARINE""CLEAN""ON BOARD""FULL SET""ORIGINAL"等代替"BILL OF LADING"。装货与卸货港是港至港,也算是海运提单。

(2) 收货人——"CONSIGNEE,TO ORDER"或"TO ORDER OF SHIPPER",二者没区别,此种抬头需要 BLANK ENDORSED 背书。

(3) 出口最好不要将提单抬头做成 TO APPLICANT 或 TO ISSUING BANK,一旦因不符点被拒付,如申请人或开证行退单时不背书,货物退回时影响受益人提货。

(4) 提单显示 CARRIER 及签署。

(5) 提交的"SHIPPED ON BOARD"提单,提单的出具日期视为装运日,除非提单带有加注日期的单独装船批注,此时批注日期视为装运日"Meaning of Shipping Company's Bill of Lading"。

应用案例7-3

信用证要求的提单上显示:

装船/发运/接管地:任何欧洲港口;

运至:蒙巴萨岛港口;

最迟装运日期:4月30日;

允许转运。

提交的提单上显示:

收货地:都柏林

前程运输:A 船

装货港:安特卫普
卸货港:肯尼亚蒙巴萨岛港口
船名船次:F123 船

提单上显示的转船批注如下:"已于4月26日在都柏林交货装于A船,于4月30日到达安特卫普";"已于5月2日在安特卫普装于海轮F123船。"(第一个批注显示在提单正文框内,字体与其他正文一样,而第二个批注上的日期则是用印戳加上去的)

请问:这张提单是否可以接受?

【案例分析】

都柏林和安特卫普都是欧洲港口,批注中"已于4月26日在都柏林交货装于A船,于4月30日到达安特卫普"满足了在"欧洲任何港口"的装运要求,即使都柏林未显示在"装货港"一栏中。4月26日应视为装船日期,满足信用证的要求。第二个关于装于F123船上的装船批注应视为附加信息,和判断是否发生迟装,进而判断提单是否可接受没有联系。

应用案例 7-4

中国A公司委托中国某航运公司B将10 000袋咖啡豆从中国上海运往巴西某港口。船长签发了清洁提单,载明每袋咖啡豆重60千克,其表面状况良好。货到目的港卸货后,收货人巴西C公司发现其中600袋有重量不足或松袋现象,经过磅约短少25%。于是,C公司提起诉讼,认为承运人B公司所交货物数量与提单的记载不符,要求B公司赔偿货物短少损失。B公司出具有力证据证明货物数量的短少在货物装运时业已存在,并抗辩称,因其在装船时未对所装货物一一进行核对,所以签发了清洁提单。货物数量的短少不是因承运人B公司的过失造成,所以B公司不应对此承担赔偿责任。经查,货物数量的短少的确不是因承运人的原因造成,而属托运人A的责任。

判决:法院认为,B公司签发的清洁提单是其已经按提单所载状况收到货物且货物表面状况良好的初步证据,B公司虽能提供证据证明货物数量的短少在装船时已经存在,而不是因其过失所造成,但该证据和理由不能对抗善意受让提单的包括收货人在内的第三人。据此,法院判决B公司应该就货物数量的短少向收货人C公司承担赔偿责任。

【案例分析】

提单是国际海上运输的主要单证,在国际贸易和海上货物运输中广泛应用。因提单产生的法律关系相当复杂,在实践中遇到各种各样的法律问题,以致因提单产生大量的诉讼案,观点各异,判决不一,有必要对此加以梳理。

提单是承运人或其代理人签发的用以证明海上货物运输合同和货物已经由承运人接收或装船,以及承运人保证据以交付货物的单证。

提单具有证据效力。按照我国《海商法》的规定,承运人或代其签发提单的人签发的提单,是承运人已经按照提单所载状况收到货物或货物已装船的初步证据。

我国《海商法》第75条规定,承运人或代其签发提单的人,知道或者有合理的根据怀疑提单记载的货物的品名、标志、包数或者件数重量与实际接收的货物不符,在签发已装船提单的情况下怀疑与已装船的货物不符,或者没有适当的方法核对提单记载的,可以在提单上批注,说明不符之处,怀疑的根据或者说明无法核对。

该法第76条规定:"承运人或代其签发提单的人未在提单上批注货物表面状况的,视为货物表面情况良好。"实践中,一般将承运人未做任何批注的提单称作清洁提单。承运人若签发了清洁提单,就表示承运人已按照提单上所载明的内容收到货物,而当时收货人接收货物时发现货物实际情况与提单记载不符,则可推断不符是在承运人管理货物的期间所发生的。管理货物是承运人的基本义务之一,承运人应当妥善地、谨慎地装载搬移、积载、运输、保管、照料和装卸所运货物,那么由于承运人的疏忽或过失,致使货物受到损坏的,承运人应负赔偿责任。

根据我国《海商法》第77条的规定,承运人或代其签发提单的人签发的清洁提单是承运人已经按照提单所载情况收到货物或者货物已经装船的初步证据,承运人向善意受让提单的包括收货人在内的第三人提出的与提单所载状况不同的证据,不予承认。

所谓初步证据,是指对托运人来说,清洁提单是承运人已按提单所记载的内容收到货物的初步证明,如果承运人有确实的证据证明事实上收到的货物与提单上的记载不符,他仍然可以向托运人提出异议,因为提单中有关货物的记载事项一般是依托运人提供的资料填写的。但对于受让提单的包括收货人在内的第三人来说,清洁提单是终结性的证据,即承运人对提单的受让人不得否认提单上有关货物资料的记载内容的正确性。因为,提单受让人对货物的实际情况并不知情,他只能完全凭信赖提单上所记载的事项行事。如果提单上的记载不实是由于托运人申报不实所造成的,承运人可以向托运人要求赔偿,但承运人不得以此为抗辩理由而拒绝赔偿提单受让人的损失。这在法律上是为了保护善意第三人的利益,保证提单的流通性。

本案中,对收货人C公司而言,承运人B公司签发的清洁提单是B公司已按提单记载情况收到的货物,且货物表面情况良好的证明,即使B公司能提出确切的证据证明货物数量的短少是托运人的原因造成的,B公司仍然应向信赖提单记载事项的C公司承担赔偿责任,然后再向托运人A公司索赔。

提单在海运中作用很大,航运公司作为承运人在制作提单时应谨慎处理,对每项内容都应认真填写,不可滥发清洁提单,一点点疏忽都可能带来巨大的损失。

二、不可流通转让的海运单

(一) 不可流通转让海运单的含义和作用

1. 含义

不可流通转让海运单(non-negotiable sea waybill)是承运人收到托运人交来货物而签发的收据。不可流通转让海运单的记名收货人是唯一的收货人,承运人负责把货物交给收货人,不须收回该项单据。

2. 作用

(1) 承运人收到由它照管的货物收据。
(2) 运输合约的证明。
(3) 解决经济纠纷时,作为货物担保的基础。

(二) 不可流通转让海运单的特点(与提单比较)

(1) 不可流通转让海运单不是物权凭证,不能背书转让。
(2) 不可流通转让海运单的收货人可以不需提示该单据即可提货。
(3) 不可流通转让海运单条件下,银行不能取得货物控制权。
(4) 不可流通转让海运单是近年来一种新兴的海运单据,它尚未纳入国际法范畴。

(5) 不可流通转让海运单的持有人无论何时都不是运输契约的关系人，它对承运人无权提出任何主张。

(6) 信用证没有要求不可流通转让海运单时，银行不接受不可流通转让海运单。

(三) 不可流通转让海运单的提货程序

不可流通转让海运单的收货人按下列条件和程序提货：

(1) 签发一份正本给托运人。

(2) 在船抵卸货港前，船公司向不可流通转让海运单的收货人发出到货通知单。

(3) 收货人在目的港出示身份证明，并将已签署的到货通知单交给船公司的代理机构。

(4) 船公司代理据以签发取货单交给收货人。

(5) 船方查明收货人已将运费结清，办妥海关的结关手续，就可放货。

三、租船合约提单

(一) 租船合约提单的定义

租船合约提单(charter party B/L)是指在租船运输业务中，在货物装船后由船长或船东根据租船合同签发的提单。提单内容和条款与租船契约有冲突时，以租船契约为准。

租船合约提单上会注明："此提单受到租船合约的约束。"

(二) 关于租船合约提单的特别处理

(1) 即使信用证要求提交与租船合约提单有关的租船合约，银行对该租船合约不予审核，但将予以照转而不承担责任。

(2) 如果信用证不要求或不允许提交租船合约提单，银行将不接受租船合约提单。

(3) 如由货物托运人作为船舶承租人时不可能产生承运人；由船舶承租人承运第三人作为托运人的货物，成为承租人时，提单注明"运输费用及其他条款和条件根据×××租船合同办理"。

(三) 不定期租船运输的装卸费用条件

在不定期租船运输时，货物的装卸费用究竟应由船方还是货方负担，须在租船合约中订明。装卸费用条件以下列方式表示：

(1) 船方不负担装船费用(Free In，F.I.)；

(2) 船方不负担卸船费用(Free Out，F.O.)；

(3) 船方不负担装、卸费用(Free In and Out，F.I.O.)；

(4) 船方不负担装、卸、理仓费用(Free In and Out and Stowed，F.I.O.S.)；

(5) 船方不负担装、卸、理仓、平舱费用(Free In and Out and Stowed and Trimmed，F.I.O.S.T.)。

四、多式运输单据

(一) 多式运输及其形成

多式运输(multimodal transport)是指根据多式运输合同，至少由两种不同的运输方式，由一个多式运输经营人以自己的名义负责，将货物从一国境内接管货物的地点运至另一国境内指定交付货物的地点，并签发单一的、包括全程的运输单据的运输方式。

《联合运输单据统一规则》《联合国国际货物多式运输公约》都是国际多式联运共同遵循

的国际惯例。

多式运输的关系人有多式运输经营人、承运人、托运人、收货人。

(二) 多式运输单据

多式运输单据(multimodal transport document)是一种概称,其中一程为海运的通常使用多式运输提单(multimodal transport B/L)。

1. 多式运输单据的特点

多式运输单据主要有以下特点:

(1) 表示至少有两种不同运输方式的连贯运输。

(2) 多式运输经营人的责任是从接受货物起至交付货物止。

(3) 多式运输提单中船名、装货港、卸货港如有"预期"(Intended)或类似意义的修饰词,银行可接受。

(4) 适合多式运输的贸易条件主要是 FCA、CPT、CIP,并以接管的日期作为装运日期。而 FOB、CFR、CIF 贸易条件不适合于多式运输,因为它们要求卖方船上交货(on board),与多式运输的要求不符。

2. 多式运输单据的作用

(1) 可流通形式的多式运输单据的部分运程为海运,其作用也与海运提单相同,即具有货物收据、运输合约、物权凭证的作用,可以背书转让。

(2) 不可流通形式的多式运输单据只起到货物收据和运输合约的作用,不是物权凭证。

3. 多式运输提单的用途二元化

如提单的名称为"联合运输提单"或"联合运输或港至港提单",这种提单既用于多式运输,也用于港至港的单一海运。

五、其他运输单据

(一) 空运单据

空运单据(air transport document)包括航空运单(air way bill, AWB)或空运发货单(air consignment, Note ACN)。

1. 空运单据的特点

(1) 提交银行一张正本单据。

(2) 空运单据仅是货物收据和运输合约,不是物权凭证。

(3) 空运单据是直交式单据。

(4) 空运单据适用的贸易条件为 FCA、CPT、CIP。

2. 空运单据的签字要求

(1) 承运人即航空公司的名称必须在空运单据的正面出现。

(2) 承运人在空运单据上的签字。如正面没有"承运人"字样,则签字栏目应写"承运人"字样;如已有此字样,签字栏目可以不写。

(3) 代理人代理或代表承运人签字。代理人必须写上它自身的名称、身份和必须表示它所代理或代表的委托人的名称、身份。当"承运人"的字样没有出现在单据的正面时,代理人的签字应在委托人名称后加上"承运人";当此字样已出现在单据的正面时,代理人的签字可以省写该字样。

(二) 公路、铁路运输单据

1. 公路运输单据

在公路国际货物运输中,根据《国际公路货物运输合同公约》(CMR)的规定,运单是运输合同,是承运人收到货物的初步证据和交货凭证。原则上运单须经承、托双方正式签字方能生效。

2. 铁路运输单据

(1) 承运货物收据。对香港的铁路运输使用承运货物收据,即使用中国对外贸易运输公司承运货物收据,外运公司对货物运输的全程负责。

承运货物收据的第一联的作用是货物收据,证明承运人已收到货物;物权凭证,可凭以转移物权;运输契约。第二联无以上作用。

(2) 国际货协运单。国际货协运单是指针对独联体与东欧国家这些参加国际货协的国际铁路货物联运使用的运输单据。国际货协运单是货物收据、运输合约,而不是物权凭证,不可流通。

应用案例 7-5

某年 8 月,国内某公司向莫斯科出口货物,该公司将货物装入集装箱内,获得了提单,并由此委托某船务公司和某铁路对外服务公司共同承担了该批货物的国际铁路运输代办托运业务。船务公司和铁路外服公司以自己的名义与天津铁路分局张贵庄车站签订了国际铁路货物联运合同,并按照提单内容填写了国际铁路货物联运运单。9 月 26 日,铁路张贵庄车站将上述集装箱装入车号为 C771313 的货车内出运。10 月 1 日,该批货物经由中国满洲里车站交付给俄罗斯后贝加尔车站。根据有关规定,该批货物应于 11 月 5 日前运抵俄罗斯莫斯科车站,但从应运到之日起逾期 1 个月仍未运到。天津保险公司经审核后根据莫斯科保险公司提供的有关材料和无货物检验报告,于次年 1 月 19 日按货物全部灭失向投保人某公司进行了赔偿,并因此取得了代位求偿权,向天津海事法院提起了诉讼。两被告提出了管辖区异议。

【案例分析】

天津市高级人民法院认为,被诉人签署的提单虽系多式联运提单,但实施该提单项下的货物运输方式并未包括海上货物运输区段,为单一的国际铁路货物运输。本案属国际铁路货物运输保险合同的代位求偿案,天津海事法院不具有管辖权,本案移送天津铁路运输法院处理。

本案是一起涉外国际铁路联运合同纠纷。争论的焦点是提单和运单哪个是有效的运输合同?铁路法院认为引起本案纠纷的合同是国际铁路联运运单。原因如下:

第一,这批货物的运输方式是单一的国际铁路联运,只有铁路运单才是唯一有法律效力的运输契约形式。

第二,原、被告双方争议的焦点主要是铁路承运的货物是否灭失,以及灭失的原因和责任。换句话说,双方争议的根本问题就是铁路联运合同是否依法履行,问题发生在哪个环节,由谁承担责任。

第三,案件事实的发展是围绕着铁路运单的实际履行逐步推进的,只有确定铁路运单为有效的合同,才能依据《国际货物联运协议》调查事实、核对证据,并对其有民事法律关系的发货人、收货人、承运人确定法律上的权利、义务,从而在查清事实的基础上分清责任。

(三) 邮运单据

邮政收据是货物收据和运输合约,不是物权凭证,不可流通转让。信用证项下邮政收据宜做成以开证行为收件人，以确保开证行的债权。

（四）关于运输行出具的运输单据

银行不接受以运输行名义出具的提单，但接受下列形式的运输行出具的运输单据：

（1）单据正面注明作为承运人或多式运输经营人的运输行的名称。

（2）单据正面注明承运人或多式运输经营人的名称并由其具名代理或代表的运输行签字。

海运提单的样本见图7-3。

Shipper SHANGHAI KNITWEAR IMPORT & EXPORT CORPORATION			中国对外贸易运输总公司 上海 SHANGHAI 联 运 提 单 COMBINED TRANSPORT BILL OF LADING	B/L No.
Consignee or order TO ORDER			RECEIVER the foods in apparent good order and condition as specified below unless otherwise stated herein. THE Carrier, in accordance with the provisions contained in this document, 1) undertakes to perform or to procure the performance of the entire transport form the place at which the goods are taken in charge to the place designated for delivery in this document, and 2) assumes liability as prescribed in this document for such transport One of the bills of Lading must be surrendered duty indorsed in exchange for the goods or delivery order	
Notify address XYZ CO.LTD., TEL NO:81-525-73256 FAX:81-525-73286				
Pre-carriage by	Place of Receipt				
Ocean Vessel M.V.Gloria	Port of Loading SHANGHAI				
Port of Discharge YOKOHAMA	Place of Delivery	Freight payable at SHANGHAI		Number of original Bs/L THREE(3)
Marks and Nos. Number and kind of packages Description of goods Gross weight(kgs.) Measurement(m³) XYZ CO. LTD.,　　　ALL COTTON CUSHIONS YOKOHAMA　　　　　IN CARTON　　　　　　　　1 200.58 KGS　　　　8.98 M³ CARTON/NO.1~80　　2×20′　CY—CY MADE IN CHINA　　　SHIPPER'S LOAD COUNT ANDSEAL 　　　　　　　　　　SAY TO CONTAIN				
ABOVE PARTICULARS FURNISHED BY SHIPPER				
Freight and charges Freight Prepaid	IN WITNESS whereof the number of original bills of Lading stated above have been signed, one of which being accomplished, the other(s) to be void.			
^	Place and date of issue SHANGHAI Nov.20th, 2019			
^	Signed for or on behalf of the carrier FAN CHENG INTERNATIONAL TRANS-PORTAION SEAVICE AS AGENT FOR THE CARRIER NAMED ABOVE			

SUBJECT TO THE TERMS AND CONDITIONS ON BACK

图7-3　海运提单样本

空白海运提单见图7-4。

		B/L No.
托运人 Shipper		中 国 对 外 贸 易 运 输 总 公 司 北　京 BEIJING 联　运　提　单 COMBINED TRANSPORT BILL OF LADING
收货人或指示 Consignee or order		RECEIVED the foods in apparent good order and condition as specified below unless otherwise stated herein. THE Carrier, in accordance with the provisions contained in this document, 1) undertakes to perform or to procure the performance of the entire transport form the place at which the goods are taken in charge to the place designated for delivery in this document, and 2) assumes liability as prescribed in this document for such transport One of the bills of Lading must be surrendered duty indorsed in exchange for the goods or delivery order
通知地址 Notify address		
前段运输 Pre-carriage by	收货地点 Place of Receipt	
海运船只 Ocean Vessel	装货港 Port of Loading	
卸货港 Port of Discharge	交货地点 Place of Delivery	运费支付地 Freight payable at	正本提单份数 Number of original Bs/L
标志和号码 Marks and Nos.	件数和包装种类 Number and kind of packages	货名 Description of goods	毛重（千克）　　尺码（立方米） Gross weight(kgs.) Measurement(m^3)

以上细目由托运人提供
ABOVE PARTICULARS FURNISHED BY SHIPPER

运费和费用 Freight and charges	IN WITNESS whereof the number of original bills of Lading stated above have been signed, one of which being accomplished, the other(s) to be void.
	签单地点和日期 Place and date of issue
	代表承运人签字 Signed for or on behalf of the carrier 　　　　　　　　　　　　　代　　理 　　　　　　　　　　　　　as Agents

图7-4　空白海运提单

模块五　保险单

保险单是保险人对被保险人的承保证明，是双方之间权利义务的契约。在被保险货物遭受损失时，它是被保险人索赔的主要依据，也是保险人理赔的主要依据。在货物出险后，掌握了提单又掌握了保险单据，就真正掌握了货权。

一、保险单的当事人

被保险人(insured)与保险人(insurer)是国际货运保险的两个当事人。被保险人按投保金额(即保险金额)、保险险别及按保险公司规定的保险费率，向保险人支付保险费并取得保险单据。

二、保险单的种类

(1) 保险单(insurance policy)。这是一种正规的保险合同，是完整独立的保险文件。保单背面印有货物运输保险条款，还列有保险人的责任范围及保险人与被保险人各自的权利、义务等方面的条款。它俗称大保单。

(2) 保险凭证(insurance certificate)。这是一种比较简化的保险单据。它包括了保险单的基本内容，但不附有保险条款全文。

(3) 联合凭证(combined certificate)。这是我国保险公司特别使用的，比保险凭证更简化的保险单据。保险公司仅将承保险别、保险金额及保险编号加注在我国进出口公司开具的出口货物发票上，并正式签章即作为已经保险的证据。

(4) 预约保险单(open policy)。这是进口贸易中，被保险人与保险人之间订立的总合同。订立这种合同既可以简化保险手续，又可以使货物一经装运即可取得保障。

(5) 保险声明(insurance declaration)。预约保险单项下的货物一经确定装船，要求被保险人立即以保险声明书的形式，将该批货物的名称、数量、保险金额、船名、起讫港口、航次、开航日期等通知保险人，保险人据此才开出正式保单。

(6) 批单。保险单出立后，如需变更其内容，可由保险公司另出的凭证注明更改或补充的内容，称为批单。其须粘在保险单上并加盖骑缝章，作为保险单不可分割的一部分。

此外，还有一种暂保单(cover note)，是由保险经纪人(insurance broker)即投保人的代理人出具的非正式保单。除非信用证有特别要求，银行不接受暂保单。

三、保险单的基本内容

(1) 保险人又称承保人(insurer)。
(2) 被保险人(insured)。
(3) 保险单名称。
(4) 唛头和号码。
(5) 包装及数量。
(6) 保险金额与货币。保险金额不得超过保险价值。保险价值一般包括货价、运价、保险费以及预期利润等。

保险单据必须使用与信用证相同的货币开立。

(7) 保费及费率。

(8) 运输条款。保险单上的运输条款应与运输单据上的信息一致。

(9) 承保险别。要求承保险别与信用证规定相符。

(10) 赔付地点(claim payable at)。赔付地点应与信用证规定一致,一般是在进口国内的地点。

(11) 日期。保险单的出单日期不得迟于提单的装运日期。

四、保险单的背书

按信用证的要求由被保险人在保险单据上背书(endorsement),保险单据的背书应与提单背书保持一致。

保险单据的背书可分为以下几种:

(1) 持单人是被保险人(出口商)时,做成空白背书。

(2) 按信用证规定做成记名背书。

(3) 被保险人是买方(进口商),则由买方被保险人背书。

(4) 被保险人是第三者或中性名称(to whom it may concern),若保险单转让时,不须背书。

(5) 被保险人若是来人(bearer),该保险单据转让时不必背书。

五、保险单的审核要点

(1) 根据合同或信用证的要求提交了保险单(或保险凭证,或保险声明,或暂保单);

(2) 提交了签发的全套保险单据;

(3) 由保险公司或保险商或他们的代理或代表出具并签署,并且有被保险人的签字,如果保险单据这样要求;

(4) 保险单据签发日期或保险生效日期最迟为已装船、发运或接管货物的日期;

(5) 货物保险金额符合合同或信用证的要求或符合《UCP 600》第 28 条 f 款的规定;

(6) 币种与合同或信用证相同,除非另有规定;

(7) 货物描述与发票一致;

(8) 承保货物从指定装运港或接受接管地到卸货港或交货地点的运输;

(9) 投保了合同或信用证规定的险种,并且这些险种有明确的界定;

(10) 唛头等内容与运输单据一致;

(11) 如果被保险人是出口商,保险单必须背书;

(12) 单据上显示的所有其他信息与其他单据一致;

(13) 如果单据中有修改,必须是经过证实的。

应用案例 7-6

信用证要求保险单据对规定的风险提供 CIF 价的 110% 的保险。如果提交的保险单据未提供相同的保险百分比,而是提供了诸如115%或120%的保险加成。

请问:该保险单是否为合格交单?

【案例分析】

该保险单应视为合格交单。这是因为,按照《UCP 600》第28条的规定,信用证对于投保金额为货物价值、发票金额或类似金额的某一比例的要求,将被视为对最低保额的要求。

应用案例7-7

一批被保险货物在保险单所载明的起运地发货人仓库内被装上卡车,由于货多,未来得及全部装完天就已经黑了,货主遂决定让卡车停留在仓库内,以便第二天继续装货,装完货物再去码头。不料夜间窃贼光临,卡车上的货物被偷。

请问:在已投保一切险的情况下,保险公司是否负责赔偿所有损失?

【案例分析】

被保险货物是在仓库内进行装车作业,且卡车又停留在仓库内过夜,从未离开过仓库,运输过程也从未开始过,因此该保险责任尚未生效,保险人有权拒绝索赔要求。

但若卡车装妥并驶离仓库后,因突如其来的恶劣天气而退回至仓库过夜,则保险责任已经开始,这时如果被保险货物发生上述损失,保险公司必须予以赔偿。

应用案例7-8

有一份CIF合同,卖方甲投保了一切险,自法国内陆仓库起直到美国纽约的买方仓库为止。合同中规定,投保金额是"按发票金额点值另加百分之十"。卖方甲在货物装船后已凭提单、保险单、发票、品质检验证书等单证向买方银行收取了货款。后来,货物在运到纽约港前遇险而全部损失。当卖方凭保险单要求保值的10%部分应该属于他时,但遭到卖方保险公司的拒绝。

请问:卖方甲有无权利要求保险公司赔偿发票总值10%的这部分金额?为什么?

【案例分析】

根据本案情况,卖方无权要求这部分赔款,保险公司只能将全部损失赔偿支付给买方。

(1) 在国际货物运输保险中,投保加成是一种习惯做法。保险公司允许投保人按发票总值加成投保,习惯上是加成10%,当然,加成多少应由投保人与保险公司协商约定,而不限于10%。在国际商会的《国际贸易术语解释通则》中,关于CIF卖方的责任有如下规定:"自费向信誉卓著的保险人或保险公司投保有关货物运送中的海洋险,并取得保险单,这项保险,应投保平安险,保险金额包括CIF价另加百分之十,……"

(2) 在CIF合同中,虽然由卖方向保险公司投保,负责支付保险费并领取保险单,但在卖方提供符合合同规定的单据(包括提单、保险单、发货单等)换取买方支付货款时,这些单据包括保险单已合法、有效地转让给买方。买方作为保险单的合法受让人和持有人,也就享有根据保险单所产生的全部利益,包括超出发票总值的保险价值的各项权益都应由买方享有。

因此，在本案中，保险公司有权拒绝向卖方赔付任何金额，也有义务向买方赔付包括加成在内的全部保险金额。

保险单的样本见图7-5。

中 国 人 民 保 险 公 司
THE PEOPLE'S INSURANCE COMPANY OF CHINA

总公司设于北京　　　　　　　　　　一九四九年创立
Head Office: BEIJING　　　　　　　Established in 1949

保 险 单　　　　　　　号次
INSURANCE POLICY

No. HMOLP 0319079

中国人民保险公司（以下简称本公司）
This Policy of Insurance witnesses that The People's Insurance Company of China (hereinafter called
根据
"the Company"), at the request of ＿＿＿＿＿＿＿＿＿＿＿＿＿＿＿＿＿＿＿＿＿＿＿
（以下简称被保险人）的 要 求，由 被 保 险 人 向 本 公 司 缴 付 约 定
(hereinafter called "the Insured") and in consideration of the agreed premium paid to the Company by the
的 保 险 费，按照本保险单承保险别和背面所载条款与下列
Insured, undertakes to insure the undermentioned goods in transportation subject to the conditions of this Policy
条 款 承 保 下 述 货 物 运 输 保 险，特 立 本 保 险 单。
as per the Clause printed overleaf and other special clauses attached hereon.

标　记 Marks & Nos.	包装及数量 Quantity	保险货物项目 Description of Goods	保险金额 Amount Insured
As per Invoice No.			

总保险金额：
Total Amount Insured: ＿＿＿＿＿＿＿＿＿＿＿＿＿＿＿＿＿＿＿＿＿＿＿＿＿＿

保　费　　　　　　　　　费率　　　　　　　　　装载运输工具
Premium: as arranged　　Rate: as arranged　　Per conveyance S.S. ＿＿＿＿＿
开行日期　　　　　　　　自　　　　　　　　　　至
Slg. on or abt. As Per B/L　From ＿＿＿＿＿＿＿　to ＿＿＿＿＿＿＿
承保险别
Conditions

所保货物，如遇出险，本公司凭本保险单及其他有关证件给付赔款。
Claims, if any, payable on surrender of this Policy together with other relevant documents.
所保货物，如发生本保险单项下负责赔偿的损失或事故，
In the event of accident whereby loss or damage may result in a claim under this Policy immediate notice applying
应立即通知本公司下述代理人查勘。
For survey must be given to the Company's Agent as mentioned hereunder:
赔款偿付地点

Claim payable at ....

日期　　　　　　　上海
Date .... Shanghai ....

地址：中国上海中山东一路23号。
Address：23 Zhongshan Dong Yi Lu Shanghai, China.
Cables：42001 Shanghai.
Telex：33128 PICCS CN

中国人民保险公司上海分公司
THE PEOPLE'S INSURANCE CO. OF CHINA
SHANGHAI BRANCH

....
General Manager

图 7-5　保险单样本

模块六　报关和报检

一、进出口货物报关单

进出口货物报关单是指进出口货物收发货人或其代理人，按照海关规定的格式对进出口货物的实际情况作出书面申明，以此要求海关对其货物按适用的海关制度办理通关手续的法律文书。它在对外经济贸易活动中具有十分重要的法律地位。它既是海关监管、征税、统计以及开展稽查和调查的重要依据，又是加工贸易进出口货物核销，以及出口退税和外汇管理的重要凭证，也是海关处理走私、违规案件，以及税务、外汇管理部门查处骗税和套汇犯罪活动的重要证书。

进口货物报关单的样本见图7-6。

中华人民共和国海关进口货物报关单

预录入编号：　　　　　　　　　　　　　　　　　海关编号：

进口口岸 广州海关	备案号(1) C51066000019	进口日期 2019年8月15日	申报日期 2019年8月15日	
经营单位(440193＊＊＊) 广州电梯有限公司	运输方式(2) 江海运输	运输工具名称(3) SUI DONG FANG/ 510100607150	提运单号(4) 19XF02014	
收货单位(440193＊＊＊) 广州电梯有限公司	贸易方式(5) 一般贸易	征免性质(6) 一般征税	征税比例 T/T	
许可证号	起运国(地区)(7) 香港	装货港 香港	境内目的地 广州	
批准文号	成交方式(8) EXW	运费	保费	杂费
合同协议号 BTNU0945-46	件数(9) 13	包装种类(10) CASE	毛重（千克） (11) 7 640	净重（千克） (12) 7 073

集装箱号	随附单据(13) 商业发票、装箱单	用途(14) 销售
标记唛码及备注 All business, whether involving transport or not, is handled subject to our general conditions.		
项号(15)　商品编号　商品名称、规格型号(16)　数量及单位(17)　原产国(18)　单价　总价(19)　币制(20)　征免		
1.……… 6005343　ESCALATOR MACHINE　13 CASES　中国　3 706.22　5 1887.08　EUR　照章征税 2.……… 6005344　14.000 UNITS OF ECH3 3.……… 6004843　11.0 kW—380/415 V—50 Hz 4.……… 6005273		
税费征收情况		
录入员　　　　录入单位	兹声明以上申报无讹并承担法律责任	海关审单批注及放行日期(盖章) 审单　　　　审价
报关员 单位地址	申报单位(盖章)	征税　　　　统计
邮编　　　电话	填制日期	查验　　　　放行

图 7-6　进口货物报关单样本

出口货物报关单的样本见图 7-7。

中华人民共和国海关出口货物报关单

预录入编号：　　　　　　　　　　　　　　　　　　　　　海关编号：

出口口岸 大连海关	备案号	出口日期 2019年6月11日	申报日期(1) 2019年5月31日
经营单位(2) (210291****) 大连石凯化工贸易公司	运输方式 江海运输	运输工具名称 CSCL YANTIAN 0042S	提运单号(3)
收货单位(4) (210291****) 大连石凯化工贸易公司	贸易方式 一般贸易	征免性质(5) 一般征税	结汇方式(6) T/T
许可证号(7)	运抵国(地区)(8) 新加坡	指运港(9) 新加坡	境内货源地	
批准文号	成交方式(10) FOB	运费(11)	保费(12)	杂费(13)
合同协议号 XM2018NA266	件数 680	包装种类 DRUM	毛重(千克) (14) 294.00	净重(千克) 270.00
集装箱号	随附单据(15) 商业发票、装箱单	生产厂家	

标记唛码及备注				
SINGAPORE 183.6MT CHLOROPICRIN 99.5% MIN.				
项号 商品编号 商品名称、规格型号 数量及单位(16) 最终目的国(17) 单价(18) 总价(19) 币制 征免(20)				
1 02/3314 CHITTANGONG 680 DRUMS 新加坡 459.00 265 302.00 USD 照章征税 BANGLADESH ACIDITY:TOPPM MAX WATER:150PPM MAX DENSITY:1.654~1.663 TOXOCITY:HIGH POISONOUS				
税费征收情况				
录入员	录入单位	兹声明以上申报无讹并承担法律责任	海关审单批注及放行日期(盖章)	
			审单	审价
报关员		申报单位(盖章) 大连万凯化工贸易公司	征税	统计
单位地址 邮编	电话	填制日期 2019 年 5 月 31 日	查验	放行

图 7-7　出口货物报关单样本

二、进出口货物商检

检验证书(inspection certificate)是证明商品品质、数量、价值及是否对人或公共环境有害的各种检验证书的统称,也称商检证书。

检验证书的种类有卫生检验证书、黄曲霉素检验证、数量检验证书和重量检验证书、兽医检验证书、植物检验证书、残损检验证书(简称验残检验证书)等。

检验证书的签发人可以是出口国官方检验机构、出口国的同业公会、制造厂商等机构、外国检验机构,也可以是信用证规定由申请人自己或其指定的人。

应用案例 7-9

F 贸易发展进出口公司向 E 国际贸易公司出口一批蚕豆。在货物装运后,单证人员向商品检验局申请出具品质检验证书时,据商品检验局查对,发现该批货物并未申请报验,所以不能出具品质检验证书。单证人员向领导汇报,并经核对各项手续和资料,证实国外开来信用证规定要求出具"Inspection certificate of quality in duplicate"(品质检验证书一式两份)。但业务部通知储运部的委托书上有关申请报验和出具检验证书栏被漏填了,使报验人员认为不需要报验,而且该商品又是属于非法定检验商品,合同也没有规定出具品质检验证书,所以未办理申请检验而装运了。

为了向银行交单结汇,只好由 F 贸易发展进出口公司自己出具品质检验证书一式两份。按信用证要求和发票上表示的规格证明水分最高 15%,杂质最高 1%。3 月 20 日,单到开证行即被提出,第××号信用证项下单据经审查存在不符点:"我所收到的品质检验证书系由受益人自己出具的,我信用证虽然对其未规定出单人的要求,但该证书不能由受益人自己出具而证明自己商品合格,这样的检验证书不能生效。根据《UCP 600》第 3 条解释关于出单人不明确的规定,信用证项下应提交的任何单据,如果对其出单人规定不明确时,只要所提交的单据表面与信用证其他条款相符,并且非由受益人出具单据表面上与信用证其他条款相符,并且非由受益人出具,银行将照予接受。这就是说,信用证对出单人规定不明确,只要不是受益人出具,其他任何人出具都可以接受。所以受益人自己出具的品质检验证书不能生效。经联系申请人亦不同意接受单据。单据暂代保管,速告单据处理意见。"

翌日 E 国际贸易公司也提出异议,"第××号合同项下货物的品质检验证书无法通关因系你公司自己出具的。我地当局规定该商品必须提供品质检验证书通关,而且规定出口商自己出具的证书无效。速补寄检验机关出具的证书"。

F 贸易发展进出口公司接到开证行上述拒付的通知后,经研究决定先对开证行提出反驳意见。因为单纯从单证角度看,开证行的理由不充足,利用信用证作用先收回货款后,再与买方洽商解决。所以对开证行作如下答复:"你 20 日电悉。你行对第××号信用证项下我第××号单据所谓不符点,我们不同意你方意见。我们认为,你行所引证《UCP 600》第 3 条是误解原条文规定。请先看原条文是这样规定的:不应使用诸如'第一流的''著名的''合格的''独立的''正式的''有资格的''当地的'以及类似的词语来描述信用证项下应提交的任何单据的出单人。如信用证中加注了此类词语,只要提交的有关单据在表面符合信用证的其他条款和条件,且非由受益人出具,银行将照予接受。换句话说,如果你信用证对品质检验证书规定由'第一流的'或'著名的'等检验机构出具,则该检验证书不能由受益人出具。你第××号信用证并未有这样类似词语来描述出单人,你信用证只规定'品质检验证书一式两份'。所以,本情况不适用于《UCP 600》第 3 条,却适用于其第 14 条。第 14 条 f 款是这样规定的:'如果信用证要求提供运输单据、保险单据和商业发票以外的单据时,信用证中应规定该单据的出单人及它们的措辞或数据内容。如果信用证中没有这样的规定,只要提交的单据的数据内容看似满足所要求单据的功能,且其他方面符合 14 条 d 款,即能与提交的其他所规定的单据等同一致,并不自相矛盾,银行将接受这样的单据。'所以我方提交的品质检验证书符合你方信用证和《UCP 600》的规定,你行没有理由不接受它。请你行立即付款。"

F 贸易发展进出口公司与买方经过反复洽商,决定以生产厂商的名义补出品质检验证书以代替原检验证书。最终开证行再未提出反驳,以按原额付款而结案。

【案例分析】

首先 F 贸易发展进出口公司内部衔接不够,因有关经办人员工作疏忽致使该货物在出运前未申请报验。待装运后才发现漏报验,这种情况应引起 F 贸易发展进出口公司重视改进工作。信用证对于单据的出单人不明确时可以这样掌握:信用证如要求由"第一流的""著名的""正式的"或类似这样模糊说法的出单人出具单据,只要不是由受益人出具,任何人出具都可以;如果除运输单据、保险单据和商业发票以外的其他单据的出单人不明确,如果信用证连这样"第一流的"等模糊说法都没有规定,则包括受益人在内的任何人出具都可以。本案例的品质检验证书就属于后者。开始开证行也混淆了《UCP 600》上述的两者的区别,经 F 贸易发展进出口公司反驳后才告败而终。

品质检验证书在出口实务中,我国一般多数由中国进出口商品检验局或检验公司出具。买方既然需要卖方提供品质检验证书理应在签订合同时明确规定,在开立信用证时也明确证书的出具人。由于买方没有这样做,虽然通过开证行提出拒受单据,被 F 贸易发展进出口公司准确地反驳后,只好请求补寄一份厂商出具的品质检验证书办理通关手续。

　　F贸易发展进出口公司工作上也有一定的缺陷,信用证要求出具品质检验证书而漏申请报验,本来其错误在F贸易发展进出口公司。但在本案例中,F贸易发展进出口公司能按时收回了货款,完全是由于他熟悉并准确掌握《UCP 600》惯例,反驳得开证行无言以答,F贸易发展进出口公司才转败为胜。这也说明在单证纠纷中准确掌握《UCP 600》惯例是何等重要!

　　商检证书的样本见图7-8。

中华人民共和国出入境检验检疫
出境货物报检单

报检单位(加盖公章):				*编　号	
报检单位登记号:	联系人:		电话:	报检日期:	年 月 日

发货人	(中文)
	(外文)
收货人	(中文)
	(外文)

货物名称(中/外文)	H.S.编码	产地	数/重量	货物总值	包装种类及数量

运输工具名称号码		贸易方式		货物存放地点	
合同号		信用证号		用途	
发货日期		输往国家(地区)		许可证/审批号	
启运地		到达口岸		生产单位注册号	

集装箱规格、数量及号码	

合同、信用证订立的检验检疫条款或特殊要求	标记及号码	随附单据(划"√"或补填)
		□ 合同　　　　□ 厂检单 □ 信用证　　　□ 包装性能结果单 □ 发票　　　　□ 许可/审批文件 □ 换证凭单　　□ □ 装箱单　　　□

需要证单名称(划"√"或补填)	*检验检疫费
□ 品质证书　　　_正_副 □ 重量证书　　　_正_副　　□ 植物检疫证书_正_副 □ 数量证书　　　_正_副　　□ 熏蒸/消毒证书_正_副 □ 兽医卫生证书　_正_副　　□ 出境货物换证凭单 □ 健康证书　　　_正_副　　□ 出境货物通关单 □ 卫生证书　　　_正_副 □ 动物卫生证书　_正_副	总金额 (人民币元) 计费人 收费人

报检人郑重声明： 　1. 本人被授权报检。 　2. 上列填写内容正确属实，货物无伪造或冒用他人的厂名、标志、认证标志，并承担货物质量责任。 　　　　　　　签名：_____	领取证单	
^	日期	
^	签名	

注：有"＊"号栏由出入境检验检疫机关填写。　　　　　　　　　　◆国家出入境检验检疫局制

图 7-8　商检证书样本

模块七　原产地证

产地证(certificate of origin，C/O)是证明出口货物原产地或制造地的书面文件，供进口国海关采取不同的进口管制政策和关税待遇。根据签发人的不同，产地证可分为一般原产地证书、普惠制原产地证书和出口商原产地证。

一、一般原产地证书

一般原产地证书(certificate of origin，C/O)是一种证明货物原产地或制造地区的文件。由各地出入境检验检疫局或中国国际贸易促进委员会(简称贸促会)出具，证书全称为"CERTIFICATE OF ORIGIN OF THE PEOPLE'S REPUBLIC OF CHINA"。

一般原产地证书的样本见图 7-9。

1. Exporter(full name and address)		CERTIFICATE NO			
2. Consignee(full name, address, country)		CERTIFICATE OF ORIGIN OF THE PEOPLE'S REPUBLIC OF CHINA			
3. Means of transport and route		5. For certifying authority use only			
4. Country/region of destination		^			
6. Marks and numbers	7. Number and kind of packages description of goods	8. H. S. Code	9. Quantity	10. Number and date of invoices

11. Declaration by the exporter	12. Certification
The undersigned hereby declares that the above details and statement are correct; that all the goods were produced in China and that they comply with the Rules of Origin of the People's Republic of China.	It is hereby certified that the declaration by the exporter is correct.
Place and date, signature and stamp of authorized signatory	Place and date, signature and stamp of certifying authority

图 7-9　certificate of origin 样本

二、普惠制原产地证书

普惠制原产地证书又称 G.S.P 证书、Form A 证书，是指发达国家给予发展中国家或地区在经济、贸易方面的一种普遍的、非歧视的和非互利的特别优惠待遇。即发展中国家向发达国家出口制成品或半制成品时，发达国家对发展中国家予以免征或减征关税。

欧盟 27 国（法国、德国、意大利、荷兰、比利时、卢森堡、丹麦、爱尔兰、希腊、葡萄牙、西班牙、奥地利、瑞典、芬兰、马耳他、塞浦路斯、波兰、匈牙利、捷克、斯洛伐克、斯洛文尼亚、爱沙尼亚、拉脱维亚、立陶宛、罗马尼亚、保加利亚、克罗地亚）、英国、瑞士、挪威、日本、美国、加拿大、澳大利亚、新西兰、俄罗斯、乌克兰、白俄罗斯、哈萨克斯坦、土耳其、列支敦士登公国等 41 个国家。除美国外，其余 40 个国家给予我国普惠制待遇。

普惠制不采取一般的原产地证书，而采用专门的普惠制产地证。受惠国的出口商向给惠国出口时，必须向给惠国提供经受惠国政府有关部门签署的普惠制原产地证书，连同普惠制产地证申请书及商业发票一起送交商检局核对，经签章后方成为有效单据。

Form A 产地证中的相关内容必须与其他单据相符外，还应注意以下几点：

（1）第 2 栏收货人应填写给惠国最终收货人名称，不能填中间转口商的名称，更不能和提单一样做成指示性抬头。

（2）第 4 栏由商检机构根据需要填写。如果出口商在装运货物后申请签发，则只能签发"后发"证书，有签发机构加盖"ISSUED RETROSPECTIVELY"印章，日本一般不接受"后发"证书。如果证书因遗失或损毁而签发"复本"，须加盖"DUPLICATE"印章，并声明原证书作废。

（3）第 8 栏为原产地标准，用字母表示。"P"代表完全原产，无进口成分。"W"代表含有进口成分，但符合原产地标准。"F"是对加拿大出口商品，含有进口成分。

（4）第 10 栏为发票号码和日期，必须填写，不能留空。有的信用证在附加条款中规定："All documents except draft and invoice must not show the credit number and invoice number.（除汇票和发票外的所有单据不能显示信用证号码和发票号码）"。这种情况下，受益人收到信用证后必须及时修改该条款，否则无法做到与信用证条款一致，因为商检机构不会签发无发票号码的普惠制产地证。

（5）第 11 栏为签发机构的签章，由签发机构的印章和有权签发人的手签组成。签发日期不能早于发票日期（第 10 栏）和出口商的申报日期（第 12 栏），也不能晚于提单日期，不然要在第4栏盖"后发"章。在我国唯一的授权签发机构是各地的出入境检验检疫局。

Form A 上的内容不允许有更改,出现错误应重新填制。出口商填制 Form A 无误后由商检局审核后签署。

Form A 的样本见图 7-10。

1. Goods consigned from (Exporter's business name, address, country) **IMPORT & EXPORT CO., LTD. SHENZHEN HAIFU** O/B…贵公司抬头(可不填)			Reference No. **GENERALIZED SYSTEM OF PREFERENCE CERTIFICATE OF ORIGIN** (Combined declaration and certificate) FORM A Issued in **THE PEOPOE'S REPUBLIC OF CHINA** (Country) See Noted Overleaf		
2. Goods consignee to (Consignee's name, address, country) 收货客户名称/地址 如无详细地址,则打上 To Order					
3. Means of transport and route(as far as known) 运输方式出货日期			4. For official use		
5. Item number 序号	6. Marks and number of packages 唛头	7. Number and kind of packages; description of goods 品名和箱数	8. Origin criterion(see Notes overleaf) 原产地标准	9. Gross weight or other quantity 个数	10. Number and date of invoices 发票号和日期
11. Certification 　It is hereby certified, on the basis of control carried out, the declaration by the exporter is correct. 商检局盖印 Place and date. signature and stamp of certifying authority			12. Declaration by the exporter he undersigned hereby declares that the above detail and statements are correct that the goods were produce in and that they comply with the original requirements specified for those goods in the Generalider System of Preferences for goods exported to 我司盖印 (import　country) Place and date, signature of authorized signatory		

图 7-10　Form A 样本

三、出口商原产地证

由出口商自行签发的产地证。如果合同或信用证没有具体规定由谁来签发产地证时,出口商可以自己出具产地证,也可以直接在商业发票上加注原产地证明的文句(This is to certify that the goods are produced in China)。有些国家和地区不允许产地证明联合出现在商业发票上,则应单独出具产地证。

模块八 单据的审核

受益人向银行提交单据后,银行有义务认真审核单据,以确保单据表面上显示出符合信用证要求和各单据之间的一致性。

一、银行审单准则

(1) 银行必须合理谨慎地审核信用证的所有单据,以确定其表面上是否与信用证条款相符,规定的单据在表面上与信用证条款的相符性应由在这些条文中反映的国际标准银行惯例来确定。

(2) 单据表面上互不相符,应视为表面上与信用证条款不相符。上述"表面"一词的含义是,银行无须亲自询问单据是否是假的,已装运的货物是否是假的,已装运的货物是否真正装运,以及单据签发后是否失效。除非银行知道所进行的是欺诈行为,否则这些实际发生的情况与银行无关。因而,如受益人制造表面上与信用证规定相符的假单据,也能得到货款。但是如受益人已经以适当的方式装运了所规定的货物,在制作单据时未能达到信用证所规定的一些条件,银行将拒绝接受单据,而受益人也不能得到货款。

(3) 银行不审核信用证中未规定的单据,如果银行收到此类单据,将退还提交人或予以转交并对此不负责任。

二、单据有效性的免责

银行对任何单据的形式、完整性、准确性、真实性或法律效力,或单据中载明、附加的一般及/或特殊条件概不负责。银行对单据所代表货物的描述、数量、重量、品质、状况、包装、交货、金额或存在与否,以及对货物发货人、承运人、货运代理人、收货人,或货物保险人及其他任何人的诚信、行为及/或疏忽、清偿能力、行为能力或资信状况概不负责。

三、审单的方法

(一) 纵横审单法

以信用证与出口单据的发票自上而下,进行逐字逐句核对,再将其他单据与信用证的有关条款核对,这叫纵向审单。完成纵向审单后,再以发票为中心与其他单据进行核对,特别注意共有项目是否相一致,这就是横向审核。这种方法可归纳成以下几句话:"先修改,再开始;证在左,单在右;逐条来,莫急躁;单证符,顺利过;若不符,写下来;单据间,亦相符;如不符,要记住;审单毕,洽前道,改单据,或担保。"其步骤如下:

(1) 拿到信用证和单据后,应先查看有无信用证修改书,而且这些修改书中是否有受益人"不能接受"的批注;

(2) 如果信用证有修改书,而且受益人都接受,那么将修改内容在信用证原条款上做好相应记录,确保信用证条款是有效完整的;

（3）按信用证条款先后顺序对单据逐一审核，条款中涉及哪种单据，就将这种单据找出来并进行审核，审毕，将这种单据放在固定和便于翻阅的位置；

（4）确保单据中的内容与信用证条款相一致，如有不一致的，应随手记录在工作联系单上；

（5）除了将单据内容与信用证条款相核对外，还要注意单据中某些内容在信用证中虽然没有规定，但与其他单据有联系，这时也应找出相应的单据进行核对，确保"单单相符"；

（6）审单完毕后，将所发现的"不符点"一并与前道业务环节沟通，落实解决办法。

（二）先数字后文字审单法

在单据数量比较集中时，可以先将各种单据的所有数字，如单价、数量、毛净重、尺码、包装件数等进行全面的复核；然后，再采用纵横审单法对其他内容进行审核。

（三）先简后繁法

在审单业务中，往往可能一次送来众多单据，在先后顺序的安排上可以先做"简单容易的单据"，后做"较为烦复的单据"。实务中，先将"容易"、页数少的单据做掉，对于那些数量浩大、内容繁复的单据就可以静下心来，有条不紊地做，这样不容易出错。审单时，往往要赶时间。虽然《UCP 600》规定，银行的审单时间为"七个工作日"，但是多数银行要求职员在"一个工作日"内完成审单任务。如果先做复杂的单据，前面拖的时间过长，后面还有大量未做的单据，心情烦躁，很可能引起失误。

（四）按装运日期审单法

出口业务量大、批次又多的企业，为了保证及时收汇，可以按照货物装运日期的先后依次进行审核，争取在提单签发前完成预审工作，及时改正差错，以便在取得正本提单后可以立即向银行交单。

（五）分地区客户审单法

不同国别、不同进口商对出口单证的要求各异，但同一国别地区或同一客户对出口单证的要求则基本相同。审单员对世界各地区或进口商的单证特点往往不能全面掌握，因此，对某一地区客户的特殊要求往往会有所疏漏。为了提高效率和质量，业务量较大的单位，可采用分地区客户审单的工作方法。过去，省级外贸公司在处理出口业务时，常分欧洲科、日本科、北美科或中东非洲科等等，这些业务人员对某一地区的交易习惯了如指掌。

（六）先读后审法

即在处理前，先将信用证从头到尾通读一遍，然后再按信用证条款依次审核。即"读全文，阅修改，抓要点，做记号；通读后，再审单，证在左，单在右；单证符，顺利过；若不符，写下来；单据间，须相符；如不符，切记牢；审单毕，洽客户"。其具体处理步骤如下：

（1）首先对信用证全文通读，边读边记，并随手在特别要关注的地方做个记号，以便审单时引起重视；

（2）查看有无信用证的修改，而且这些修改中是否有受益人"不接受"的批注；

（3）如果信用证有修改，而且受益人都接受，那么，将修改内容在信用证的原条款上做好相应记录，确保信用证条款是有效完整的；

（4）按单据的主次关系审核。首先将一些重要单据，如发票、提单先行审核，然后以它们为参照物，审核其他单据。同时，要注意将信用证有关这类单据的规定贯穿于此，做到"单证一致、单单相符"。如发现有任何不符点，应立即记录在案。如信用证规定，所有单据要显示"合同、信用证号码",那么,全部单据就此条款进行检查一遍,以免遗漏。

(5) 审核完毕后,将所发现的不符点一并与前道业务环节沟通,落实解决办法。

(七) 先审后读法

即按信用证条款依次审核各种单据后,再通读信用证全文,确保每一条款未被遗漏。

四、审单的注意事项

(一) 审核单据的期限

银行需要多长时间审核卖方提交的单据,并通知卖方单据是否完备?统一惯例第 13 条 b 款对此明确规定,开证行、保兑行(如已保兑)或代表他们的被指定银行各自应有一个合理的时间,即不超过收到单据后的 7 个银行营业日,审核单据,决定是否接受或拒收单据,并通知从其处收到单据的当事人。

(二) 不符单据与通知

如开证行授权另一家银行凭表面上符合信用证的条款的单据付款、承担延期付款责任、承兑汇票或议付,则开证行和保兑行(如已保兑)的义务如下:

(1) 接受单据;

(2) 对已付款、承担延期付款责任、承兑汇票或议付的被指定银行进行偿付。

收到单据后,开证行及/或保兑行(如已保兑)或代表他们的被指定银行必须以单据为唯一依据,审核其表面上是否与信用证条款相符。如果单据表面上与信用证不符,上述银行可拒收单据。如果开证行确定单据表面上与信用证条款不符,它可以完全根据自己的决定与申请人联系,请其撤除不符点。

如果开证行及/或保兑行(如已保兑)或代表他们的被指定银行决定拒收单据,则其必须在不迟于自收到单据次日起第 7 个银行营业日结束前,不延误地以电讯或其他快捷方式发出通知。该通知应发至从其处收到单据的银行,如直接从受益人处收到单据,则应将通知发至受益人。

通知必须说明拒收单据的所有不符点,还必须说明银行是否留存单据听候处理或已将单据退还交单人。开证或保兑行有权向寄单行索还已经给予的任何偿付款项和利息。如开证行或保兑行未能按这些规定办理或未能留存单据等待处理,未将单据退还交单人,开证行或保兑行则无权宣称单据不符合信用证条款。如寄单行向开证行或保兑行提出应注意的单据中的任何不符点,它已以保留方式或根据赔偿书付款,承担延期付款责任承兑汇票或议付时,开证行或保兑行并不因之而解除其任何义务。

信用证项下一般要求的单据有发票、箱单、运输单据、保险单据、证明和声明、产地证等。

五、其他注意事项

(1) 同一份单据可以使用多种字体或字号,不意味着是修正。

(2) 同一套单据可以由不同人签字,签字人与背书人可以不一致。

(3) 发票和运输单据无须显示免费的货物,除非信用证规定。

(4) 单据的日期。任何单据的出具日期都可以晚于装运日期,但都不可以晚于交单期(装运前检验证明须表明事件发生在装运前或装运当日)。

(5) "立即""尽快"等模糊用语不得使用,若使用,银行不理会。

(6)"胜任的""官方的""当地的""一流的""著名的"等词语不得使用,若使用了只要不是受益人出具的,谁出具都可以。

(7)拼写或打印错误,以不影响所在句子的含义为准。

(8)复杂的数学计算。银行只将总量与信用证及其他单据核对。

(9)UCP未定义的用语如下:① SHIPPING DOCUMENTS 指汇票之外的一切单据,不仅仅指 TRANSPORT DOCUMENTS。② STALE DOCUMENTS、STALE DOCACCEPTABLE 指在装运日21天或规定期限后提交可以接受,但必须在信用证有效期之内。提单上的装运日期迟于信用证规定日期者即迟于货物抵港到达者。③ THIRD PARTY AS SHIPPER 表示运输单据可显示受益人之外的第三人作为托运人。④ THIRD PARTY DOCUMENTS ACCEPTABLE 指除汇票之外的所有单据可由受益人之外的一方出具。

(10)单据的修正和变更。除了受益人制作的单据外,其他单据内容的修正和变更须在表面上看经出单人或其授权人证实且应包括证实人的签字

(11)单据的出具人。如果信用证要求单据由某具名人或单位出具(ISSUED BY A NAMED PERSON OR ENTITY),只要:① 单据使用该具名人或单位抬头的信笺;② 表面看来由其或其代理人完成(如 WE××,HEREBY ISSUE THAT …);③ 表面看来由其或其代理人签署则即为表面看来由某具名人或单位出具。

(12)单据的名称。单据可以使用信用证规定的名称或相似名称,也可以不使用名称,但单据内容表面上必须满足所要求的单据的功能。例如,PACKING LIST、PACKING NOTE、PACKING & WEIGHT LIST。

(13)单据内容的缩写原则。① 普遍承认,避免使用进口方尤其是银行单证人员不熟悉的缩略语代替全称。② 使用普遍承认的缩略语,如 ltd.—Limited,Int'l—International,Co.—Company,kgs/kos—kilos,ind—industry,mt—metric tons,mfr—manufacturer,反之亦然。

(14)COPY 与正、副本。① 如果要求 ONE INVOICE 或 INVOICE IN ONE COPY,此系正本要求;② 如果要求 INVOICE IN 4 COPIES,至少提交一份正本;③ 如果要求 ONE COPY OF INVOICE,提交一份副本。若未禁止,提交一份正本也可以。

应用案例 7-10

怎样理解单证相符

一、背景

业务类型:不可撤销的议付信用证业务

开证行:巴基斯坦 P 银行

议付行:我国 N 银行

受益人:我国某工艺品进出口公司

开证申请人:巴基斯坦 BC 贸易有限公司

二、案情经过

某年3月,某工艺品进出口公司于巴基斯坦 BC 贸易有限公司成交一笔贸易。6月5日

对方开来信用证,有关部分条款规定:"… 350 SET OF DINNER SET, PRICE: USD 35.00 PER SET, CER KARACHI, SHIPMENT FROM QINGDAO TO KARACHI, SHIPPING MARK TO BE 'B. C./381 AND 451/KARACHI' ONLY."(350套西餐具,价格每套35美元,C&F卡拉奇,从青岛装运至卡拉奇,运输标志仅为"B. C./381 AND 451/KARACHI")。

工艺品进出口公司根据上诉信用证条款,在装运后即备齐单据向议付行N银行交单,未料到单寄至国外,开证行P银行提出如下拒付意见:

"第××号信用证项下单据存在如下不符点:

(1)你提单及发票等单据上表示的运输标志与信用证不符。信用证规定'B. C./381 AND 451/KARACHI',你提单及发票等单据的运输标志为'B. C./381 & 451/KARACHI'。

(2)包装单上运输标志栏表示'AS PER INVOICE',系据哪个发票?漏发票号码,应表示出依据第××号发票。根据上诉单证不符,我行无法接受。单据暂代保管,请告之处理意见。"

工艺品进出口公司接到上诉开证行拒付意见后,经研究认为开证行所提的完全是挑剔型意见,即于6月28日作出反驳:"你6月25日电悉。贵行提出关于第××号信用证项下单据的所谓不符点问题,我们认为:

(1)你信用证规定运输标志为'B. C./381 AND 451/KARACHI',我提单及发票等单据的运输标志为'B. C./381 & 451/KARACHI'。所谓不一致,即'AND'与'&'之别,何况'&'即'AND'的缩写符号,两者没有什么差异,不能算为单证不符。

(2)包装单上运输标志表示'AS PER INVOICE',你行认为未表示发票号码,无法依据是哪一套发票。我们认为本信用证项下的发票只有一个(信用证规定不许分批装运),再无其他发票。所以'AS PER INVOICE'中的发票当然是指本套单据中唯一的发票,表示或不表示号码都是没有区别的。

根据上诉情况,我们认为我方所提交的单据完全符合信用证规定,不存在单证不符的情况。请你行按时付款。"

工艺品进出口公司发出上诉反驳意见后,于7月1日又接到开证行来电:"你6月28日电收悉,关于第××号信用证项下单证不符事,我行与申请人均认为:

(1)关于运输标志问题,你方认为提单及发票等单据与我信用证规定的运输标志仅是'AND'与'&'的差别,两者是相等的,单证也是相符的,但你方未理解我信用证的要求,我信用证原规定,SHIPPING MARK TO BE 'B.C./381 AND 451/KARACHI' ONLY.,其意即只有这样的运输标志才能接受。你方单据却表示为'B. C./381 & 451/KARACHI',将'AND'改为'&',当然不符合信用证要求了。

(2)我信用证既已规定了运输标志,你方的单据(包括包装单)应按实际运输标志表示出来。即使表示'AS PER INVOICE'亦应表示该发票号码才能有所依据。

根据以上情况,你方单据却是明显地存在不符点。速告单据处理意见。"

工艺品进出口公司与议付行研究,最后认为虽然对方有些是属于挑剔意见,但我方单据确有一定的缺陷。工艺品进出口公司只好又向买方进行商洽,并了解到对方主要由于国际市场疲软受些损失,结果通过几次洽商,以让价10%而结案。

【案例分析】

从本案例中可以看出国际贸易单证工作的重要性。出口各程序的工作,从组织货源、磋商、成交、签订合同、租船订舱、报关报验直至装运交货,一切都顺利完全,即使成交又卖了好价,只因单证工作稍有疏忽,则前功尽弃。

运输标志(俗称唛头)是提单等单据的重要项目。如果信用证规定有运输标志应严格与信用证完全一致,包括运输标志的图形,各项目排列的位置均不得改变,每个字母更不能更换。本案例的信用证规定的运输标志中"AND"被工艺品进出口公司改为"&",即使意思不变,而形态变了也不符合要求。何况信用证在运输标志规定之后有"ONLY"的限定,其意思即要求只有这样的运输标志的文字才能接受,因此不能改变。在这样的情况下,工艺品进出口公司随便改变信用证规定运输标志中的文字,当然要遭到拒付。如果受益人对信用证某些规定有异议,可以提出修改。如果一旦接受了信用证,则必须严格执行照办。

有的企业对运输标志除在提单和发票上正确表示以外,在提单和发票以外的其他单据上不将原运输标志表示出来,而在运输标志栏中填:"AS PER INVOICE NO.....",目的主要为了省事,其实并不省事。例如,填:"AS PER INVOICE NO. ×××××"(一般发票号码均在6、7位以上),需要填20多个字,以本案例来说,信用证规定运输标志,并不省事,反而费事。所以除非运输标志非常复杂,一般还是将原运输标志列出,以避免不必要的纠纷。本案例使用"AS PER INVOICE NO.....",则不能将发票号码省略。货物在进口通关时一般要提交发票和包装单(装箱单)等单据,作为海关验货的主要依据。所以包装单如不填列具体运输标志,只表示按发票,又不表示发票号码,则无法依据。

作为单证人员也不可能对每一套单据的买方资信情况都掌握得很清楚,所以单证工作不管在任何情况下,都必须严格依照信用证规定做到"单证相符",不遗留任何把柄给对方。所谓"单证相符",并不仅仅指在含义、概念上或内容上的相符,更主要是指文字"表面"上的相符。《UCP 600》第14条a款关于银行接受单据的原则是作这样的规定:"按指定行事的指定银行、保兑行(如有的话)及开证行须审核交单,并仅基于单据本身确定其是否在表面上构成相符交单。"银行可以不管两者的含义是否相等,只管单据与信用证条款在文字"表面"上是否相符,否则银行可以拒收单据。

(资料来源:高洁.国际结算案例评析.北京:中国人民大学出版社,2011.)

项目小结

国际结算中可能用到的单据有很多,本章主要根据《UCP 600》中对单据的相关规定,介绍了发票、装箱单、运输单据、保险单、原产地证和报关报检单据。

广义的发票包括商业发票、海关发票、领事发票、形式发票等多种类型,其中以商业发票最为常见,它是出口商向进口商出具的履约证明,是全套单据制作和审核的中心,是进口商报关纳税的依据,是进出口商记账的凭证。《UCP 600》中主要对发票的出具人、抬头、货物描述、金额及是否需要签字等问题作了规定。

根据不同的运输方式,运输单据可能包括海运提单、不可转让海运单、多式联运单、租船提单、航空运输单据、铁路运输单据、公路运单、内河运单及快递收据等。其中,海运提单最为常用,银行在正常情况下只接受清洁已装船海运提单。

保险单据是保险人与被保险人之间保险合同的证明。受益人提交保险单据时可以用保险单代替预约保险下的保险凭证和保险声明,但暂保单不可接受。此外,《UCP 600》还对保险单据中的投保金额、投保险别、免赔率或免赔额、承保范围、保险单据中的签字和出具日期等问题作了规定。

课后实训

一、判断题

1. 为保证进口商收货，海运提单必须做成记名抬头。（　）
2. 商业发票中的货物描述要求必须与信用证的描述逐字对应。（　）
3. 即便信用证不作规定，开证行也将接受转船提单。（　）
4. 信用证要求提交保险凭证时，受益人可以以保险单替代。（　）
5. 信用证项下汇票的付款人必定是进口商。（　）
6. 凡是影印、自动或电脑处理、复写而成的单据，银行皆可接受其作为正本。（　）
7. 通常，为了保证单单一致，如果汇票是开给付款行或开证行的话，则发票的抬头必须相应地做成付款行或开证行。（　）
8. 记名抬头的提单通常由被通知人凭全套正本的提单就可以向承运人提货。（　）
9. 共同海损通常由承运人、货主、船舶三方分摊。（　）
10. 通过背书而获得提单的当事人并不能因此向背书人行使追索权。（　）
11. 汇票的出票日期就是议付日期，不得超过信用证的有效日期，但可以超过信用证规定的最迟交单日期。（　）
12. 发票的开立日期既不能早于信用证的开证日期，也不能迟于信用证的最迟交单日期或有效期。（　）
13. 发票的金额通常等于汇票金额，但不超过信用证金额，特殊情况下，当指定银行接受超额发票时，汇票金额小于发票金额，等于信用证金额。（　）
14. 不可流通转让海运单除了单据上写明的收货人外，他人不能提货。（　）
15. 在国际贸易中，谁持有提单，谁就有权要求承运人交付货物，并且享有占有和处理货物的权利，提单代表了其所载明的货物。（　）

二、单项选择题

1. 以下（　）为物权凭证。
   A. 商业发票　　　B. 空白指示提单　　C. 保险单　　　　D. 记名提单
2. 以下除了（　）之外必须有签发者授权签字或盖章。
   A. 跟单汇票　　　B. 海运提单　　　　C. 商业发票　　　D. 保险单
3. 铁路运单、邮包收据和航空运单共有的特点是（　）。
   A. 都做成记名抬头　　　　　　　　　B. 都是物权凭证
   C. 无须承运人签章　　　　　　　　　D. 都有两份正本
4. 保单显示"投保一切险"，表示其中不包括（　）承保的范围。
   A. 平安险　　　　B. 水渍险　　　　　C. 一般附加险　　D. 特殊附加险
5. 通常开证行可以接受的货运单据是（　）。
   A. 租船提单　　　B. 倒签提单　　　　C. 洁净提单　　　D. 备运提单
6. 信用证规定应出运2 500台工业用缝纫机，总的开证金额为USD 305 000，每台单价为 USD 120。则出口商最多可发货的数量和索汇金额应为（　　）。

  A. 2 500 台，USD 300 000　　　　　　B. 2 530 台，USD 303 600
  C. 2 540 台，USD 304 800　　　　　　D. 2 500 台，USD 305 000

7. 一提单对所运货物批注如下："ONE WOODEN CASE BE STRENGTHENED BY TWO IRON STRIPS."这份提单是（　　）。

  A. 直达提单　　　　　　　　　　　　B. 清洁提单
  C. 肮脏提单　　　　　　　　　　　　D. 倒签提单

8. 除非 L/C 特别规定，一般说来，"清洁已装船"运输单据是指（　　）。

  A. 单据上有 on board 批注和承运人签章，但没有对货物及/或包装缺陷情况的描述和批注
  B. 既没有 on board 批注和签章，也没有对货物及/或包装缺陷情况的描述和批注
  C. 单据上注明"on deck"字样，并由承运人签章
  D. 表明货物已收妥备运且外表无破损

9. L/C 的开证金额为 JPY 30 000 000，发票的 CIF 价为 JPY 29 995 000，L/C 规定受益人应按照 110% 的发票金额向保险公司投保，当时汇率为 USD1＝JPY 132，则保额为（　　）。

  A. USD 249 960　　　　　　　　　　B. JPY 33 000 000
  C. JPY 32 994 500　　　　　　　　　D. USD 250 000

10. L/C 规定的最迟装运期为 3/25，货物出运后的 15 天内交单，L/C 效期为 4/5。受益人取得的提单上"on board"日期为 3/24，则受益人最迟应于（　　）交单。

  A. 4/9　　　　B. 3/25　　　　C. 4/20　　　　D. 4/5

三、简答题

1. 商业发票有哪些作用？
2. 如何理解《UCP 600》中对商业发票上货物描述的规定？
3. 为什么在没有特别规定的情况下，银行只接受清洁已装船海运提单？
4. 《UCP 600》中对保险单据中的投保金额有哪些特别规定？

四、案例分析题

1. "不可抗力条款"误用案。

信用证规定 8 月 23 日为最迟装运期。受益人原定于 8 月 21 日装船出运，但由于台风登陆，运输公司无法出运，该批货物延至 9 月 1 日才装船。受益人凭 9 月 1 日装船提单交单议付时，遭到拒付。受益人以"人力不可抗拒"为由，要求银行通融，仍遭到拒绝。

请问：银行的拒付合理吗？

2. "分批装运"拒付案。

信用证规定"不得分批装运"，假设受益人将该批货物分为两票（TWO LOTS）装在同一航次同一船只上，并凭两份提单向银行交单议付。

请问：这种情况下，银行可以据"不得分批装运"而拒付吗？

3. 某出口公司向泰国巴伐利亚有限公司出口一批电器电料，国外开来的信用证规定"电器电料 100 箱，从中国港口至曼谷，集装箱运输。禁止分批装运和转运。全套清洁已装运海运提单，注明'运费预付'，发货抬头人背书 K.T.银行，通知买方"。

该公司审查后认为信用证没有什么问题，即装集装箱运输，随后备妥各种单据向议付行

交单议付。单到国外却被开证行拒付。理由是："① 信用证要求的是清洁已装船的海运提单,提交的却是联合运输提单。② 信用证规定不许转运,但根据你们提单上的记载,货物经转运到曼谷港,不符合信用证的要求。"

请问:开证行是否有权拒付?

4. 某对外贸易公司、某加工厂与某国外公司签订来料加工合同。由外国公司提供原材料、辅料,由加工厂负责加工。国外公司将原材料和辅料交给海运公司,并领取海运单。海运单载明:收货人为某对外贸易公司,发货人为某国外公司。在海运单的首要条款中明确:"本运单并非提单。"背面条款第一条明确:"本运单并非所运货物的提货证明。"有关条款中注明:"如果托运人要求对载明的收货人进行更改,须以书面形式通知承运人或其代理人。"海运单还载明:"海运单约定适用《海运单统一规定》。"货物抵港后,对外贸易公司在收到国外公司海运单传真和电话通知后,凭该传真件和通知在海运公司代理处换取了提货单。但在此之前,国外公司通知运输公司变更收货人,并通知运输公司不予放货。对外贸易公司诉至大连海事法院,要求海运公司立即放货,并赔偿损失。

请问:大连海事法院能否支持对外贸易公司的诉讼请求?

五、制单题

根据信用证与相关资料制单。

ISSUING BANK: CYPRUS POPULAR BANK LTD, LARNAKA		
ADVISING BANK: BANK OF CHINA, SHANGHAI BRANCH.		
SEQUENCE OF TOTAL	*27:	1/1
FORM OF DOC. CREDIT	*40A:	IRREVOCABLE
DOC. CREDIT NUMBER	*20:	186/10/10014
DATE OF ISSUE	31C:	20100105
EXPIRY	*31D:	DATE 20100229 PLACE CHINA
APPLICANT	*50:	LAIKI PERAGORA ORPHANIDES LTD.,
		020 STRATIGOU TIMAGIA AVE.,
		6046, LARNAKA,
		CYPRUS
BENEFICIARY	*59:	SHANGHAI GARDEN PRODUCTS IMP.
		AND EXP. CO., LTD.
		27 ZHONGSHAN DONGYI ROAD, SHANGHAI,
		CHINA
AMOUNT	*32B:	CURRENCY USD AMOUNT 6115.00
POS. / NEG. TOL. (%)	39A:	05/05
AVAILABLE WITH/BY	*41D:	ANY BANK BY NEGOTIATION
DRAFT AT ...	42C:	AT SIGHT
DRAWEE	*42D:	LIKICY2NXXX
		* CYPRUS POPULAR BANK LTD
		* LARNAKA
PARTIAL SHIPMENT	43P:	ALLOWED

TRANSSHIPMENT   43T: ALLOWED
LOADING IN CHARGE   44A: SHANGHAI PORT
FOR TRANSPORT TO ...   44B: LIMASSOL PORT
LATEST DATE OF SHIP.   44C: 100214
DESCRIPT. OF GOODS   45A:
  WOODEN FLOWER STANDS AND WOODEN FLOWER POTS
  AS PER S/C NO. E03FD121.
  CIF LIMASSOL PORT, INCOTERMS 2000
DOCUMENTS REQUIRED   46A:
  + COMMERCIAL INVOICE IN QUADRUPLICATE ALL STAMPED AND SIGNED BY BENEFICIARY CERTIFYING THAT THE GOODS ARE OF CHINESE ORIGIN.
  + FULL SET OF CLEAN ON BOARD BILL OF LADING MADE OUT TO ORDER OF SHIPPER AND BLANK ENDORSED, MARKED FREIGHT PREPAID AND NOTIFY APPLICANT.
  + PACKING LIST IN TRIPLICATE SHOWING PACKING DETAILS SUCH AS CARTON NO AND CONTENTS OF EACH CARTON.
  + INSURANCE POLICY OFR CERTIFICATE IN 2 COPIES ENDORSED IN BLANK FOR 120 PERCENT OF THE INVOICE VALUE INCLUDING OCEAN MARINE CARGO CLAUSE ALL RISKS AND WAR RISK AS PER PICC WITH CLAIMS PAYABLE IN CYPRUS IN THE CURRENCY OF THE DRAFTS
ADDITIONAL COND. 47A:
  + EACH PACKING UNIT BEARS AN INDELIBLE MARK INDICATING THE COUNTRY OF ORIGIN OF THE GOODS. PACKING LIST TO CERTIFY THIS.
  + INSURANCE IS BEING ARRANGED BY THE BUYER.
  + A USD50.00 DISCREPANCY FEE, FOR BENEFICIARY'S ACCOUNT, WILL BE DEDUCTED FROM THE REIMBURSEMENT CLAIM FOR EACH
  PRESENTATION OF DISCREPANT DOCUMENTS UNDER THIS CREDIT.
  +THIS CREDIT IS SUBJECT TO THE U.C.P. FOR DOCUMENTARY CREDITS (2007 REVISION) I.C.C., PUBLICATION NO. 600.
DETAILS OF CHARGES   71B: ALL BANK CHARGES OUTSIDE CYPRUS ARE FOR THE ACCOUNT OF THE BENEFICIARY.
PRESENTATION PERIOD 48: WITHIN 15 DAYS AFTER THE DATE OF SHIPMENT BUT WITHIN THE VALIDITY OF THE CREDIT.
CONFIRMATION   *49: WITHOUT

INSTRUCTION 78: ON RECEIPT OF DOCUMENTS CONFIRMING TO THE TERMS OF THIS DOCUMENTARY CREDIT, WE UNDERTAKE TO REIMBURSE YOU IN THE CURRENCY OF THE CREDIT IN ACCORDANCE WITH YOUR INSTRUCTIONS, WHICH SHOULD INCLUDE YOUR UID NUMBER AND THE ABA CODE OF THE RECEIVING BANK.

相关资料：
发票号码：10SHGD3029　　发票日期：2010年2月9日
提单号码：SHYZ102234　　提单日期：2010年2月12日
集装箱号码：FSCU3214999　集装箱封号：1295312
1×20'FCL, CY/CY
船名：LT USODIMARE　　航次：V. 021W
木花架，WOODEN FLOWER STANDS，H.S.CODE：44219090.90，QUANTITY：350PCS, USD8.90/PC, 2pcs/箱，共175箱。纸箱尺码：66×22×48 cms，毛重：11 KGS/箱，净重：9 KGS/箱。
木花桶，WOODEN FLOWER POTS，H.S.CODE：44219090.90，QUANTITY：600PCS, USD5.00/PC, 4pcs/箱，共150箱。纸箱尺码：42×42×45 cms，毛重：15 KGS/箱，净重：13 KGS/箱。
唛头：L.P.O.L.
DC NO.186/10/10014
MADE IN CHINA
NO.1—325

2-1. 把汇票填写完整

汇 票
BILL OF EXCHANGE

凭
Drawn under　　(1)　　　　　　　　　　　　　　　　　　　

信用证　第　　　　号
L/C No.　(2)　　　　　　　　　　

日期：　　年　　月　　日
Dated：　(3)　　　　　　　　　　

按　　　息　　　　　付款
Payable with interest @ 　　　　　　　　 % per annum

号码　　　汇票金额　　　　　　　　　　　中国上海　年　月　日
No.　(4)　　　　Exchange for　(5)　　　　　Shanghai, China 15 FEB., 2010

见票
At　(6)　　　　　　 sight of this FIRST of Exchange (Second of exchange being unpaid)
Pay to the order of　BANK OF CHINA, SHANGHAI BRANCH　或其指定人

金额
The sum of　(7)　　　　　　　　　　　　　　　　　　　　　

此致
To：　(8)
　　　　　　　　　　　　　　　　　　　　SHANGHAIGARDEN PRODUCTS
　　　　　　　　　　　　　　　　　　　　　IMP. AND EXP. CO., LTD.
　　　　　　　　　　　　　　　　　　　　　　　　　Signature

2-2. 把发票填写完整

Issuer： SHANGHAI GARDEN PRODUCTS IMP. AND EXP. CO., LTD. 27 ZHONGSHAN DONGYI ROAD, SHANGHAI CHINA	上海园林用品进出口有限公司 SHANGHAI GARDEN PRODUCTS IMP. AND EXP. CO., LTD. 27 Zhongshan Dongyi Road, Shanghai, China	
To： LAIKI PERAGORA ORPHANIDES LTD., 020 STRATIGOU TIMAGIA AVE., 6046, LARNAKA, CYPRUS	发 票 INVOICE	
^	NO.　(1)	DATE　(2)
Transport details：　(3)	Terms of Payment (4)	L/C NO.　(5)
	Country of Origin　(6)	

Marks & Nos	Description of Goods	Quantity	Unit Price	Amount
(7)	(8)	(9)		
	WOODEN FLOWER STANDS	350pcs	@USD8.90/PC	USD 3115.00
	WOODEN FLOWER POTS	600pcs	@USD5.00/PC	USD 3000.00
	TOTAL:	950PCS		(10)
	SAY U.S.DOLLARS SIX THOUSAND ONE HUNDRED AND FIFTEEN ONLY. AS PER S/C NO.E03FD121. TOTAL PACKED(11) GROSS WEIGHT(12) WE HEREBY CERTIFY THAT THE GOODS ARE OF CHINESE ORIGIN.			
			SHANGHAI GARDEN PRODUCTS IMP. AND EXP. CO., LTD. Signature	

2-3. 把保单填写完整

PICC 中国人保财险股份有限公司
PICC Property & Casualty Company Limited

总公司设于北京　一九四九年创立
Head Office Beijing　Established in 1949

货　物　运　输　保　险　单
CARGO TRANSPORTATION INSURANCE POLICY

发票号码 **Invoice No.**　10SHGD3029
合同号码 **Contract No.**　E03FD121.　　　保单号次 Policy No. PI－SH－0819345675
信用证号 **Credit No.**　186/10/10014
被保险人 **Insured:**　　(1)

中保财产保险有限公司(以下简称本公司)根据被保险人的要求,及其所缴付约定的保险费,按照本保险单承担险别和
背面所载条款与下列特别条款承保下列货物运输保险,特签发本保险单。

This policy of Insurance witnesses that The People Insurance (Property) Company of China, Ltd. (hereinafter called the Company) at the request of the Insured and in consideration of the agreed premium paid by the Insured, undertakes to insure the under mentioned goods in transportation subject to the conditions of this Policy as per the Clauses printed overleaf and other special clauses attached hereon.

标记 Marks & No. (2)	包装及数量 Quantity (3)	保险货物项目 Description of goods (4)	保险金额 Amount Insured (5)

总保险金额
Total Amount Insured: SAY U. S. DOLLARS SEVEN THOUSAND THREE HUNDRED AND THIRTY EIGHT ONLY

保险费　　　　启运日期　　　　　(6)　　　装载运输工具　　　　(7)
Premium　AS ARRANGED　Date of commencement _____　Per conveyance _____
自　　　　(8)　　　经　　　至　　　(9)
From _____ Via _____ To _____

承保险别 Conditions:
COVERING OCEAN MARINE CARGO CLAUSE ALL RISKS AND WAR RISK AS PER PICC DATED 01/01/1981
W/W CLAUSE INCLUDED

所保货物,如发生本保险单项下可能引起索赔的损失或损坏,应立即通知本公司下述代理人查勘。如有索赔,应向本公司提交保险单正本(本保险单共有2份正本)及有关文件。如一份正本已用于索赔,其余正本则自动失效。

In the event of damage which may result in a claim under this Policy, immediate notice be given to the Company Agent as mentioned here under. Claims, if any, one of the Original Policy which has been issued in TWO Original(s) together with the relevant documents shall be surrendered to be Comp any, if one of the Original Policy has been accomplished, the others to be void.

Insurance agent at destination:
SAFER INSURANCE COMPANY
85 GANDY STREET, LIMASSOL
CYPRUS

赔款偿付地点
Claim payable at ___(10)___

出单日期
Issuing date ___10 FEB., 2010___

地址:中国上海市中山东一路321号
Address: 321 Zhongshan Road One (E) Shanghai China

中国人保财险股份有限公司上海市分公司
PICC Property & Casualty Co. Ltd, Shanghai Branch

章小岚
Authorized Signature

项目八 国际结算中的融资方式

知识目标

（1）掌握国际出口贸易结算业务的打包贷款、出口押汇、福费廷、国际保理、出口托收融资、出口T/T汇款融资等主要融资方式；

（2）掌握国际进口贸易结算业务中的进口开证授信额度、提货担保、进口押汇、信托收据等主要融资的方式。

能力目标

掌握各种融资方式的运用。

导入案例

假设进口企业A在银行B开户。银行B根据进口人A的情况，给予了500万美元的开证额度。在500万美元的额度内，保证金比例为5%，则企业A每次从B银行开证，缴纳的保证金为5%，不需要再逐笔与B银行就保证金比例进行协商。当然，其前提条件是企业A在B银行的未付金额小于500万美元。

分析：

（1）为什么开证额度是银行给予的一种融资？假定银行B规定，对于普通客户申请开立信用证，要求企业缴纳100%的保证金，以规避日后的垫款风险。对于一般企业来说，如想通过B银行对外开证，就必须筹集足够的资金作为保证金。若超出自身资金周转能力，就不得不向银行贷款来缴纳保证金，或将用于周转的资金来缴纳保证金，而正常周转时又必须向银行贷款。因此，银行给企业的开证额度，其实是一种变相的贷款，是银行给予的一种融资。

（2）开证行为什么要提供开证额度？银行因竞争的需要不得不考虑进口人办理业务的方便与资金周转的需要。开证行通常根据实际情况对进口人区别对待，要求进口人缴纳的保证金比例、担保和抵押要求、授信额度等均有差异。比如，中国银行浙江分行将一些客户的资信等级划为A级与B级。A类客户开立信用证一般缴纳30%的开证保证金，其余可以用开证额度和担保品；B类客户则要缴纳40%的开证保证金，其余可用信用证额度和担保品。

（3）银行提供开证额度是否有风险？有的企业认为，银行开立信用证，开证行并没有对外付款，也就不会有风险。信用证项下开证行承担第一性的付款责任，只要受益人根据信用证的规定和要求提交了相符单据，开证行就必须付款。所以，银行均视开证业务为银行业务中属于风险比较大的一种"授信业务"。

(4) 银行对风险的控制。"了解客户,了解客户的业务。"银行开证前要审核企业的开证额度、货物的性质及变现能力,以及对货物保险和对物权单据的控制情况。银行根据客户的资信情况变化和业务需要变动随时对额度做必要的调整。

模块一 出口贸易结算融资

国际贸易出口结算融资是银行根据企业在国际贸易中所采用的信用证、托收、汇款、保理等不同结算方式的特点,以及企业需求而提供的组合产品,既包括传统的打包贷款、出口押汇、出口托收融资、出口 T/T 汇款融资、减免保证金开证等融资业务,也包括国际保理、福费廷、出口退税账户托管贷款等新兴的业务品种。

一、信用证结算方式下的出口结算融资

(一) 打包放款

1. 含义

打包放款(packing loan)是指出口商凭收到的信用证正本作为还款凭据和抵押品,向银行申请的一种装船前的短期资金融通,主要用于生产或收购商品的开支及其他费用的资金融通。

2. 作用

筹措资金、及早备货、按时出运。

3. 特点

打包贷款指银行凭境外银行开立的有效信用证正本,按信用证金额的一定比例向出口商发放的用于信用证项下出口商品的备料、生产、加工及装运的一种短期资金。

(1) 专款专用,仅用于为执行信用证而进行的备货用途。

(2) 贷款金额一般不超过信用证金额的 80%,且期短。

(3) 币种可外币可本币,利息按贷款银行颁布的利率计收。

(4) 正常情况下,以信用证项下收汇作为还款来源。

4. 办理打包放款需要的手续

(1) 出口商申请。信用证及其附件、上年度和近期财务报表、贷款申请书。

(2) 贷款行审核。信用证有效性、开证行资信、是否限制议付、出口商经营范围及资信能力、信用证项下产品成本周期履约、出口商财务出口状况、贷款比率期限利率。

(3) 签约贷款。出口放款合同、借款人在贷款行开立存贷账户、填写借据凭证、抵押信用证并加注"已办理打包放款"、核放贷款。

(4) 偿还和追索。在办理出口押汇或收妥结汇的同时偿还打包贷款本息、借款人主动偿还时在信用证上注明贷款已还并还证、信用证到期借款人仍未出口交单或单据被拒付时追究责任、挪用贷款被罚息并限期收回。

5. 银行风险及其防范

信用证是一种有条件的付款承诺,若出口方没履行信用证的全部条件,则无法得到开证行的付款,信用证就如一张废纸,实为无抵押,因而银行要慎重从事。

银行要调查企业的资信与清偿能力,确定打包贷款的额度;与客户保持联系,督促履行合同与信用证。

(二) 出口信用证押汇

1. 含义

出口信用证押汇(negotiation under documentary credit)是指银行凭出口商提供的信用证项下全套的货权单据做抵押,在收到开证行支付的货款之前,向出口商融通资金的业务。

2. 作用

客户出口交单后,凭与信用证要求相符、收汇有保障的单据向银行申请短期融资,客户可在从国外收汇之前提前从银行得到垫款,加速资金周转。

3. 特点

(1) 短期垫款,一般不超过180天。

(2) 凭受益人提交的相符单据办理。

(3) 按银行颁布的利率计收外币利息。押汇预扣利息后,将余款项给予客户。

(4) 银行保留追索权的垫款。如无法从国外收汇,客户应立即无条件另筹资金归还银行垫款。

(5) 申请出口押汇融资时须与中国银行签订《出口押汇总质押书》,具体办理时应逐笔申请。

4. 程序

(1) 申请。出口商取得货运单据后向当地银行申请并填写申请书。

(2) 审核。银行审核出口商提交的信用证、汇票、发票、全套货运单据和申请书。

(3) 购入汇票。银行买入汇票和作为抵押品的全套货运单据。

(4) 垫付货款。扣除利息、手续费等。

(5) 收回垫款。贷款行凭单据向开证行收款。

(6) 追索。开证行拒付时,贷款行有权向出口商追回垫款及其相关费用;但当垫款行是开证行的保兑行、付款行、承兑行时不得追索。

5. 风险及其化解

银行的风险较小,但也存在出口商若不能做到单证严格相符,则会失去开证行的信用保障。

拓展阅读

贸易商A在伦敦交易所用混合订单买了1 000吨铜,同一时间在上海交易所做套期保值,锁定铜的差价,这样就可以规避价格风险。

铜从产地启运,从下订单、订购到运到中国上岸,一般需要1个月的时间。在这1个月之内,贸易商A在国内拿到铜的现货。铜的现货和期货是高速流动性的市场,贸易商A可以迅速把铜抛售出去,回收货款。与此同时,贸易商A从银行开180天、6个月的信用证,剩下5个月的时间,这笔铜的货款就等于是贸易商A获得的融资。假设1吨铜6万元,他就等于拿到了一笔6万元的融资,1 000吨就是6 000万元,等到180天期限将满时,他拿人民币兑换、购买美元。这6个月时间,美元兑人民币汇率已经下跌了几个百分点,这样贸易商A

只要用相对少的人民币本金就可以兑换同样多的美元,并及时偿还开信用证的银行。由于大部分公司国际贸易计价结算货币都用美元,而所开的信用证也是用美元,所以贸易商可以获得一笔汇兑的收益。如果信用证再次期满,再开一个信用证,这就成为长期的融资了。这样一个操作链条,在过去3年人民币汇率持续上涨、国际贵金属产品持续飙升的情况下,几乎万无一失,既可迅速套现(价格总在涨,套现就越容易),又可套汇(汇率升水)。更重要的是,进入2006年之后,由于中国资产价格的全面飙升,尤其是股市的全面飘红,让这些短期套现资金有了极佳的游走通道。进入2007年后,由于国家宏观调控的进一步紧缩,江浙沿海的企业遇到新一轮的融资难问题。地下金融死灰复燃。外贸领域的套现由此变本加厉。

二、托收方式下的出口结算融资

(一) 出口托收押汇

1. 含义

出口托收押汇(advance against documentary collection)是指出口商在委托托收行代向进口商收款时,以单据或汇票做抵押要求托收行给予融资的方式,具有追索权。

2. 与出口信用证的区别

出口信用证是银行信用;出口托收押汇是商业信用。

3. 银行须考虑的因素

(1) 出口商的资信状况、清偿能力与履约能力。

(2) 能否以出口信用保险作为抵押。保单项下的权益让与银行,但银行仍然有风险,因保险公司保险的前提是出口商履约。押汇银行的权利不能优于前手(不是流通转让)。

(3) 交单的形式。出口融资分为 D/P(付款交单)融资和 D/A(承兑交单)融资两类。

D/P 融资指在出口托收付款交单方式下,出口商在委托我行代向进口商收取货款的同时,以提交的汇票及随附单据作为质押品,由银行按一定比例向出口商提供的应收货款短期资金融资,并保留对出口商的追索权。

D/A 融资指在出口托收承兑交单方式下,出口商委托我行寄出远期汇票和随附单据向进口商托收,在收到进口商已承兑的远期汇票或代收行发来的承兑电(函)后,由我行按一定比例给予出口商的应收货款短期资金融通,并保留对出口商的追索权。

(4) 选代收行。

4. 产品对客户的益处

以 D/P 托收方式结算的出口商在货物发运后即可取得资金融通;以 D/A 托收方式结算的出口商在收到进口商已承兑的远期汇票或代收行发来的承兑电(函)即可取得资金融通;出口商可以缓解资金紧张,加速资金周转,扩大对资信较好的进口商的出口规模;出口商以收妥的该出口托收款项归还我行。

(二) 采用远期票据融资:融通汇票融资(A/B)

融通汇票融资是指汇票的出票人邀请高资信的非债务人未取得对价而以承兑人身份在汇票上签字/签章,从而借用他人名义来提高汇票的信用身价以便贴现的行为,这种汇票被称作融通汇票。其中,未取得对价而应邀在融通汇票上签字/签章者叫作融通人,得到被融通汇票的出票人叫作被融通人。实务中,常见的融通汇票多是专门作为融资信贷工具而单独出具的(可特别称作融资汇票),但那种在卖方远期信用证项下出具的融通汇票例外,因为后者往往是跟单汇票,不是单纯的融资信贷工具,而兼有着结算支付工具的功能。

融通人做融通时,除了向被融通人收取融通费(如承兑费)外,通常还要向被融通人要求一定的质押品(如已装运在途货物的海运提单。注意:这不同于收取对价)。一般来说,融资汇票的融通人并不垫付资金,被融通人有义务在融资汇票到期前预先将足额票款交付融通人,以备后者按期向贴现人(持票人)偿付,否则,融通人可拒付该融资汇票,而让持票人去向被融通人追索。若持票人向被融通人追索时得到了清偿,则该融资汇票即被解除了责任;若持票人向被融通人追索时未能得到清偿,则他还可以回过头来强制融通人清偿,因为后者作为汇票的承兑人是承担有主债务人责任的(当然,如果融资汇票的融通人又兼任贴现人的话,情况会有所不同),持票人兼承兑人的双重身份使得他除了向被融通人(出票人)追索以外别无他途。

要想利用融通手段做汇票融资,欲融资人须事先与银行/承兑公司订立一个融通协议,由后者给前者一个承兑信用额度(line of acceptance credit),规定在一定时期内允许为前者承兑融通汇票的总金额,然后,被融通人才可以在规定期限和限额内,根据自己实际交易的融资需要逐笔向融通人申请融通。

利用融通汇票做融资时,融资人除要承担融通费(承兑费)和贴现息以外,有时还要承担汇票印花税。因为有些国家(如英国)对汇票实施印花税(一般由出票人承担,并非专对融通汇票,而是针对一切汇票。在英国,国际汇票也须按国内汇票的一半贴印花。因此,对英贸易时,常常以不出汇票的办法来合理避税,降低贸易成本)。

英国《票据法》专门为融通行为作了详细立法。美国联邦储备银行也允许其会员银行为具有国际贸易背景的汇票做承兑融通,并允许其自行贴现;《日内瓦统一法》和我国《票据法》也不同程度地认可票据融通行为。

三、汇款方式下的出口结算融资:T/T 融资

(一) 含义

出口 T/T 汇款融资指银行对采用 T/T 汇款方式进行出口贸易结算的出口商,凭其提供的发票和其他有效凭证,给予一定比例的短期资金融通。

(二) 对客户的益处

以 T/T 汇款方式进行出口贸易结算可极大地提高出口商的产品竞争力,扩大对以T/T汇款方式进行出口贸易结算可极大地提高出口商的产品竞争力,扩大对优质进口商的出口规模;出口商在货物交付装运后即可向银行申请融资;出口商以收回的货款偿还银行款项。

四、福费廷:包买票据

(一) 含义

福费廷(forfaiting)也称包买票据或票据买断,指银行作为包买商从出口商无追索权地购买由银行担保的汇票等债权凭证,而向出口商提供融资的业务。

(二) 特点

(1) 无追索权的购买。

(2) 为出口商提供中长期贸易融资。一般为 3~7 年。

(3) 融资的金额较大。一般 100 万元以上,500 万元的多,5 000 万元的由包买辛迪加

融资。

(4) 使用通常用的货币,减少利率和汇率的风险。

(5) 债权凭证通常由进口方的银行提供担保。

(三) 对相关当事人的影响

(1) 对出口商。在货物装运后可得到出口货款且银行对客户无追索权。缩短客户资金回笼周期,改善企业财务状况,不占用客户的综合授信额度;提前取得出口退税的权利。

(2) 对进口商的影响。得到出口商的融资,但要承担融资的费用。

(3) 对包买商的影响。得到高收益,可在二级市场上包买债权,但没有追索权。

(4) 对担保行的影响。得到高收益,承担出口商破产或无力支付的风险。

五、贴现

(一) 含义

银行有追索权地买入已承兑的远期票据,通常为银行票据或有银行担保的商业票据,其可靠性与流动性强。

(二) 种类

远期信用证下的已承兑汇票或 D/P 方式下的加具保付的远期汇票。

六、国际保理

(一) 含义

国际保理指保理商通过收购债权而向出口商提供包括进口商资信调查、坏账担保、货款催收、销售分户账管理以及贸易融资等综合性金融服务的一项业务。

(二) 内容

(1) 销售分户账管理。在出口方叙做保理业务后,出口保理商根据出口方的要求,定期或不定期向其提供关于应收账款的回收情况、逾期账款情况、信用额度变化情况、对账单等资料,协助出口方进行销售管理。

(2) 债款的回收。进口保理商一般有专业人员和专职律师进行账款催收,根据应收账款逾期的时间采取信函通知、电话通知、上门催款直至采取法律手段。

(3) 信用风险控制与坏账担保。进口保理商为进口商核定一个信用额度,并且在协议执行过程中,根据进口商资信情况的变化对信用额度进行调整。对于出口方在核准信用额度内的发货所产生的应收账款,保理商提供最高为 100% 的坏账担保。

(4) 贸易融资。出口保理商根据出口方申请向进口保理商征询,按规定程序授予出口方保理信用额度,并与出口方签订保理协议。出口方在协议规定时间内发货并提供相应的文件,可获得最高比例达到发票金额 80% 的融资。

(三) 产品对客户的益处

(1) 出口方的益处。① 锁定客户信用风险,获得灵活的贸易融资便利,解决因赊销引起的现金流不足,加速资金周转;② 以灵活的支付方式为管理手段,促进销售量和利润的增长乃至公司的发展;③ 不仅降低了部分非生产性管理费用,且有利于企业集中精力致力于生产与销售。

(2) 进口方的益处。省却开证保证金和其他结算费用,减少资金占压,降低资金成本;

通过我行授信提高自身信誉度。

七、出口信贷

出口信贷是一种国际信贷方式。它是一国政府为支持和扩大本国大型设备等产品的出口，增强国际竞争力，对出口产品给予利息补贴，提供出口信用保险及信贷担保，鼓励本国的银行或非银行金融机构对本国的出口商或外国的进口商（或其银行）提供利率较低的贷款，以解决本国出口商资金周转的困难，或满足国外进口商对本国出口商支付货款需要的一种国际信贷方式。出口信贷名称的由来就是因为这种贷款由出口方提供，并且以推动出口为目的。

出口信贷可根据贷款对象的不同，分为出口卖方信贷和出口买方信贷。

（一）出口卖方信贷

出口卖方信贷是出口方银行向本国出口商提供的商业贷款。相对于打包放款、出口押汇、票据贴现等贸易融资方式，它主要用于解决本国出口商延期付款销售大型设备或承包国外工程项目所面临的资金周转困难，是一种中长期贷款，通常贷款金额大、贷款期限长。如中国进出口银行发放的出口卖方信贷，根据项目不同，贷款期限可长达10年。同时利率比较优惠，低于相同条件下资金贷放市场利率，利差由出口国政府补贴。因此可以改善本国出口信贷条件，扩大本国产品的出口，增强本国出口商的国际市场竞争力，进而带动本国经济增长。由于出口信贷贷款期限长、金额大，发放银行面临着较大的风险，所以一国政府为了鼓励本国银行或其他金融机构发放出口信贷贷款，一般都设有国家信贷保险机构，对银行发放的出口信贷给予担保，或对出口商履行合同所面临的商业风险和国家风险予以承保。在我国主要由中国出口信用保险公司承保此类风险。

（二）出口买方信贷

出口买方信贷是出口国政府支持出口方银行直接向进口商或进口商银行提供信贷支持，以供进口商购买技术和设备，并支付有关费用。

出口买方信贷一般由出口国出口信用保险机构提供出口买方信贷保险。它主要有两种形式：一是出口商银行将贷款发放给进口商银行，再由进口商银行转贷给进口商；二是由出口商银行直接贷款给进口商，由进口商银行出具担保。贷款币种为美元或经银行同意的其他货币。贷款金额不超过贸易合同金额的80%～85%。贷款期限根据实际情况而定，一般不超过10年。贷款利率参照经济合作与发展组织（OECD）确定的利率水平而定。

八、出口退税账户托管贷款

（一）含义

向出口企业提供的以出口退税应收账款作为还款保证的短期流动资金贷款。

贷款额度根据出口企业平均年退税额度和年退税次数确定，贷款额度期限最长为1年。在贷款额度内，单笔出口退税托管贷款最高金额为该笔对应的申请出口退税款额的70%。

（二）产品对客户的益处

为客户解决出口退税款未能到账而出现的短期资金困难，为客户提供及时的资金融通。向出口企业提供的以出口退税应收账款作为还款保证的短期流动资金贷款。贷款额度根据出口企业平均年退税额度和年退税次数确定,贷款额度期限最长为1年。在贷款额度内,单笔出口退税托管贷款最高金额为该笔对应的申请出口退税款额的70%。

模块二 进口贸易结算融资

一、提货担保

(一) 提货担保的含义

开证申请人向银行提出申请,凭提货担保书向船公司办理提货手续,并承诺日后补交正本提单换回有关担保书的融资方式。

(二) 提货担保的作用

进口商可在进口单据到达前提取货物,避免因提货延迟而产生的各种风险,减少费用支出。及时提货,避免压仓、发生滞港费,防止不必要的经济损失。

(三) 提货担保的特点

提货担保指在进口信用证项下货物先于提单或其他所有权文件到达的情况下,银行应开证申请人(进口商)的申请,向船公司提供书面担保用于提货,并承诺日后补交正本提单换回有关担保书,同时由进口商保证负责承担船公司应收费用和可能遭受损失赔偿。

(1) 仅限于银行开立的信用证项下货物进口方办理,并须逐笔审核。

(2) 运输方式必须为海运,且信用证规定须提交全套海运提单。

(3) 客户取得正本单据后,须以正本提单换回提货担保函。

(4) 一旦办理了担保提货手续,无论收到的单据有无不符点,客户均不能提出拒付/拒绝承兑。

(四) 办理提货担保业务需要的手续

(1) 进口商担保申请(货名、数量、金额、船)。承诺以信托人身份代银行保管货物;收单后不拒付或承兑并及时换回提货担保;赔偿银行因此遭受的损失。

(2) 银行核查。确定货物在信用证项下且货值相符。

(3) 签发担保书。核对项目无误收取全额保证金并签发;有信托收据额度者免收保证金并在额度内签发。

(4) 进口商提货换单。收到提单后及时将正本提单交承运人并换回提货担保从而解除银行担保责任。

(五) 提货担保的注意事项

(1) 银行风险大,慎择进口商。

(2) 仅适用于信用证项下商品进口。托收项下须提供交易单据以使银行审查货物归属和真实价值。

(3) 银行收取足额保证金。否则须第三方担保或质押。

二、进口开证授信额度

由于开证行代进口商承担了有条件的付款责任,只要出口商提交了信用证规定的全套单据,便可保证收回货款。因此,银行均把开立信用证视为一种授信业务,进口商需向开证行提供保证金、抵押或担保(除非优质客户)。但信用好的进口商,可以要求银行免收或减收保证金循环开立信用证。为方便业务发展,银行通常为进口商核定可供循环使用的开证额度(开立即期信用证)和信托收据额度(开立远期信用证等)。以下为远期信用证风险分析:

第一,进口商经营状况及其商品销售不佳导致的风险。远期信用证本身的特点决定了进口商在承兑并得到单据到付款之间存在时间差。若期间进口商销售的商品价格下降,所售货款将难以对外付款或其财务发生变化偿还能力下降甚至破产,则只能由开证行垫付资金对外承担付款责任。

第二,进口商信用过分膨胀。在大多数情况下,由于远期信用证的开证保证金比例不高和银行间激烈的竞争,使一些信誉较好的进口商或关联公司所拥有的信托收据额度远远超过其实际需求。由于信息的不对称性,开证行在评估进口商当前的财务状况时,难以发现在表外科目核算的信用证的开立状况。进口商"多头开证"已屡见不鲜,而一旦经营不善将难以偿付信用证项下的沉重债务。

第三,通过开立远期信用证挪用融资或进行金融诈骗。一般地,正常贸易无论是纯贸易企业还是生产加工企业,完成一个周期最长不会超过3～4个月,过长的融资期限必然导致不合理占用甚至挪用的情况发生。另外,在国外设有分公司的贸易型公司,在资金发生短缺时,会内外勾结出现采取开立远期信用证的方式进行变相融资的情况。

银行针对上述情况,在办理开证业务时除审查开证申请人的资信、在海关和税务的记录外还应关注如下方面:

第一,严格控制信用证的付款期限。开立信用证的期限应根据进口产品合理的生产周期和销售周期来估算,从开证期限上断绝某些企业通过贸易融资套取银行资金的企图。

第二,加强对进口商及关联公司可动用额度表外科目的调查,防范过度授信和"多头开证"情况。

第三,加强贸易背景真实性审核。贸易背景真实性很强的进口业务不外乎生产型企业进口其生产所需原材料、零部件;贸易型企业进口其经年经营的产品。反之则存在进口品质规格不好规定的废旧物资;信用证条款规定为以不具备物权凭证性质的;交货地点和方式含混不清,在某个容易疏通关系的内地清关的货物以及境内外母子公司、关联公司用信用证方式结算等。

第四,加强对信用证进口商品及价格的审查。对一些初级产品、市场炒作产品,应关注产品的国内外价格,如出现买卖价格倒挂等不合理现象,应通过压缩远期信用证期限、提高保证金比例等方式减少银行授信风险。

第五,要加强货权控制,监控承兑后的信用证项下的货物销售情况。从法律上说,在开证申请人未存足保证金,开证行已对外承兑的情况下,开证行对该笔信用证项下的货物就拥有绝对的物权,开证行有权而且应当对开证申请人或其代理人的销售货物活动及回款情况进行监督和物权控制。

三、进口押汇(信用证、托收)

(1)进口押汇的好处是申请人无力按时对外付款时,可由开证行先行代其付款,使客户取得短期的资金融通。

(2) 进口押汇的特点如下：① 专款专用；② 短期融资，期限一般不超过 90 天；③ 押汇利息按银行颁发的利率计收；④ 押汇百分比、押汇期限等由银行按实际情况决定；⑤ 客户申请叙做进口押汇时须与中行签订《进口押汇总协议书》，具体办理时须逐笔申请，逐笔使用。

四、信托收据(L/C,托收)

(一) 含义

信托收据是客户将自己货物的所有权转让给银行以获取银行提供短期融资的确认书，持有该收据意味着银行对该货物享有所有权，客户仅作为银行的受托人代其处理货物(包括加工、转卖、存仓、代购保险、销售等)，从而从银行获取短期融资的一项业务。

(二) 信托收据的适用范围

(1) 在银行享有授信额度的客户所开出的信用证项下来单；

(2) 卖方以付款交单托收方式的进口代收单据，但不适用于承兑交单进口代收单据；

(3) 申办进口押汇。

(三) 信托收据的注意事项

信托收据须指明客户作为银行的受托人代银行保管有关货物，同时保证以下几点：

(1) 以银行名义代办货物存仓或处理；

(2) 在银行要求下立即退回有关文件；

(3) 以银行名义进行货物加工并在加工后重新存仓；

(4) 安排出售货物，并立即或在规定期限内用销售收入归还全部银行垫款。

信托收据额度不能超过开证额度的一定比例(70%左右)，如授信额度中未单列此项，信托收据额度包含在开证额度之内。

项目小结

本章介绍了进出口贸易的融资方式及其具体办理。其中，进口贸易融资方式有开证额度、提货担保、打包放款、出口信用证押汇、出口托收押汇、融通汇票融资、T/T 融资、福费廷、贴现、国际保理、出口信贷和出口退税账户托管贷款。进口贸易结算融资有提货担保、进口开证授信额度、进口押汇(信用证、托收)、信托收据(L/C,托收)。

进口企业可以根据货物的运输、单据、资金周转等方面因素综合考虑后选择合适的融资方式。货物装运前的融资是开证额度，但前提是采用信用证结算。货物装运后，如货到目的港而单未到，进口商可以选择提货担保；货到目的港，而单据付款期限未到，可以申请凭信托收据借单；单据或合同付款期限已到，但无资金买单，可以申请进口押汇、进口代收押汇和汇出汇款下融资。

出口企业可以根据货物的装运情况、票据或单据的质量(如汇票是否已被某一银行承兑、单据是否相符等情况)，向出口地银行申请装船前或装船后的融资。融资可以是可被追索的，也可以是不被追索的。当然，各种融资方式的成本是不一样的。

无论是出口贸易融资，还是进口贸易融资，银行会根据客户的信用、开证行的资信、单据的质量等因素综合考虑后决定是否予以融资。

课后实训

一、名词解释

出口押汇　票据贴现　银行承兑　打包放款

二、判断题

1. 福费廷业务适用于采用远期付款条件(通常为中长期的分期付款)的贸易结算。
（　）
2. 福费廷商以无追索权方式买断的是货物发票。（　）
3. 由于没有二级市场,所以通过福费廷业务收购的应收债权的流动性较差。（　）
4. 福费廷商只包买基于真实贸易背景开立的票据。（　）
5. 在"风险参与"式的业务中,福费廷商参与的份额必须为票据的全部金额。（　）
6. 福费廷业务为出口商提供的是优惠利率融资。（　）
7. 福费廷业务与一般贴现业务不同,它所涉及的分期支付票据通常期限最长可达数年。
（　）
8. 福费廷业务只能对出口商提供融资作用,对进口商则是毫无融资作用的。（　）
9. 包买商能采用加速还款法来减轻包买票据业务中的风险损失。（　）
10. 出口商使用福费廷业务导致进口商会承担较高的货物交易价格。（　）
11. 信用证开证行承担出口商的信用风险。（　）
12. 装运前融资比装运后融资风险小。（　）
13. 在托收结算方式中,对出口商来说,D/A 的风险比 D/P 大。（　）
14. 打包贷款是装运后融资。（　）
15. 软条款的风险由进口商承担。（　）
16. 开证行履行付款责任是无条件的。（　）
17. 开证行履行付款责任是无限的。（　）
18. D/P 托收以交单约束付款。（　）
19. 汇款结算都是通过银行来传递资金的,所以是以银行信用为基础的结算方式。
（　）
20. 预付货款可以保证进口商得到所需的货物。（　）

三、单项选择题

1. 以下对福费廷业务特点的描述中,正确的是(　　)。
   A. 涉及金额大、浮动利率融资　　　B. 涉及金额小、浮动利率融资
   C. 涉及金额大、固定利率融资　　　D. 涉及金额小、固定利率融资
2. 福费廷业务中,除(　　)以外都是担保被包买票据的可行办法。
   A. 使用银行保函　　　　　　　　　B. 使用备用信用证
   C. 担保行在票据上作保付签字　　　D. 由政府出面担保
3. 出口商利用福费廷可预知融资费用和成本,从而(　　)。
   A. 有效地控制交易的成本收益,锁住利润
   B. 增加贸易竞争优势

C. 增强清偿能力,美化财务状况
D. 提前实现出口退税
4. 进口方银行为福费廷项下票据提供担保时出具的独立担保文件必须是( )。
   A. 不可撤销的   B. 无条件的   C. 可转让的   D. 以上都是
5. 福费廷主要运用于延期付款的( )等贸易中。
   A. 纺织品、食品、日用品   B. 成套设备、机器、飞机、船舶
   C. 煤炭、石油、天然气   D. 化妆品、奢侈品、药品
6. 制约我国福费廷业务规模扩大的原因是( )。
   A. 受到目前的金融法律法规的限制
   B. 国内银行流动性过剩
   C. 我国票据市场发展相对落后,二级市场远不成熟
   D. 我国金融机构对海外国家政策、银行资信和市场状况有着非常系统的了解和研究
7. 出口商承担进口商的信用风险的结算方式是( )。
   A. D/A 托收   B. 预付货款   C. 保兑信用证   D. 即期信用证
8. 以下关于操作风险的说法中,错误的是( )。
   A. 信用证业务中银行审单的风险是操作风险
   B. 承担审单风险的银行只有开证行
   C. 另加信用证生效的条款是软条款
   D. 软条款改变了信用证不可撤销的性质
9. 在凭信托收据借单提货的融资方式中,委托人(信托人)是( )。
   A. 进口商的银行   B. 进口商   C. 出口商的银行   D. 出口商
10. 在凭信托收据借单提货的融资方式中,受托人是( )。
    A. 进口商的银行   B. 进口商   C. 出口商的银行   D. 出口商
11. 以下承担信用证下第一性付款义务的是( )。
    A. 议付行   B. 偿付行   C. 通知行   D. 保兑行
12. 托收出口押汇是( )。
    A. 出口地银行对出口商的资金融通   B. 出口地银行对进口商的资金融通
    C. 进口地银行对出口商的资金融通   D. 进口地银行对进口商的资金融通
13. 承兑交单方式下开立的汇票是( )。
    A. 即期汇票   B. 远期汇票   C. 银行汇票   D. 银行承兑汇票
14. 打包贷款是( )。
    A. 对出口商的装运后融资   B. 对出口商的装运前融资
    C. 对进口商的融资   D. 对船公司的融资
15. 在以下的信用证当事人中,保兑行承担( )的信用风险。
    A. 进口商   B. 出口商   C. 开证行   D. 议付行
16. 开证行管理进口商信用风险的措施不包括( )。
    A. 要求存入保证金
    B. 要求抵押出口信用证
    C. 要求信贷额度的结构与相应的进口贸易相联系

D. 要求延长信用证期限

四、简答题

1. 简述福费廷业务的特点。
2. 简述循环信用证的循环原理。
3. 简述托收项下出口押汇与信用证项下出口押汇的区别。
4. 简述远期 D/P 和 D/A 异同点。
5. 简述国际保理业务及其应用。
6. 简述假远期信用证及其应用。
7. 汇票的抬头是指什么？它有几种填写方法？
8. A 公司出口一笔货物，提单日期为 5 月 21 日通过中国银行办理 D/A 30 days after sight 支付方式的托收手续。6 月 1 日单到国外代收行，代收行当天即向付款人提示汇票。付款人应于何日付款？何日取得单据(不计优惠期)？
9. 简述票据的特性。
10. 信用证是什么？它有哪些作用？
11. 简述打包放款与预支信用证的异同。
12. 简述备用信用证与银行保函的异同。

参考文献

[1] 项义军,吕佳.国际结算[M].北京:清华大学出版社,2016.
[2] 高洁.国际结算案例评析[M].北京:中国人民大学出版社,2011.
[3] 赵晓燕,肖慈方.国际结算[M].北京:对外经济贸易大学出版社,2017.
[4] 韩常青.国际结算[M].北京:中国商务出版社,2010.
[5] 周箫.国际结算[M].北京:科学出版社,2010.
[6] 章安平,汪卫芳.国际结算操作[M].北京:高等教育出版社,2014.
[7] 钱薇.欧元跨国清算系统及清算渠道的选择[J].国际金融,2000(1).
[8] 苏宗祥.国际结算[M].北京:中国金融出版社,2017.
[9] 林孝成.国际结算实务[M].北京:高等教育出版社,2015.
[10] 孙莹.国际结算[M].厦门:厦门大学出版社,2012.
[11] 王燕.国际结算理论与实务[M].上海:上海三联书店,2000.
[12] 王利华.国际结算[M].上海:上海财经大学出版社,2016.
[13] 王琪,陈王君.代收行未完全执行托收指示案[J].中国外汇,2000(4).
[14] 曾鸣.HCP 600实务问答[M].中国金融出版社,2010.
[15] 阎之大.责任心＋智慧为久拖未结的远期托收案划上圆满句号[J].中国外汇,2006(10).
[16] 梁琦.国际结算[M].北京:高等教育出版社,2014.
[17] 苏宗祥,景乃权,等.国际保理总章程参考译文[M].北京:中国金融出版社,2001.
[18] 佟志广,等.结构贸易融资[M].北京:中信出版社,1998.
[19] 查忠民,金赛波.福费廷实务操作与风险管理[M].北京:法律出版社,2005.
[20] http://www.chips.org.
[21] 李华根.国际结算与贸易融资实务[M].北京:中国海关出版社,2017.
[22] 徐立平.国际结算学新编[M].北京:电子工业出版社,2012.
[23] 孙慧敏.信用证结算风险分析[J].农村金融研究,2002(10):40.
[24] 徐进亮,李俊.国际结算实务与案例[M].北京:机械工业出版社,2011.
[25] 蒋琴儿,秦定.国际结算理论、实务、案例[M].北京:清华大学出版社,2007.